Uldok Arirang

The Story of 12 Cities on the Coast of the East Sea

A Sunrise of Dokdo, Kim Kisuk, 2024

울독, 결혼 행진곡 (신랑신부 입장)[1]

◦ 울독이 무엇이냐고, 누가 물으신다면?

울독은 '울릉도와 독도'의 줄임말입니다.

울독은 동해의 배꼽, 동해바다를 담는 우리 항아리입니다.

울독은, 울엄마 하듯, 울독도는… 누구에게도 빼앗길 수 없는 우리 독도입니다.

울독은 남과 북을 이어 통일로 가는 징검다리, 통일의 꿈을 담는 통일 항아리입니다.

울독은 앞서거니 뒤서거니 하며 우리를 향해 함박웃음으로 다가오는 신부와 신랑입니다.

---

[1] 울릉도와 독도는 한몸입니다. 울릉도와 독도를 부부처럼 하나로 묶는, 그 결혼 예식을 통해 누구도 빼앗을 수 없는 우리 영토 울독을 지켜나가려 합니다.

이제 신부 울릉과 신랑 독도의 아름다운 결혼식을 시작하겠습니다. 동해바다를 바라보고 도열한 한반도 동해안 10개 도시에서 환영인파가 손을 흔들며 손짓합니다.

결혼식장은 푸르고 깊은 동해바다, 정중앙에 신랑과 신부가 서 있습니다. 청명한 하늘도 이들의 결혼을 축하하듯 찬란한 햇살로 투명한 바다를 비추고 있습니다.

독도는 용맹무쌍한 신랑, 그 험한 역사의 피 흘림 속에서 왜군과 외군들을 물리치며 동해를 지켜내었습니다. 울퉁불퉁 검게 그을린 피부가, 그 상처투성이 살결이 전장의 참혹함을 말없이 말해줍니다. 찬란한 정오의 햇살 아래서 좌우에 불끈 쥔 주먹처럼 근육질의 알통을 드러내며 동해의 한복판 링 위에 올라선 격투기 선수의 투지를 보이다가, 어둠이 찾아오면 바다의 고요를 지키는 불침번이 되어 사모하는 울릉 신부에게 밤새 써 내려간 평화의 새벽 편지를 보냅니다. 독도의 원주민 바다사자야, 왜인들의 탐욕으로 동해바다에 눈물 핏물을 쏟으며 사라져간 대양의 순교자야. 너는 갔어도 네 거친 숨결은 심해의 파문으로 가라앉아 우리 바다를 지키며 동해의 배꼽처럼 여전히 남아 있구나. 그 옆구리에서 갈빗대처럼 빠져나온 네 신부 울릉을 지키기 위해, 너는 오늘도 동해의 첫 햇살을 맞으며 장군처럼 버티고 있구나.

울릉도는 아름다운 신부, 하얀 면사포를 쓰고 안개속에서 투명한 산호초 사이로 사뿐사뿐, 오색 꽃신을 신고 다가오듯 다소곳이 그 자태를 드러냅니다. 고운 살결과 우거진 수목, 풍만한 여인의 자태가 성인봉에 서려 있네요. 신부의 드레스가 팔방으로 펼쳐지듯 바닷가 산들바람이 잔물결을 일으키며 비늘처럼 눈부시게 흔들립니다. 명이나물의 상큼함과 오징어찌개의 향기로움과 호박엿의 달콤함이 한데 어우러진 분내를 폴폴 날리며 신부가 단아하게 걸어옵니다. 나리분지에 쌓인 함박눈처럼 태고부터 이어온 순결의 호흡을 호호 불며 울렁거리는 가슴을 두 손으로 가리고, 그렇게 신부가 입장합니다.

신랑과 신부의 입장을 바라보며 동해안 해안선을 따라 길다랗게 큰 호를 그리듯 도열하여 환호하는 하객들이 있습니다. 8천만 겨레의 염원을 담은 대표단들이 소리칩니다. 울릉아, 독도야 어여쁜 우리 딸 아들아!

신부가 부잣집 막내딸인지, 신부 측 하객들이 풍요로운 옷차림으로 오른쪽에서 두 손을 흔들며 열광하듯 소리칩니다. 너희들은 사랑받기 위해 태어난 울독이야. 어서 와 신랑신부야, 축하한다 너희 결혼을. 오래오래 행복하렴.

일제 강점기와 전쟁의 상흔을 딛고 남해 대표로 광안리 해운대를 에둘러 참석한 부산. 장생포 고래의 흰 수염을 휘날리듯 자동차에 기름을 가득 싣고 달려와 선상으로 올라서는 울산. 구룡포 영일만의 귀신고래처럼 시커먼 몸통에서 하얀 콧김과 시뻘건 쇳물을 쏟아붓는 포항. 호국의 성지 수군만호를 자랑하며 대게의 숨결이 살아 숨쉬는 영덕. 이들이 도열하여 소리칩니다. 울독아 축하한다!

그리고 정중앙에는 신부와 신랑 측 친구들이 폭죽을 터뜨리며 오색 색종이가 허공에 휘날리고 있습니다. 백두대간의 등을 마주한 강릉과 원산이 설악과 금강을 품고 신묘막측한 젊음의 향연을 뽐내고 있군요. 우리와 함께 신혼을 여기서 즐겨보렴. 대청봉과 향로봉에 올라가 동해를 향해 소리치며, 울독의 축제를 함께 누려보자꾸나.

왼쪽에 도열한 신랑 측 하객들은 조금은 행색이 초라한 듯, 그러나 당당한 기개를 뽐내며 허리와 어깨를 쭉 펴고 열화와 같은 박수를 치면서 신랑신부를 맞이합니다. 동무들 행복하라우. 우리 조국이 그대들을 영원히 잊지 않고 지킬 거이니 안심하라우.

멀리 북방에서 외화벌이 무역을 열심히 하다가 경계를 넘어 황급히 결혼식에 참석한 라선. 무산의 철광석을 받아 김책제철연합기업소에서 주체철 생산으로 조국건설의 선봉에 선 청진, 칠보산 송이버섯이 향기롭구나. 심산협곡 속에 감추어진 금과 은처럼, 광복의 빛으로 승화된 미스터 선샤인처럼, 저항과 독립항쟁의 도시 단천. 이성계의 고향, 함흥차사야 어디 갔느냐? 함흥비료연합기업소에서 소리친다. 아무렴, 쌀은 곧 사회주의디?
울릉과 독도야 날래 와서 마전 해수욕장에서 물놀이하고 시원한 함흥랭면으로 목을 축이라. 북측 하객들도 팔짝팔짝 뛰면서 환호합니다.

신랑과 신부가 사랑스레 입장을 하니, 신부 측도 신랑 측도 기뻐하며 한마음 한뜻이 되고 맙니다. 두둥실 덩실덩실 어깨가 들썩들썩 장고춤이 휘몰아가니 한반도 통일춤 아리랑이 절로 나네요. 부산에서 라선까지, 아리 아리랑~ 아라리가 났네에~ 아리랑 고개를 넘어간다. 예식이 진행될수록 눈부신 동해바다는 더욱 파랗게 물들어갑니다. 이렇게 결혼 잔치가 무르익네요. 얼쑤 좋다! 지화자 좋구나!

저~ 멀리 동해바다 외로운 섬,
신랑 독도야! 신부 울릉도야! 이제는 더 이상 외롭지 말아라!
우리가 다 함께 '울독 아리랑'을 불러 보자꾸나!

동해바다 12도시[1]를 깊고 푸른 책으로 펼쳐 담았습니다.
울독, 그 청순하고 용맹한 신부신랑을 맞이하기 위하여,
풍덩! 그 바다를 헤엄쳐 오지 않으시렵니까?

---

[1] 한동해의 12도시(島市), 울릉도 독도의 2도(島)와 동해안 해변의 10시(市)

이 책을
대한민국의 해상영토 울릉도와 독도를 지킴으로써
동해바다 도시들을 통해 남과 북을 잇고
평화와 상생의 바다 한동해를 만드는 일에
꿈꾸며 헌신하는 모든 분들에게
바칩니다.

새로운 대한민국을 동해안에서 그려갑시다!

21세기의 동해, '한동해'는 단순한 지리적 명칭을 넘어서 우리 모두가 공유해야 할 문명과 평화의 바다입니다. 이러한 동해를 중심으로 한 국가 간의 인문학적, 경제·문화적 교류를 증진하는 데에 '유라시아 원이스트씨 포럼'이 큰 역할을 하고 있습니다. 더욱이 '울독 세미나' 모음집을 출간하여 동해안의 발전 기회를 독자들과 함께 나눈다고 해서 정말 기쁘고, 기대가 큽니다.

『울독 아리랑: 동해안 12도시 이야기』는 울독(울릉도와 독도)를 필두로 동해안 12개 도시의 매력을 흥미롭게 풀어낸 책입니다. 이 책은 각 도시별 특색과 그 속에 어우러진 사람 사는 이야기를 세심하게 조명하면서, 독자들에게 마치 직접 도시를 여행하는 듯한 생생한 경험을 제공합니다. 이를 통해 동해안 지역의 문화와 관광 발전에 기여할 뿐만 아니라 도시 이미지를 높이고 지역경제를 활성화하는 데에도 긍정적인 영향을 미칠 것이라 확신합니다.

경상북도는 동해안을 사랑하고, 꿈의 지역으로 만들기 위해 정성을 다하고 있습니다. 울진 원자력수소·경주 SMR 국가산업단지, 문무대왕과학연구소, 포항 수소연료전지 발전 클러스터 구축 등을 통해 글로벌 에너지 허브로서의 위상을 더욱 높이고 있습니다. 아울러 호미반도 국가해양생태공원, 동해안 관광벨트 조성으로 관광산업 발전에도 힘쓰고 있습니다. '신영일만 구상'과 2025년 APEC 정상회의 경주 개최를 계기로 항만 및 해양자원 개발에 대비한 동해안 新르네상스 시대를 만들어 갈 것입니다.

이러한 노력에 독자들의 응원과 협력도 꼭 필요합니다. 동해안에 대한 깊은 이해와 애정을 담은 이 책을 통해 남북의 도시들을 이어 유라시아까지 뻗어나가는 상상의 나래를 펼쳐보시기 바랍니다. 그 속에 우리의 미래 먹거리가 있습니다. 그리고 여러분의 멋진 아이디어도 기대하겠습니다. 이 책이 동해안의 무한한 가능성과 미래 구상에 큰 자산이 되길 바라며, 세미나의 진행과 발간에 힘쓰신 유라시아 원이스트씨 포럼의 정진호 회장님과 전문가 여러분께 진심으로 감사의 말씀을 전합니다.

이철우 경상북도지사

원대한 꿈

퍽 오래 전 일이다. 우리 아들이 소위 '중2병'증세를 보이던 여름방학에 아들을 살살 꼬드겨 동해안 최북단 고성에서 한강까지 걸어오는 '청소년국토도보순례'를 보내는 데 성공하였다. 어느덧 대장정을 마치는 날이 되어 주최 측의 안내대로 한강시민공원에 가서 멀리서 걸어오는 청소년들과 그 행렬에 속한 아들을 발견하고 뜨거운 박수를 보냈다. 그리고 국민의례 순서가 되어 애국가가 울려 퍼지는데, 갑자기 가슴이 벅차 오르며 눈시울이 뜨거워지는 게 아닌가? 애써 눈물을 감추며 마음이 진동한 이유를 곰곰이 생각해 보았다. 아들을 고생길로 내몬 아버지로서 미안한 마음 때문인가? 아니 그보다는, 조상들이 피땀 흘려 지켜낸 이 땅을 동해에서 한강까지 한걸음 한걸음 걸어온 어린 청소년들이 대견스럽게 느껴졌기 때문이리라! 이 일을 계기로 나라를 사랑하는 마음은 세대와 세대가 어울려 국토를 온몸으로 느낄 때 더욱 뜨겁게 피어나리라는 것을 깨달았다.

'울독세미나'에서 발표한 내용을 묶은 책, 『울독 아리랑: 동해안 12도시 이야기』는 한반도, 아니 유라시아의 동해안 12개 도시의 역사와 매력을 알려주는 책이다. 우리는 이 책을 통해 울릉도와 독도, 그리고 동해의 여러 도시의 중요성을 깨달을 수 있다. 그리고 우리에게는 이 책에 담긴 내용을 우리의 미래 세대에게도 전해 주어야 할 책임이 있다. 일본은 1905년부터 1945년까지 한동해를 지배하면서 동아시아에 많은 고통을 안겨 주었다. 그러나 지금 우리가 한동해에 관심을 갖는 것은 침략하거나 지배하기 위해서가 아니라, 유라시아의 여러 나라와 평화와 공영을 도모하고, 기후변화로 고통받는 창조세계를 잘 보존하고 가꾸기 위해서이다. 또한 평화통일을 바라며, 더 나아가 한반도가 유라시아 평화공동체의 중심이 되기를 꿈꾸기 때문이다. 제2차세계대전에서 서로 싸웠던 나라들이 유럽공동체(EU)를 만들었듯이, 우리도 언젠가 동북아(유라시아)평화공동체가 이루어지는 꿈을 꾸어 본다. 한반도가 중심이 되어 중국, 러시아, 일본, 몽골, 타이완이 먼저 하나가 되고, 더 나아가 동남아시아 및 서아시아 나라들이 참여한다면 인류는 비로소 야만의 시대를 종식하고 지혜와 영성의 문명을 꽃피우게 될 것이다. 우리 세대에 이루지 못하면 다음 세대에, 아니면 그 다음 세대에 이루면 된다. 한동해 포럼에서 펴낸 이 책이 이 원대한 비전을 펼치는 첫 장이 되길 기대한다.

김기석 전(前) 성공회대학교 총장/ (사)평화의 씨앗들 이사장

꿈을 비는 마음

대통령 직속 초대 북방경제협력위원장을 맡아 활동할 당시, 러시아 책임자들과 함께 블라디보스톡과 캄차카 반도 등 연해주 지방 여러 도시를 요트를 타고 방문한 기억이 있다. 그때 이 요트가 두만강 하구를 지나 이순신 장군이 근무했던 녹둔도를 거쳐 라선 국제경제특구를 돌아나와, 청진과 함흥까지 내쳐 달려가면 좋겠다고 상상한 적이 있다. 함흥에서 함흥 냉면 한 그릇으로 더위를 식히고 크루즈를 갈아탄 후, 원산항에서 해금강 구경을 하고, 고성에서 곧바로 내려와 속초와 낙산사의 일몰을 구경하고, 강릉 설악산을 거쳐 포항 울산 부산까지 이어질 동해안 횡단을 꿈꾸어 보았다.

나는 시낭송을 즐긴다. 문익환 목사님의 <꿈을 비는 마음>이라는 시를 즐겨 암송한다. 동해바다에 떠오르는 일출이 용꿈이 되어 품에 안기는 것처럼, 통일의 꿈을 꾸곤 한다. 함께 꾸는 꿈은 반드시 이루어진다는 말이 있다. 한동해 포럼에는 울독을 중심으로 남과 북을 잇는 꿈을 꾸는 사람들이 모여 있다. 그 모임을 이끌고 있는 분이 바로 북한에 평양과학기술대학을 만들어 운영하는 꿈을 현실화하는 데 앞장섰던 정진호 교수님이다. 그 꿈에 반하여 경주와 울독에서 열리는 세미나에 참석도 하고 나도 회원이 되었다.

과거 러일전쟁의 바다가 또다시 한미일, 북중러의 항공모함과 잠수함, 그리고 핵진폭기들이 날아다니는 전쟁과 긴장의 바다가 되어가고 있다. 러시아-우크라이나 전쟁에 이어 하마스-이스라엘로 번진 국제분쟁이 이제는 대만과 동해에서 맞붙을 가능성이 크게 높아지고 있는 것이다. 그에 맞서서 이 바다를 상생 공존하는 평화와 번영의 바다로 만들려 하는 것이 우리 포럼의 꿈이다. 수에즈 운하와 페르시아만이 불안하다. 이때 동해안 해로가 살아나야 우리 민족의 북방 아이스 실크로드 시대가 열린다. 동해바다가 21세기의 지중해가 되는 꿈을 안고, 동해안 도시들이 제2의 베네치아와 피렌체가 되는 꿈을 꾼다. 『울독 아리랑: 동해안 12도시 이야기』 출간이 그래서 반갑다. 이 책 속에 풍덩 빠져 흠뻑 젖어 들며, 동해안 12 도시를 요트를 타고 신나게 달리는 그 꿈을 다 함께 꾸고 싶다. 수고하신 분들에게 축하의 인사를 드리며…

송영길 소나무당 대표/ 한동해 포럼 회원

프롤로그
울독

"울독, 한동해 12도시 초연결 시대를 꿈꾸다"

한동해(One East Sea)의 비전

한동해는 하나의 동해를 의미합니다. 그동안 회자되던 환동해는 남북한과 일본 러시아 (중국)가 함께 둘러싸고 있는 작은 바다를 가리켰습니다. 우리나라의 동해, 북한에서는 조선동해, 일본은 일본해(Sea of Japan)라고 서로 다른 주장을 하는 바다를 묶어서 우리 정부가 환동해라고 명명했습니다. 환동해의 여러 도시들이 서로 협력하는 초연결 시대를 열자는 것입니다. 그러나 그 주장을 누가 받아줄까요?

그 목적을 이루려면 우리의 비전을 더 확장해야 합니다. 우리 애국가 첫 소절의 '동해'를 지키려면 그 동해를 한반도의 동해로 인식해서는 안 됩니다. 국지적인 방향으로 바다 이름을 주장하는 순간, 즉각 일본과 러시아는 자신들의 서해와 남해라고 반발할 것입니다. 그렇기에 동해는 한반도의 동해가 아니라 유라시아 대륙 전체의 동해가 되어야 합니다. 한반도를 둘러싸고 있는 바다 전체가 유라시아의 동해인 것입니다.

21세기는 해양 영토의 시대입니다. 섬을 둘러싼 심해 자원까지 해양 영토가 됩니다. 그래서 성읍을 지키기 위해 싸우던 공성전(攻城戰)보다 더 치열한 것이 섬을 둘러싼 전쟁입니다. 한동해를 지키기 위해서는 섬(島)을 도시처럼 생각해야 합니다. 우리가 한동해의 12 도시(島市), 2도(島) 10시(市)에 주목하는 이유가 여기에 있습니다. 그 바다를, 21세기를 움직이는 문명의 바다, 21세기의 지중해로 만들어 가야 합니다. 그와 같은 꿈과 비전을 가지고 모여든 사람들이 <유라시아 원이스트씨 포럼(약칭, 한동해 포럼)>을 만들었습니다.

한동해 포럼의 동해안 도시 탐방 연구

한동해 평화 경제 시대를 열기 위해 본 포럼에서는 2020년 5월 창립 시부터 수시로 다양한 형태의 울독(울릉도와 독도) 탐방을 기획해 왔습니다. 동해의 중심 울독에서 유라시아를 바라보는 창립기념 세미나를 열고 독도 정상에 올라 '홀로 아리랑'을 불렀습니다. 2022년에는 화려한 한복 패션쇼와 함께 마라토너 강명구 선수가 바티칸을 향해 달려가는 평화 마라톤 출정식도 진행하였습니다.

자료 1.   2022 평화 마라토너 강명구 울독 출정식

이어서 2023년에는 남북 도시를 잇는 연구를 위한 사전 기획으로 울릉도와 독도를 포함한 동해안 12개 도시를 선정하여 울독세미나를 개최해왔습니다.[2] 이를 실시간 줌으로 전 세계 회원들과 공유하고, 유튜브에 영상을 만들어 올리고 있습니다. 그것을 이번에 원고

---

[2]   문무대왕 수중릉과44.51Km의 해안선을 가진 경상북도의 해안도시 경주(계림)가 아쉽게도 이번 시리즈에서 빠졌다. 신라 경주는 백제 부여와 고려의 개성 및 평양, 지안(고구려 국내성) 등과 함께 역사 수도 탐방에서 다루면 좋을 것이라 판단하였다.

로 만들어 책자로도 출간하고자 하는 것입니다. 남북을 잇는 동해안 도시들이 독자들에게 보다 친숙하게 다가가도록 각 도시의 역사와 문화, 산업과 관광, 그리고 미래 전망에 이르기까지 폭넓은 영역을 소개하려고 합니다. 한동해 시대를 열어 가기 위해서는 학자와 전문가들의 연구뿐만 아니라 해안 관광을 통해 일반인들의 발걸음이 친숙하게 다가와야 하며, 그리고 도시마다 지방 특성에 맞는 산업이 들어서야 합니다. 그 산업에 청년들이 모여드는 꿈의 도시를 만들어가야 합니다. 그리고 그 도시들이 서로 연결되어 초연결 시대에 걸맞은 당당함으로 주변 나라들과 유라시아 세계를 경영하는 미래형 동해안 도시들로 발전해 나가야 합니다. 이 도시탐방 기획은 그를 위한 사전 포석이기도 합니다. 이 울독세미나 프로젝트에 참가한 11인은 오랜 시간 한동해에 대한 애정을 가지고 깊은 연구와 삶을 이어온 전문가요 학자요 지방자치 행정가로서 각 내용은 아래와 같습니다.

프롤로그 (울독) – 정진호 (포스텍 교수, 유라시아 원이스트씨 포럼 회장), 세미나 진행자

2023년	6월 (단천) – 진희권 (부산대학교 통일한국연구원 연구원)
	7월 (원산) – 이찬우 (일본경제연구센터 특임연구원)
	8월 (함흥) – 이재원 (포항지역학연구회, 포스텍 융합문명연구원 교수)
	9월 (울릉) – 김윤배 (한국해양과학기술원 울릉도독도해양연구기지 대장)
	10월 (라선) – 조성찬 (하나누리 동북아연구원 원장)
	11월 (독도) – 김남일 (경상북도 문화관광공사 사장)
	12월 (부산) – 권태상 (부산연구원 사회문화관광실 연구위원)
2024년	1월 (영덕) – 김인현 (고려대학교 법학전문대학원 명예교수)
	2월 (울산) – 김윤배 (한국해양과학기술원 울릉도독도해양연구기지 대장)
	3월 (포항) – 김남일 (경상북도 문화관광공사 사장)
	4월 (강릉) – 박현제 (강릉원주대학교 남북바다자원교류연구원 원장)
	5월 (청진) – 김병욱 (NK개발연구소 소장)

에필로그 (한동해) – 정진호 (포스텍 교수, 유라시아 원이스트씨 포럼 회장)

21세기는 융합과 통섭의 시대를 너머 융섭(融攝)의 시대

20세기 말에 융합과 통섭이라는 말이 유행하기 시작했습니다. 그러나 21세기는 그것을 한데 묶어 '융섭의 시대'가 되었습니다. 융(融)은 호리병 안의 술에 벌레가 들어가서 녹아있는 모습을 가리키는 말입니다. 섭(攝)은 제3의 귀로 사람의 말을 넘어서는 세밀한 신의 소리까지 들어 가면서 새로운 것을 만들어가는 모양새입니다. <자료 2>에서 보듯 동해바다는 호리병 모양을 하고 있습니다. 이 호리병 안에 21세기의 모든 융합 지식과, 다극화 시대로 펼쳐지는 지정학 및 지경학적 배경지식, 그리고 시대를 초월한 역사의식을 담고자 합니다.

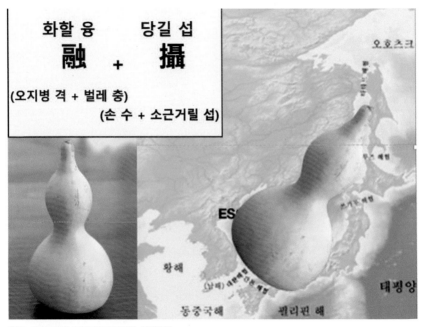

자료 2. 21세기 평화와 상생의 지식과 지혜를 담는 호리병 동해
　　(호리병) ©http://blog.joins.com/usr/e/sk/eskang/1508/55da62a364052.jpg
　　(지도) ©Jyusin

이 책을 만들기 위해 동해바다를 정말 사랑하고 그 바다를 통해 남과 북을 잇고 싶어하는 통일 지식인과 전문가들 11사람이 모였습니다. 전쟁의 기운이 감도는 시대 속에서, 이분들이 평소에 꿈꾸며 키워온 동해바다를 통한 한반도 평화와 상생의 비전을, 반딧불의 희망과도 같은 그 희망 벌레들을 '한동해'라는 호리병 속에 담는 작업을 하고자 합니다. 동해안을 타고 올라가며 남북

한 5개씩, 10개 도시를 선정했습니다. 그리고 동해의 배꼽과도 같은 울릉도와 독도를 포함하여 총 12개 거점 바다 도시(島市)를 탐구할 것입니다. 그 도시를 사랑하고 깊이 연구해온 저자들이 세상을 향해 이 도시를 마음껏 소개하고 자랑하는 시간과 공간을 펼쳐드릴 것입니다.

자료 3. 한동해 해로: 북극해 연결
©해양수산부

이 깊고 푸른 동해바다에 해상강국을 꿈꾸었던 문무대왕의 오래된 소망들이 녹아지길 바랍니다. 철조망에 가로막혀 갈 수 없는 그 땅을 향해, 바다가 품은 포용력으로 우리 다음 세대가 마음껏 항해하고 북극항로를 거쳐 유라시아까지 춤추며 나아갈 수 있는 그런 날을 꿈꿉니다. 우리 조상 장보고가 그랬던 것처럼 우리의 한동해를 지키기 위해 태평양과 인도양과 홍해와 희망봉을 지나 대서양을 두루 잇는 대항해를 함께 시작해 보십시오!

울독이
뭐에요?

유원포
창립 세미나

목차

일러두기

1. 본 책은 공익법인 유라시아 원이스트씨 포럼에서 진행한 <동해안 12도시탐방 울독세미나> 강연을 토대로 전문가들과 일반인들이 함께 읽을 수 있도록 교육 및 연구 목적으로 발간한 교양도서입니다.

2. 각 챕터 앞쪽의 울독세미나 QR 코드를 스캔하시면 해당 강의 동영상을 직접 보실 수 있습니다.

3. 본 책의 수익금 중 일부는 유라시아 원이스트씨 포럼의 공익사업을 위해 쓰입니다.

4. 책의 가독성을 높이기 위해 편집 시 울독세미나 참여 도시의 순서를 목차에서 바꾸었습니다.

5. 출처를 확인하지 못해 저작권이 명확하지 않은 사진이나 자료는, 추후 확인 및 반영할 예정입니다.

첫 번째 도시,
독도

독도 Dokdo

위치	대한민국 경상북도 울릉군 울릉읍에 소속된 섬
인구*	상주 인원 총 45명, 독도로 본적 주소옮기기- 3,555명(2019년 기준)
면적	0.187544km²
기후	전형적인 해양성 기후
GRDP	-

* 독도 종합정보시스템 <인구 및 주민>

섬들 없이 지구 없고, 독도 없이 한국없다!
No Islands, No Earth. No Dokdo, No Korea!

김남일
경상북도문화관광공사 사장,
경상북도 전(前) 독도수호대책본부장

나와 독도: 경상북도의 마린보이(marine boy)이자 독도사령관

나의 본적(등록기준지)은 경상북도 울릉군 울릉읍 독도안용복길 3(독도 서도 주민숙소)
이다. 경상북도의 아름다운 섬, 울릉도와 동시에 울진군의 명예군민이다. 그리고 제주
도 다음으로 가장 많은 수의 육지해녀(출가해녀)가 있는 포항시 호미곶면 어촌계의 명
예해녀이자, 한국해양마이스터고등학교(전 포항해양과학고등학교)의 명예 동문이기도
하다. 또한 우리나라 해양민속의 보고이자 해녀문화의 뿌리인 제주도의 명예도민이다.
나는 23세에 공직을 시작하여 중앙부처(공보처, 국무총리실)에 근무하다가 1995년
에 고향인 경상북도로 U턴해서 2023년까지, 총 33년여의 공직기간 동안 울릉도•독도
와 관련된 일에 많은 시간을 쏟았다. 나는 해양을 전공한 전문가도 아니고, 바다를 보
며 자란 항구의 남자도 아니다. 다만 그간 수십 년을 '마린보이(marine boy)'로서 동
해바다에 미쳐, 독도에 빠져, 경북 동해안 발전의 전도사가 되어 행복하게 일하다 보

니, 외부에서 나의 별명을 그렇게 불러주곤 한다. 나보다 먼저 독도에 본적을 옮기는 등 독도 문화 운동에 남다른 관심을 가지신 영천 은해사 조실(祖室) 법타(法陀) 스님과 17세기 후반 안용복이 일본에 건너가 독도가 조선 땅임을 선포하는 데 함께 기여한 여수 흥국사 뇌헌스님의 흔적을 찾아 함께 답사활동을 같이한 적이 있다. 그 후부터, 나에게 전화 안부 시에는 항상 "독도사령관 잘 있는가?"라고 말씀하셨다. 특히 구미에 있는 민초들의 독도지킴이 활동단체인 '독도의병대' 윤미경 대표 부부께서도 늘 나를 독도사령관으로 지칭해 주신다. 언제 어디에 있든, 독도업무를 하든 안 하든, 공직에 있든 없든, 언제나 독도사령관으로서 무거운 책임감을 느낀다. 그렇게 독도의 모섬인 울릉도와 울릉도의 앞마당인 독도 바다의 지속가능한 미래에 대해 한시도 잊어본 적 없이 늘 일에 임해 왔다.

사진 1. 2011년 8월 5일, 필자의 본적인 독도 서도(서도 숙소 리모델링 준공식 후, 고(故) 김성도 독도주민 부부, 그의 외손주들, 공사관계자 자녀와 함께)

사진 2. (좌) 2007. 8. 7. 독도지킴이 안용복 장군이 유배간 지 310년 만에 독도에서 처음으로 진혼제를 기획하여 지내는 나(제일 오른쪽)

사진 3. (우) 2014. 3. 28 울릉도 유일의 예술법인, 사단법인 울릉도아리랑 창립을 하면서

사람들은 나에게 자주 묻는다, 당신은 왜 그렇게 바다에 관심이 많으냐고. 그 질문에 나는 이렇게 답하고 싶다. "(한 예시로) 대구에서 동해안까지는 불과 100km, 차로 1시간 정도면 갈 수 있는 거리인 '해양도시'임에도 불구하고, 대구•경북 사람들은 바다에 관심이 너무 적지 않습니까?" 이에 나라도 울릉도•독도를 포함한 동해바다의 인문 생태적 가치를 보존하고 체계화하는 동시에, 이를 과학화, 산업화, 국제화하기 위한 조그마한 디딤돌이 되어야겠다고 생각했다. 거기에 '아는 만큼 보이고 즐기는 만큼 행복하다'라는 믿음으로 지금까지 공부하고 일하며 뚝심 있게 걸어왔다. 그럼 내가 울릉도•독도에 미치게 된 동기와 더불어, 꿈꾸고 있는 울릉도•독도의 미래에 대해 이야기하고자 한다.

2,268m 높이의 독도의 가치 - 국가지질공원으로 지정된 세계적 지질유산

애국가의 가사대로 동해물이 마른다면, 울릉도의 부속섬 독도는 어떤 모습일까? 독도는 보이는 것처럼 자그마한 돌섬이 결코 아니다. 우리가 보는 독도는 거대한 독도 해산의 정상부일뿐, 사실 해저로부터 높이 2,268미터에 이르는데, 이는 한라산보다 더 높다. 이처럼 독도는 눈에 보이지 않는 웅장함을 바다 깊은 곳에 품고 있다. 약 460만 년 전 해저 화산 분출로 생성되었을 당시, 현재의 울릉도 만큼이나 큰 섬이었을 것으로 추정되는데, 울릉도보다 더 오랜 세월동안 동해의 거센 파도와 바람에 깎이면서 현재의 모습이 되었다. 이에 더해 독도는 해저산의 진화과정을 한눈에 볼 수 있는 세계적인 지질유산으로서의 가치를 지니고 있다. 섬 전체가 화산암과 화산쇄설성 퇴적암류로 구성된 독도는 폭발성 화산분출과 동해의 거센 파도에 의해 깎이면서 다양한 화산암층 주상절리 해식동굴 해식절벽 등을 형성했다. 환경부에서는 지난 2012년 울릉도 독도를 제주도와 함께 우리나라 최초의 국가지질공원으로 지정하기도 했다. 이와 같이 독도는 화산이 만들고 바람과 파도가 다듬은 동해의 보물섬이다. 자연과 시간이 선물한 독도의 지형에 육상으로부터 심해 2,000m에 이르기까지, 뭍 생명들이 기대어 살고 있다. 말 그대로 섬 전체가 야외자연사박물관이요, Eco-Lab (자연생태 실험실)이라 할 수 있다.

사진 4.   코리아컵 국제요트대회 독도레이스
(출처: 울릉군청)

사진 5.   울릉도 독도 주변의 해저지형도
(출처: 한국해양과학기술원 독도전문연구센터)

동해 해양생태계의 오아시스, 독도

독도는 울릉도와 함께 동해 해양생태계의 오아시스라고 부를 만하다. 동해 남쪽에서 유입되는 따뜻한 대마난류에서 기원한 동한난류와, 동해 북쪽의 러시아 주변 바다에서 형성되어 울릉도・독도로 향하는 차가운 한류가 약 20~50일 주기로 변동하며 독도 인근 해역에 영향을 미치고 있다. 한류와 난류가 교차하는 특성상 180여 종의 어류가 독도에서 관찰되는 등 어류 다양성이 풍부하다. 한편으로 한반도 바다에서 가장 빠른 아열대화를 겪고 있는 독도는 최근 아열대성 어종의 분포가 크게 증가하고 있다고 한다. 우리나라에서는 울릉도와 독도에서만 군락지를 형성하는 대황을 비롯한 230여

종의 해조류들은 어류들의 산란장, 서식지, 먹이원으로서 중요한 역할을 하고 있다. 또한 독도 연안에는 멸종위기 야생생물 II급의 우리나라 최대 군락지가 발견되었으며 해양보호생물인 유착나무돌산호를 비롯하여 전복, 홍합, 둥근성게 등 520여 종의 해양무척추동물이 서식하고 있다. 독도 연안의 해조상은 동해 연안이나 남해안, 제주도와 구별되는 독특한 생태계 특성을 보여, 독립 생태계 지역으로 분할이 제안될 정도로 특유의 생태계를 구성하고 있다. 울릉도와 함께 독도는 동해 한가운데 자리 잡은 섬이라는 특성상 뭍 해양 생물들에게 휴식처 및 서식처를 제공함으로써 마치 사막의 오아시스와 같은 역할을 하고 있다.

독도는 또한 동북아시아 일대에서 서식하는 텃새류와 이동 철새의 중간 기착지와 구원 섬 역할로서 중요한 지리적 위치를 차지하고 있다. 독도에는 괭이갈매기, 슴새, 바다제비 등 160종 이상의 조류가 관찰되어 왔으며, 그중에서도 매년 약 10,000여 마리가 번식을 위해 독도를 찾는 괭이갈매기는 번식기 동안 독도에만 머무르지 않고 독도, 울릉도, 동해안 등 넓은 범위를 오가며 먹이활동을 하는 것으로 연구되고 있다. 아울러 독도는 가지어, 가제라 불렸던 해양 포유류 바다사자의 대표적인 서식지이기도 했다. 그러나 1904년 한 해 동안 5,000여 마리를 포획하는 일제강점기 일본인들의 남획에 의해 개체수가 급격히 감소하여, 급기야 세계자연보존연맹(IUCN)에서는 1990년대 중반 바다사자를 멸종종으로 분류하기에 이르렀다. 최근에는 북방 물개, 점박이물범 등이 한반도 주변 바다를 회유하는 과정에서, 독도의 표층 수온이 가장 낮은 시기인 2~3월을 중심으로 독도 인근에서 간혹 목격되고 있다.

독도의 진정한 가치는 독도가 품고 있는 해양영토

이처럼 비록 눈에 보이는 부분은 가로 세로 400m 정도의 자그마한 섬이지만, 생성시기에는 울릉도만큼이나 거대한 섬이었을 것으로 추정되며, 해저로부터 높이 2,268m

에 이르고 있다. 이 커다란 해산이 바로 독도의 실체이다. 그런데 독도의 진정한 가치는 다름아닌 독도가 품고 있는 해양영토에 있다. 독도로 인해 얻게 되는, 혹은 잃을 수 있는 해양영토는 남한 면적의 60% 정도에 해당하는 약 60,574 km²에 이른다. 이곳에는 차세대 에너지원으로 주목받고 있는 가스하이드레이트를 비롯해 다양한 광물자원과 수산자원, 해수자원이 함유되어 있다. 앞으로 해양과학기술의 발달과 심해 연구활성화를 통해 그동안 미처 드러나지 않았던, 독도가 품고 있는 해양영토의 가치가더욱 드러나리라 기대해본다.

'울릉도•독도해양연구기지'의 설립 배경과 과정

일본은 1905년 2월 22일 시마네현 고시 제40호를 통해 독도를 다케시마(竹島 : 독도의 일본식 이름)로 명명하면서 일방적으로 시마네현 소속 오키도사(隱岐島司)의 관할로 편입시켰다. 치밀하게도 그날로부터 딱 100년 되는 해인 2005년 2월 22일을 기념하여 '다케시마(죽도)의 날'을 지정하기로 기획하였다. 당시 경상북도는 시마네현과 자매결연을 체결하여 상호 공무원을 파견 교류하고 있었는데, 나는 당시 경상북도국제통상과장으로서 자매결연의 파기라는 지방외교의 단교와 함께 한국의 아름다운섬, 독도 영토 침탈에 대한 관할 도지사로서의 입장을 밝히는 성명서, 그리고 앞으로독도를 어떻게 지켜 나갈지에 대한 종합대책(당시에 나는 '안용복 프로젝트'로 명명)을 준비하였다.

이때 마련된 "경상북도 독도지키기 종합대책"은 향후 독도와 독도의 모섬인 울릉도에대한 종합개발과 독도수호를 위한 대정부 국책사업들의 목록과 추정예산을 밝히는 데기초자료로 활용되었는데, 당시 전 부서에서 받은 사업들을 가감하고 정리하였다. 지금도 대외비로 경상북도 문서고에 보존되어 있다. 또한 2008년 7월 29일 한승수 총리가 독도를 다녀간 후, 2008년 9월 18일 범정부적으로 마련한 독도영토관리단 회의에

사진 6.　2005년 당시 준비했던 독도지키기 종합대책　　　사진 7.　2011. 4. 8. 안용복 기념관 기공식

서 독도영토 수호를 위한 28개 사업이 1조 82억여 원으로 확정되는 단초가 되었다.

당시 독도에 관해 공부하며 민간인 어부로서 독도를 지키기 위해 온 몸을 바쳤던 안용복 장군[1] 에 대해 자세히 알게 되었다. 당시 조선의 조정은 그가 권한 없는 외교활동을 하였다며 도리어 유배를 보내 지금은 그의 무덤조차 찾을 수 없다고 한다. 그후 나는 그의 삶과 업적에 크게 감복하여, 그의 고향인 부산의 안용복기념사업회를 찾아가 지금까지도 함께 활동을 하고 있다.[2] 그리고 한승수 총리의 독도 방문 시 "남해안을 지킨 이순신 장군의 기념관은 충남 아산에 있고, 서해안을 개척한 장보고 기념관은 전남 완도에 있다. 동해안과 독도를 지킨 안용복 장군의 기념관이 필요하다."라고 주장하여 울릉도에 기념관을 세웠다. 그리고 2009년 5월 체계적인 독도수호의 범국민적 지원을 위해 경상북도가 출연한 안용복재단(현 독도재단)을 만드는 계기를 조성했다.

---

[1]　노산 이은상(李殷相)은 안용복 장군의 업적을 기리기 위해 "동해 구름 밖에 한 조각 외로운 섬 / 아무도 내 땅이라 돌아보지 않을 적에 / 적굴 속 넘나들면서 저 님 혼자 애썼던가 / 상이야 못 드릴망정 형벌 귀양 어인 말고 / 이름이 숨겨지다 공조차 묻히리까 / 이제와 군 봉하니 웃고 받으소서"라는 시를 바쳤다.

[2]　나는 당시에 일본인들이 안용복 장군이 허구의 인물이라고 외국에 알릴 수 있어 'anyongbok.com' 도메인을 미리 선점하여, 2009년 5월 경상북도가 설립한 안용복재단(현 독도재단)에 기증을 하였다.

당시 2005년 3월 16일 일본 시마네현 의회에서 '다케시마의 날' 조례안이 가결된 직후, 경상북도지사의 국내외 기자회견에서 내가 며칠을 준비한 성명서와 함께 '경상북도 독도지키기 종합대책'이 발표되었다. 전 국민들이 지켜보는 핫이슈이자 일본인에게도 성명서가 공개될 예정이었기 때문에 심혈을 기울여 준비했다. 특히 한국과 일본은 한자문화권이기 때문에 정곡을 콕 집어내는 고사성어를 꼭 넣기 위해, 책을 사서 찾다가 발견한 문구가 있다. 바로 '입에는 꿀을 담고 배에는 칼을 지니고 있다'는 구밀복검(口蜜腹劍)과 '웃음 속에 칼이 숨겨 있다'는 소리장도(笑裏藏刀)이다. 지금이야 인터넷 검색으로 금방 찾을 수 있는 세상이지만, 당시에는 참 힘들었던 기억이 난다. 그 두 가지 고사성어 중에 어감이 괜찮은 편인 구밀복검을 사용하여 "구밀복검(口蜜腹劍)의 배신행위로서 도저히 용서할 수 없다... 자매결연 관계를 철회하고 시마네현과의 단교를 선언한다."라고 성명서에 기재했고, 외신기자들을 위해 일본어와 영어 버전도 함께 준비해서 당일 배포했다. 지금 읽어보아도 핵심 내용이 잘 담겨 있어, 후회 없이 역사의 죄인이 되지 않을 수 있었다. 함께 준비했던 동료들에게 감사함을 표하고 싶다.

사진 8. 일본 시마네현의 다케시마의 날 조례 제정에 대응하여 브리핑하는 이의근 전 경상북도지사. 제일 오른쪽에 서 있는 사람이 필자이다. (2005. 3. 16.)

성명서

-일본 시마네현의회의 소위 '다케시마의 날' 조례 의결 관련-

  대한민국 경상북도는 일본 시마네현과 오랜 교류의 역사적 근거와 지리적 인접성을 이유로 지난 1989년 10월 6일 자매결연을 맺은 이후 15년여 동안의 교류협력 활동을 통해 양국의 우호증진과 친선교류에 크게 기여해 왔다. 그러나 오늘 시마네현의회에서 그간의 신뢰와 우정을 저버리고 그토록 우려했던 소위 '다케시마의 날' 조례 제정을 강행함으로써 역사적으로나 국제법적으로 우리의 영토가 명백한 독도(獨島, Dokdo)에 대한 침략행위를 하였다. 우리는 시마네현의 이와 같은 행태를 온 국민의 이름으로 규탄하면서 독도를 관할하는 경상북도지사로서 국내외에 천명한다. 독도는 행정구역상으로 경상북도 울릉군 울릉읍 독도리 산 1-37번지로서 역사적으로 서기 512년 우산국(于山國)이라는 지명으로부터 현재 독도로 불려지기까지 1500여 년 한결같이 우리의 조상들이 관리해 온 고유의 영토임이 분명하다. 아울러 수천 년 동안 경상북도민들이 어업행위를 해 온 소중한 생활 터전이며, 생태적으로 보전할 가치가 있는 다양한 생물자원이 있어 천연기념물로 지정하여 보호하고 있는 경상북도의 아름다운 섬이다. 오늘 이같이 소중한 경상북도의 보물이자 재산을 찬탈하려는 시마네현의 도발적 행위는 지방정부간의 외교관계에서도 전례가 없는 만행이며, 주권국가에 대한 도전행위로 규탄받아 마땅하다. 특히 양 국가는 금년을 "한일 우정의 해"로 정하고 각종 친선사업들을 진행하고 있는 상황에서 이 같은 침략행위를 하는 것은 입속에는 꿀을 담고 뱃속에는 칼을 숨기고 있는 구밀복검(口蜜腹劍)의 배신행위로서 도저히 용서할 수 없다. 또한 시마네현의 일련의 행동들에 대해 수차례에 걸친 항의와 성명을 통해 충분히 경고하였음에도 불구하고 오늘 이 같은 망동을 범한 점은 더 이상 우호신뢰관계를 유지할 의사가 없는 것으로 보고 자매결연 관계를 철회하고 시마네현과의 단교를 선언한다. 앞으로 우리는 경상북도 동해의 아름다운 섬, 독도를 가꾸고 지키기 위해 국민들과 함께 뜻을 모아 다양한 정책들을 펼쳐 나갈 것이다.

2005년 3월 16일
경상북도지사

당시 '경상북도 독도지키기 종합대책'으로 발표한 내용 중 대표적인 두 계획은 '일본어 구사 가능한 국제관계 전문가 1명을 포함한 독도지킴이 전담팀을 신설한다'는 것과 '과학으로 독도를 지키기 위해 울릉도에 울릉도·독도 해양과학기지를 만든다'는 것이었다. 전담 조직인 '독도지킴이팀'은 바로 구성되어 운영에 들어갔으나, 「울릉도·독도해양과학기지」 설립은 요원했다. 이에 나는 "애국가가 어떻게 시작됩니까? 동해입니다! 이러한 민족의 상징, 동해의 유일한 섬이 바로 울릉도·독도입니다. 울릉도·독도를 무관심하게 버려 두어서는 안 되고 울릉도·독도에 사는 다양한 해양자원들을 과학적으로 연구하고 산업화 하는 길이 바로 애국의 길입니다."라고 주장하며 수차례 중앙부처를 방문하여 국비예산을 확보할 수 있었다. 그러나 육지보다 공사비가 많이 소요되다 보니, 입찰로 선정된 공사 업체가 여러 차례 부도가 나서 2013년이 되어서야 준공이 시작되었다. 또한 지속가능한 독도연구를 위해서는 돈이 아무리 많이 들더라도 경상북도가 주도적으로 예산을 지원하여 국책 연구기관에 위탁을 주어 해양연구기지에 우수한 연구인력을 확보해야 한다는 나의 의지가 관철되었다. 그 결과 마침내 2013년 11월 29일, 경상북도(울릉군)와 한국해양과학기술원(KIOST)이 연간 10억 원(경북도 7억, 울릉군 3억)을 지원하는 조건으로 운영 협약을 체결하였고, 동해·독도 해양연구 현장 지원, 울릉권역의 해양수산자원 모니터링 및 해양영토 교육 등을 목적으로 2014년 1월에 개소하게 되었다.

그동안 한국해양과학기술원은 김종만 대장, 임장근 대장, 김윤배 대장 등 상주 운영 인력 덕분에 지난 10년간 다양한 연구 성과를 거두고 있다. 독도 바다사자 뼈를 국내 처음으로 찾아내어 국제유전자 정보은행에 등재하였고, 독도해마 서식지도 국내 첫 보고를 하는가 하면, 베도라치과 한국 미기록종을 발견하여 동해비늘베도라치라고 명명하는 등 해외 유명 저널에 독도관련 연구 성과가 기재되는 실적을 거두고 있어 큰 보람을 느끼고 있으며, 그동안의 고생에 대한 위안을 얻기도 한다.

그리고 2019년부터 2022년도까지 동해바다와 독도업무를 총괄하는, 경상북도 동부
청사의 환동해지역본부장을 맡으면서 독도 현지 연구에 필요한 전용 연구조사선을 비
롯한 미완의 과제들을 완결시켰다. 이에 2022년 4월 21일, 국비 전액을 지원받아 독도
전용 연구선인 '독도누리호'를 취항하게 되었는데, '독도누리호'는 순수 한글 이름으로
'독도'를 온 세상처럼 '누비다'라는 뜻을 담고 있다.

사진 9. 울릉도독도전용조사선, 독도누리호에서 해양과학 활동을 하는 연구자들

한편 2022년 5월 12일에는 동해안 첫 해양보호구역인 '울릉도 해양보호구역 방문자센
터'를 울릉도•독도해양연구기지 내에 개소하였다. 예산이 부족하여 비어있던 기지 내
부속 건물을 독도에 대한 해양생태교육과 울릉도 전통수산역사에 대한 전시관을 갖추
어 실질적인 'Dokdo Nature Center'의 역할을 할 수 있도록 조성했던 것이다. 무엇보
다도 연구기지 박사들이 직접 예산을 받아 전시공간을 구성하다 보니, 각종 바다생태
자원과 생물에 대한 실제 표본을 만들어 놓을 수 있었다. 이때까지 울릉도에 수많은 사
업들을 지원했지만 그중 방문자센터는 울릉도의 그 어떤 기관보다도 최고로 마음에 들
었다. 사실 내가 지금도 갖고 있는 철학은 '독도는 수천 년 동안 울릉군민들이 지켜왔
고, 울릉군민들을 행복하고 가장 잘 살게 만들면 독도는 자연스럽게 지켜진다.'는 것이

다. 따라서 울릉군민들에게 독도가 왜 중요한지 체계적인 교육을 제공하며, 지속적인 관심을 가지도록 하는 것은 무엇보다 중요하다.

독도수호의 3원칙과 울릉도 3무(無) 생태섬을 위하여

일본은 독도를 국제사회에 분쟁지역으로 알렸고, 자국 내 우익세력을 결집하는 등 정치적 목적으로 활용하고자 계획적이고 치밀한 장기적 플랜으로 독도 도발을 전개하고 있다. 일본의 노골적 야욕이 표출될 때마다 우리의 정치권과 시민단체는 성명서를 발표하고 규탄대회를 개최하는 등의 방법으로 우리의 분노와 독도수호 의지를 대내외에 표명하고 있다. 이러한 전 국민적 관심도 중요하지만 중앙정부와 지방정부가 협력하고, 다양한 전문가 집단들과 함께 전략적이고도 체계적으로 독도를 지키기 위한 노력들이 필요하다.

나는 독도업무를 하지 않을 때도 독도를 지키기 위해 항상 노력해 왔다. 예를 들면 문화관광, 재난안전 업무를 할 때도 울릉도 유일한 문화예술 법인인 '사단법인 울릉도아리랑'에 지원하였고, 독도를 경유하는 '코리아컵 국제요트대회'와 '울릉도•독도 국제수중사진촬영대회'를 개최(일본은 불참)하는가 하면, 한국아마추어무선연맹이 독도에서도 교신할 수 있는 '독도무선중계기'를 설치하여 전 세계와 교신하도록 민간단체를 후원하는 행사도 개최하였다. 이러한 일에는 이유가 있다. 나름대로 독도업무를 하면서 터득한 '독도수호의 3원칙'이 있기 때문이다. ① 독도는 지방정부인 울릉도와 경상북도가 지켜야 한다, ② 과학적, 문화적, 생태적 접근방법으로 지켜야 한다, ③ 해양교육을 통해 독도대양(獨島大洋)으로 나아가야 한다.

첫째, 독도는 지방정부인 울릉도와 경상북도가 지켜야 한다.
독도는 수 천 년 동안 울릉군민들이 지켜왔고 앞으로도 그래야 한다. 일본 정부도 '시

사진 10. 2016 울릉도•독도
국제수중사진촬영대회 (일본 불참)

마네현 지방정부가 하는 일에 중앙정부가 관여할 수 없다'고 하면서, 문부성 교과서 왜곡이나 방위성의 방위백서에 독도침탈을 매년 저지르고 있다. 도를 넘어서 수도 동경에 영토주권전시관을 만들어 독도를 자기 땅이라고 전시하는 망행을 일삼고 있다. 그 뿐인가, 지금도 중앙정부와 지방정부가 투톱 체제로 호흡을 맞춰가면서 우리 땅 독도에 광업권, 어업권을 지속적으로 지정하는가 하면, 국가지원 교부세 예산을 독도에 지원하면서 불용 처리하는 기록을 차곡차곡 쌓아가고 있다.

우리는 어떠한가. 정부가 무관심할 때 독도를 지키기 위해 결성되어 활동했던 대한민국의 민간 의용대로서 '독도의용수비대원'들이 있었고, 함께 활동했던 '제주 해녀'들이 있었다. 그리고 1988년 결성된 '푸른독도가꾸기모임(초대회장 이덕영, 지금은 푸른 울릉•독도가꾸기회)'은 1989년부터 독도 조림 5개년 계획을 수립하였고, 해송 등 묘목 1,780여 그루를 심기 위해 40㎏이 넘는 짐을 지고, 경사 70도가 넘는 바위 절벽을 오르내리며 식목 작업들을 하였다. 오늘날 독도는 이러한 울릉도 출신 민간단체의 노력으로 건강한 생태섬으로 가꾸어졌다. 이처럼 2005년 3월 16일, 독도가 온 국민적 관심을 받기 전 울릉도 군민들이 스스로 자기 생업의 터전인 독도를 지켜온, 푸르게 가꾸기 위해 온몸으로 희생한 자랑스러운 민중의 역사가 있다. 다행히도 울릉도 섬의 지역성(Locality)과 지속가능성(Sustainability)을 존중하는 민간인 중심의 '울릉도우산국문화재단'이 최근에 설립되어 그 역사와 전통을 함께 이어가고 있다.

일본의 경우 1988년 동경에서 약 1,740km 남쪽으로 멀리 떨어진, 그야말로 태평양 위 조그마한 암초인 '오키노도리'를 섬으로 주장하면서, 430,000㎡이상의 배타적 경제수역(EEZ)을 자기네 것이라고 말한다. 1980년대 중후반에는 암초를 보호한다는 명목으로 콘크리트 막과 방파제를 설치하였고, 2013년 5월엔 오가사와라 제도로 드나들 수 있는 항만 건설도 시작하였다.

독도에 대한 '조용한 외교정책'에서 독도의 '지속가능한 개발정책'으로의 전환이 반드시 필요하다. 우리 독도는 진정 누구를 위한 천연기념물인가? 1982년 독도의 천연기념물 지정을 통해서 유인도화를 원천적으로 막아 놓았던 것이 독도에 대한 신 공도(空島)정책이 아닌가. 이제 독도에 대한 지속가능한 이용을 통해 독도 주민이 독도를 지켜나가는 수도(守島)정책으로 정책을 바꾸어야 하고, 더불어 울릉군과 경상북도의 지방 목소리를 경청해야 한다. 그리고 울릉도 공동체가 행복하면 독도도 자연히 지켜진다는 것은 불변의 진리이다.

둘째, 정치적 · 외교적 · 군사적 접근방법이 아닌
　　　과학적 · 문화적 · 생태적 접근방법으로 지켜야 한다.

영토주권 침탈이 있을 때 정치, 외교, 군사적 접근방법으로는 언제 끝날지도 모르는 일본의 끈질긴 독도침탈과 일본의 범정부적인 협동 전략에 휘말릴 수밖에 없다. 이명박 대통령의 독도방문이나 문재인 대통령의 독도새우 밥상은 독도를 국제적으로 이슈화시켰지만, 실제 영유권 확보차원에 도움이 되었는지에 대한 여부는 논란이 있다. 따라서 차근하게, 그것도 실효적 지배라는 장점을 십분 활용해 전 세계인들이 공감할 수 있는 독도지킴이 활동이 되어야 한다. 그러한 대안이 바로 과학적 문화적 생태적 접근방법이다. 과학적 접근방법으로 우리나라 해양과학자들이나 울릉도•독도해양연구기지가 수행했던 독도주변의 해양과학 활동의 성과들을 예로 들 수 있다. 세계 최초로 발견된 독도미생물의 등재나 일본인들이 멸종시킨 독도 바다사자 뼈의 발견 등은 참 의미 있는 연구 활동들이다.

21세기는 총칼의 무력전쟁에서 문화예술의 흐름으로 대리전을 치르는 양상이 전개되고 있다. 이러한 때 정치적 선언이나 구호도 좋지만 '문화예술을 품은 독도, 문화예술로 살아나는 독도'라는 캐치프레이즈로 독도를 우리 국민들의 생활 속에 노래하고 꽃피게 하는 방안을 다각도로 모색하는 것이 아주 바람직하다고 본다. 우리나라의 대표적인 한복 디자이너인 고(故) 이영희 씨는 2011년 10월에 '바람의 옷, 독도를 품다'라는 주제로 한복패션쇼를 독도에서 열었다. 신라시대의 화려한 전통 복식과 울릉도 토착민들의 서민복식 등 다양한 작품들을 소개하여 한복의 세계화를 독도 사랑으로 보여주는 성과를 거두었다. 2014년 3월 28일은 울릉도 최초의 예술법인인 울릉도아리랑 단체가 울릉도 주민 학생들과 주도하여 오케스트라를 구성해 처음으로 공연하기도 하였다. 다만 독도를 상업적으로 활용하거나 자기 홍보용으로 활용하려는 의도는 반드시 막아야 한다.

과학적, 문화적, 생태적 접근방법 중에서도 내가 특히 중요하게 생각하는 것은 생태적 접근방법이다. 일본은 무엇 때문에 우리 땅인 독도를 침이 마르도록 넘보고 있을까? '다케시마'를 거꾸로 하면? '마시케다' 아닌가. 그건 울릉도 · 독도가 맛있는 것이 정말 많은 귀한 보물섬이기 때문이다. 이 귀한 보물들은 다름 아닌 울릉도•독도의 산림자원과 해양수산 등 생태자원이다.

그동안 무분별한 포획에도 불구하고 현재까지 명맥을 잇고 있는 울릉도•독도의 자생식물과 해양수산, 심해 천연자원은 앞으로 우리나라의 미래 먹거리이다. 더욱이 독도는

사진 11. 고(故) 이영희 한복디자이너
독도에서 한복패션쇼
(2011. 10. 28.)

육지와 지리적으로 격리되어 있어 다양하고 독특한 생물상을 이루는 천연 생태자원과 생물유전자원의 보고이다. 나아가 학술적으로도 매우 주목받고 있는 곳으로 별도의 독립생태계 지역으로 분할할 수 있을 정도로 특유의 해양생태계를 구성하고 있다.

일본인들이 울릉도 독도에 많았던 그 귀한 생태자원들을 약탈해 갔다는 사실은 역사서 곳곳에서 찾을 수 있다. 먼저 울릉도 도동에 근대문화 유산으로 지정된 이영관 가옥의 경우, 고리대금과 제재 업자였던 일본인 '사카모토 나이지로'가 희귀목인 솔송나무와 느티나무, 삼나무로 지은 집이다. 그는 1910년대 일본에서 건너와 당시 울릉도 원시림을 벌채해서 일본에 수출하였고, 막대한 재산을 모으기도 했다.

울릉도•독도는 지구의 온대 갈라파고스로서 특산성이 탁월하기 때문에 생물진화에 대한 국제적 연구와 산업적 활용 외에도 생태적 측면에서 개발될 수 있다. 울릉도•독도를 플라스틱도 없고, 쓰레기도 없고, 전봇대도 모두 지하 매설하여 없는, 국내 유일의 '3 無(Plastic zero, Waste zero, Utility pole zero) 생태섬 프로젝트'를 추진해 국제적으로 인정받는 생태관광지로 육성하기 위하여 힘을 쏟아야 한다. 이를 위해 울도•독도 바다를 청소하는 전용 쓰레기 수거선인 청항선 '경북 0726호(대한민국 해가 제일 먼저 뜨는 곳 독도, 7시 26분을 상징)'를 준공하여 운영 중에 있다. 그 밖에도 울릉도, 독도의 특산식물과 해양생태자원에 대한 체계적인 모니터링과 연구자료 구축, 육상과 해양의 희귀 생물종에 대한 보전 및 복원, 탐방객에 대한 자연생태계 교육과 공정여행 등을 위해 끊임없이 노력해야 하며, 이러한 행동들은 세계인들과 연대하여 함께 해야 한다.

사진 12. 울릉도 독도 해양쓰레기 수거선,
경북0726호

에콰도르의 세계적인 생태섬인 갈라파고스는 우리에게 시사하는 바가 많다. 갈라파고스 국립공원은 1979년 유네스코 세계자연유산 제1호로 선포되었다. 2022년 방문하여 갈라파고스 국립공원 소장(Danny Rueda)과의 접견을 통해 국립공원 예산관리, 인적자원 관리, 생태관광 프로그램 운영 등 공원 관리•운영에 대한 전반적인 내용의 피드백을 할 수 있었다. 특히 입도세(환경기여세)와 플라스틱 제로를 위한 노력들은 한국의 갈라파고스 울릉도•독도를 지속가능하게 지키는 데 큰 참고가 되리라 본다. 갈라파고스 섬에 입도하기 위해서 외국인들은 무려 100달러(USD)를 내야 하는데, 에콰도르 자국민들은 4달러(USD)를 내야 한다. 그곳 주민과 결혼하지 않고서는 누구도 섬에 6개월 이상 장기간 머무는 것을 막고 있다. 이를 통해 무분별한 외부자본의 난개발을 방지하고 있으며, 섬 주민들이 인문생태자원을 보존하기 위해 함께 노력하고 있다. 그리고 전체 입도세 수입의 50%로 국립공원 운영비와 외부 동식물 생태자원의 유입에 의한 생태계 교란을 막는 Bio Safety Center의 활동비를 지원하고 있다.

이에 더해 에콰도르 정부는 해양환경을 보호하기 위해 갈라파고스 제도를 플라스틱 제로섬으로 추진하였고, 이때 사용한 가장 근본적인 방법은 '외부 플라스틱 반입 금지'였다. 갈라파고스 제도는 입도 전 플라스틱 제로섬의 보전을 위해 플라스틱 관리비 20달러(USD)를 별도로 지불하도록 되어 있다. 공항에 도착한 후 갈라파고스 입도 희망자들은 모든 수하물들을 엑스레이 심사대에서 통과시켜야 한다. 통과된 짐은 플라스틱 제로 인증마크가 인쇄된 케이블로 묶이는데, 이처럼 철저하게 플라스틱 외부 반입을 방지하고 있다. 울릉도•독도가 나아가야 할 방향 또한 인간과 생물이 함께 공존하는 방식으로의 전환과 플라스틱 제로섬 추진, 입도세를 통한 동해의 유일한 섬 경제 활성화 등을 통해 지속가능한 생태섬을 지향해야 할 것이다.

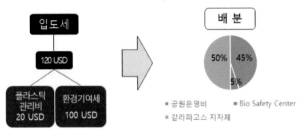

또 하나의 좋은 사례는 팔라우 공화국이다. 팔라우 섬을 입국해서 관광하기 전에 여권에 담긴 입도서약을 해야 한다. "팔라우 국민 여러분, 저는 방문객으로서 아름답고 독특한 섬나라를 지키고 보호할 것을 약속합니다. 저는 자연을 해치지 않고, 친절하게 행동하며, 주의해서 여행하겠습니다. 저에게 주어지지 않는 것은 취하지 않겠습니다. 저를 해치지 않는 대상에게 해를 가하지 않겠습니다. 제가 오직 남기게 될 것은 물에 씻겨 나갈 발자국들뿐입니다." 또한 2015년 10월에는 국립해양보호구역법(Palau National Marine Sanctuary Act)을 제정하여 그 나라의 배타적경제수역(EEZ)의 80%(약 50만㎢)에 해당하는 바다를 상업적인 어업과 석유 시추 등을 할 수 없도록 하였다. 산호초에 해로운 성분을 함유한 자외선 차단제도 바를 수 없으며 일회용 플라스

틱도 사용할 수 없다. 아울러 태평양 쿡 제도(Cook Islands)는 199만 7천㎢ 규모의 배타적 경제수역(EEZ)을 세계 최대 상어와 가오리 보호구역으로 지정한 바 있다.

이처럼 갈라파고스 섬이나 팔라우 섬, 쿡 제도의 사례를 넘어 이제는 전 세계가 이러한 생태섬을 지키기 위한 노력이 필수적이다. 지금까지는 지구 전체 바다의 64%를 차지하는 공해 가운데 고작 1.2%만이 보호구역이었다. 그런데 최근 들어 2023년, 유엔이 15년이 넘는 논의 끝에 전 세계 바다를 보호할 국제해양조약 제정에 최종 합의하였다. 2030년까지 공해를 포함한 전 세계 바다 30%를 보호구역으로 지정하고, 보호구역 안에서는 어획량 항로 심해 광물 채굴 등에 제한을 두는 것이 그 주요 내용이다.

울릉도에는 독특한 각종 지형ㆍ지질 자원, 식물자원, 해양생태자원, 인문자원 등이 존재하므로 이를 활용하기 위한 브랜드로 유네스코 세계자연유산으로 등재하면서도, '지속가능한 태평양 지역 유네스코 세계유산 섬 네트워크'를 구성하여 세계적인 생태섬 보존을 위한 국제적 연대가 필요할 것이다. "No Islands, No Earth. No Dokdo, No Korea." 세계적인 생태섬들이 지구를 지키는 허파가 되고 있고, 독도를 포함한 울릉도도 예외는 아니다. 앞으로 나의 꿈이 있다면 동해안 최초의 해양보호구역(MPA)인 울릉도를 포함한 독도수역 전체가 상업어업이 모두 금지되는, 플라스틱 제로 친환경 생태섬으로 조성되는 것이다. 이를 위한 노력들이 진행되기를 기대해 본다.

사진 13. 해양생태계가 잘 보존되어 있는
독도 수중

자료 2. 울릉도 해양보호구역 상징물
ⓒ한국해양과학기술원 울릉도독도해양연구기지

사진 14. 울릉도 현포항의 해양보호생물 해마보호전시판
ⓒ해양환경공단

셋째, 해양교육을 통해 독도대양(獨島大洋)으로 나아가야 한다.

내가 지금까지 해양수산과 독도업무를 경상북도에서 수십 년 하면서 느낀 기본 철학은 바로 '국력(國力)은 해양력(海洋力)이고, 해양의 힘은 바로 해양교육에서 나온다'는 것이다. 동해(東海, East Sea)라는 어원은 『삼국사기』의 기원전 59년의 일에 대한 고구려 건국과 관련된 동명왕 기록에서 찾을 수 있다. 또한 신라는 681년 동해구(東海口) 대석상(대왕암)에서 신라 30대 통일대왕 문무왕의 유언에 따라 장사를 지냈다. 이 외에도 광개토대왕릉비, "팔노총도(八道總圖)", "아국총도(我國總圖)"를 비롯한 다양한 사료와 고지도에서 이 같은 사실을 확인할 수 있는데, 이처럼 '동해'는 한국인이 2,000년 이상 사용해 오고 있는 명칭으로 우리 국민들에게 삶의 터전이자, 민족의 상징으로서 큰 의미를 차지하고 있다. 하지만 조선 시대를 거쳐 일제강점기에 접어들면서 일본의 강압적 식민통치가 맹위를 떨치던 1929년, 국제수로기구(IHO)는 동해를 동해(East Sea) 대신 일본해(Sea of Japan)로 표현한다. 국력이 약해지자 우리의 바다는 이름도 잃어버리고 강대국 수탈의 대상으로 전락해버린 것이다.

동해의 유일한 섬, 울릉도·독도 마을공동체의 역사문화를 전승하고 보전하기 위해서는, 자연과 조화롭게 삶을 영위하기 위해 해양 생태계를 보존하려는 움직임으로 이어

질 수밖에 없다. 울릉도•독도의 전통적인 어촌 생태마을의 공동체 문화를 보전하고 육
성하는 것은 해양교육의 매우 중요한 요소가 된다. 자라나는 어린이와 청소년들에게
전통 해양문화를 이해하는 데에 도움을 주는 해양교육과 건강한 바다를 유지하기 위한
해양과학은 동전의 양면이면서, 결국 지속가능한 울릉도•독도의 미래로 이어진다.

동해는 고향과 같은 바다이고, 어머니의 그리움이 있는 바다이다. 그리고 나를 늘 깨어
있게 하고 상상하게 만드는 곳이다. 그리고 동해는 민족의 자긍심과 희망의 에너지의
원천인 울릉도, 독도가 있어 더욱 더 빛을 발한다. 앞으로도 현지 울릉도 주민들의 모
든 생존권과 정통성 및 고유성을 보장하며, 기존의 경제적 활동이나 생활양식을 제약
하거나 통제하지 않으면서도, 울릉도•독도의 자연생태계의 지속가능성을 성취하고 세
계적 생태관광지로 도약하기 위한 노력을 계속해 나가기 위해서 가장 중요한 것은 해
양교육이라고 본다.

사진 15. 경주시 문무대왕 동해영토체험단 학생들의
울릉도독도해양연구기지 방문

사진 16. 울릉도 저동초등학교 학생들과 해양보호생물인
해마 및 잘피 보존 캠페인에 참여한 필자

이를 위해 제일 중요한 것은 과거에도 그러했듯이 울릉군민에 의한, 울릉군민을 위한,
울릉군민들 스스로의 독도를 지켜 나가는 노력이며, 이것이 반드시 필요하다. 그러한
노력의 일환으로 2008년 울릉북중학교를 독도수호 중점학교로 지정하여 독도탐방과
독도 해양과학 체험활동을 지원한 바 있다. 지금은 천부초등학교 유네스코 동아리 학
생들이 '괭이갈매기 보호를 위한 캠페인', 'SAVE 울릉 식물탐구 동아리'를 결성하고 울

릉도 구석구석을 직접 탐사하고 관찰해 '울릉 식물도감'을 자체 제작하는 성과를 올리고 있다니 기특하다. 그리고 저동초등학교에서도 정지열 교장선생님을 중심으로 전교생이 한국해양소년단에서 활동하며, 울릉도 바다 생태지표인 해마와 잘피를 지키기 위한 동아리 활동이 이루어진다고 하여 기대가 크다.

독도실록의 보존과 독도대첩일을 지방공휴일로!

조선왕조실록 등을 비롯하여 세계에서 세 번째로 많은 유네스코 세계기록유산을 보유한 나라가 바로 대한민국이다. 나는 독도에 대한 전 국민적 관심으로 독도를 찾는 수많은 국내외 독도탐방객에 대한 탐방일지 또한 체계적으로 기록하고 보존할 필요가 있다고 본다. 그리고 일본의 독도침탈에 대해 중앙정부, 경상북도, 울릉군 그리고 민간단체 등이 관리하고 있는 모든 고지도를 비롯한 서적류, 육상 해상 수중 등 해양과학 활동 보고서와 생태기록, 언론사의 영상물, 학회 보고서, 울릉군 공무원의 독도 근무일지 등을 체계적으로 모아 조선시대의 사고처럼 한곳에 보존하고 전 세계 어느 곳에서나 열람할 수 있는 일명 '독도아카이브센터'를 만들어야 한다고 주장한 바 있다.

현재 국립중앙도시관, 국회도서관, 울릉군의 독도박물관 등에서 분야별로 일부 보존하고 있지만 전 분야를 망라하는 곳은 없다. 일례로 독도 최초 주민 최종덕 님이 독도 서도 998계단을 만들었다는 사실을 조사하였는데, 이때 정부의 예산으로 울릉군이 지원했다는 문서를 울릉군청 문서고에서 겨우 찾은 기억이 난다. 나는 2005년 이후 최근까지 독도침탈에 대한 행정기록을 남긴다는 측면에서 "독도대양을 꿈꾸다"와 "독도 7시 26분"을 같이 근무했던 직원들과 함께 발간했다. 그 이유는 책 뒤 부록에 '독도연표(일본의 주요 도발 및 대응일지)'를 남김으로써 지방정부의 체계적인 노력들을 기록하는 것에 의미가 있기 때문이었다. 하루빨리 울릉도나 가까운 포항에 '국립 바다도서관'이나 '울릉 도립도서관'이 들어서기를 기대해 본다.

더불어 임진왜란의 한산도대첩처럼 '독도대첩일'을 기억하기 위하여 울릉군민들이 11월 21일을 지방공휴일로 지정하기를 기대한다. 독도대첩은 1954년 11월 21일 대한민국 독도의용수비대가 일본 해상보안청의 독도 침입을 격퇴한 전투이다. 현재 제주의 4.3, 광주의 5.18 등이 지방공휴일로 운영 중에 있으나, 언젠가는 독도대첩일이 법정기념일과 함께 지방공휴일로 지정되어 울릉군민들이 독도를 지켜온 자랑스러운 역사를 온 국민들이 공유할 수 있는 날이 오기를 바란다.

아울러 항구적으로 독도에 대한 논쟁 자체를 없애기 위해 헌법 제3조에 '대한민국의 영토는 한반도와 독도를 포함한 그 부속도서로 한다.'라고 개정한다면, 일본인들이 더는 집적거리는 일이 없지 않을까? 그것이 잃어버린 대한민국의 해양성을 되찾는 것이고, 그 해양성을 잊지 않기 위해서는 바로 동해바다에서 그 답을 찾아야 한다.

남북한은 동해 공동체, 독도는 통일을 위한 구심체

국립수산과학원 연구 결과 1968년~2015년 한반도 연근해 표층 수온 변화를 비교해보면, 48년 간 평균 1.11도(℃)가 상승했을 때 동해가 1.39도(℃)로 가장 많이 올랐고, 서해(1.20도(℃))·남해(0.91도(℃)) 순으로 확인됐다. 같은 기간 전 세계의 표층 수온이 0.43도(℃) 상승한 것과 비교해보면 한반도 주변 바다의 표층 수온은 다른 곳에 비해 2~3배 빠르게 상승 중이다. 이에 따라 아열대 혹은 열대 해역에서 잡히던 어종이 우리나라 근해에서 잡히는 등 해양생태계가 급변하고 있다. 동해안의 대표적인 한류성 어류인 명태의 경우 원산만이 주요 어장으로 최성기인 11~12월에 산란하며, 강원도 연안으로 흘러 들어와서 부화하고 성장한다. 명태는 우리 국민이 가장 선호하는 생선이지만, 이미 남한의 동해안에는 명태가 사라졌다. 국내 수산물 수출 1위인 국산 김도 80년 뒤에는 해수온도 상승으로 사라질 것이라는 우려도 있다.

게다가 남획에 의한 어족 자원의 고갈도 심화되고 있는데, 동해바다의 바다생물과 해조류에는 경계가 없는 만큼, 해양생물 자원의 종을 보존하기 위해서는 남북한 간의 긴밀한 해양수산 협력이 절실하다고 본다. 특히 동해안의 대표어종이자 울릉도 주민들의 삶과 개척의 역사가 담긴 살오징어에 있어서도 북한과의 협력이 필요하다. 살오징어는 회유성 어종인데, 제주도와 동중국해 등에서 연중 산란하며 먹이를 쫓아 동해로 이동하며, 주로 수심이 얕고 난류와 한류가 교차하는 동해퇴(일본을 상징하는 대화퇴는 바꿔야 할 지명)[3] 주변에서 성장한다. 이때 중국어선이 북한 동해로 들어와 울릉도 주민들 수산물 생산액의 93%를 차지하는 오징어를 남획하고 있다고 한다. 북중공동어로협약에 따라 2004년부터 중국어선의 동해 북한수역 쌍타망 어업이 시작되었고, 한국 전체 어획량과 맞먹는 양을 남획하여 우리 어민들에게 큰 피해를 끼치고 있는 것이 현실이다. 따라서 동해퇴에서의 북한어업권을 남한에도 허용할수 있도록 서로 간의 협력이 절실하다.

남북협력이 긴밀하게 필요한 또 다른 수산물은 우리나라 사람들에게 친근한 다시마이다. 옛날부터 튀각이나 부각, 건강식품 등으로 널리 알려진 토종 다시마에는 다시마(참다시마), 애기다시마, 개다시마(용디시마로 새로 등록) 등 3종류가 있다. 그러나 2000년 이후 무분별한 채취와 자연재해로 차가운 바다에 자라는 개다시마 자원량이 급감하였고 서식지가 많이 훼손되었다. 미래 유용자원인 동해 특산 토종 다시마 군락의 복원을 위해 모조(母藻)를 확보하고 배양하는 일이 매우 중요하며, 남북협력이 긴밀하게 필요하다.

근대 서구 열강의 대항해시대의 역사에서 보듯, 우리 동해는 남의 나라의 포경업의 중심지, 러일전쟁의 중간 수탈지이자 병참기지가 되어버린 아픈 역사를 가지고 있

---

[3] 동해퇴(東海堆)는 동해 중부에 있는 얕은 퇴다. 예전에는 대화퇴(大和堆) 또는 야마토퇴(일본어: 大和堆 야마토타이)라고 불렸으나, 2024년 2월 대한민국 해양수산부는 이 퇴의 이름을 동해퇴로 부르기로 결정하였다.[1] 동해퇴는 가장 얕은 부분에서 수심 236m이고, 동해 최고의 어장이다. 동해퇴 어장은 세계 3대 어장의 하나로서, 한국, 북한, 일본, 중국, 러시아가 서로 권리를 주장하는 각축장이 되고 있다.

다. 이제라도 남북한이 하나가 되어, 지속가능한 해양생태 보존과 해양생물 주권 확보를 위해 동해(East Sea)를 하나의 바다로 만들어가는 시대를 열어 나가야 한다.

정부가 경기도 파주에 설립한 산림청 '남북산림협력센터'처럼, 남북한이 기후변화에 대비하기 위한 동해 공동체로서 동해안의 한류권 해양 환경 및 해양생태계 조사, 연안 생태계 보호, 남북 공동 어로 협의 등을 지속적으로 연구하고 추진해 나갈 주체인 '남북해양수산협력센터'와 '해양수산자원 유전자뱅크'의 설립이 필요하다. 해양수산 유전자원의 보존과 지속가능한 이용을 통해 공동 이익을 도모하고, 울릉도가 '남북해양수산 교류협력특구'가 되어 다양한 사업들이 구체화되기를 기대한다.

사진 17. 북한에서 제작한 안룡복 및 독도 기념주화

내가 2007년 3월 22일~25일 정부 관계자와 함께 김포서 출발하여 평양으로 가는 특별 직항기로 북한을 방문하였을 때 북한은 '독도를 지켜낸 안룡복, 독도는 우리의 땅, 우리의 섬 독도(동도, 서도)'와 같은 기념주화를 판매하고 있었다. 한민족의 영원한 땅이라는 독도우표첩도 발행한 바가 있다. 이처럼 북한의 '독도에 대한 우리 민족의 주권은 신성 불가침이며, 이와 관련해서는 그 어떤 흥정이나 타협도 있을 수 없다'는 일본의 독도 영유권 주장에 대한 비판적·적대적 입장은 우리와 같다고 볼 수 있다. 이처럼 독도는 우리 고유의 영토 그 이상의 가치를 가지고 있으며, 남북이 한마음 한 뜻이 되어 독도를 지켜 나갈 수 있는 만큼 독도는 충분히 통일의 구심체가 되리라 기대해 본다.

마지막으로 "너만의 길로 걸어가라. 길을 잃으면 길이 찾아온다. 길을 걸으면 길이 시작된다. 길은 걷는 자의 것이니"의 박노해 시인의 시 구절처럼 우리 모두 독도를 지키는 일에 뚜벅뚜벅 함께 길을 걸어 가보자.

독도 없이 한국 없다!
No Dokdo, No Korea!

두 번째 도시,
울릉도

울릉도 **Ulleung Island**

위치	**경상북도 동해상**
인구*	**9,125 명**
면적	**72.9km²**
기후	**해양성 기후**
GRDP**	**2,780억 원**

* 행정안전부, "행정동별 주민등록 인구 및 세대현황(거주자) 경상북도 울릉군", 2024 년 7월 기준
** 경상북도청, "2020년 기준 경상북도 시군단위 지역내총생산 추계 결과", 2020년

동해 해양생태계의 오아시스,
울릉도(독도)

김윤배
한국해양과학기술원 울릉도독도해양연구기지 대장,
한국섬진흥원 이사

울릉도 개요 및 역사

울릉도는 한반도 본토로부터 최단 130.3㎞(경북 울진군 죽변면 죽변등대 앞 무인도서 기준), 독도는 한반도 본토에서 가장 멀리 떨어진(최단 216.8㎞) 울릉도의 부속섬으로, 울릉도에서 동남쪽으로 최단 87.4㎞ 떨어져 있다. 울릉도와 독도는 정상부가 수심 약 2,000m에서부터 해수면 위로 솟아오른 화산섬으로서, 울릉도는 약 250만 년~5,000년 전에, 독도는 약 460만 년~250만 년 전에 생성된 것으로 알려져 있다. 그런데 이 두 섬 의 육상에 노출되어 있는 분출암들로부터 얻은 가장 오랜 연대 측정값은 약 258만 년 전 으로 제4기 화산활동을 시사하고 있지만, 두 섬이 정확히 언제 탄생했는지는 초기 화산 분화물이 동해 해저 심부에 숨어있어 앞으로 풀어내야 할 수수께끼로 남아있다. 울릉도 나리분지는 국내에서는 보기 드문 이중화산으로 높은 학술적 가치를 지니고 있고, 독도 또한 해저산의 진화 과정을 한눈에 볼 수 있는 세계적인 지질유적으로 평가받고 있다.

동해의 망망대해에 위치한 울릉도는 지석묘 무문토기 등 다양한 유물들이 발굴되어 이미 기원전부터 사람이 살았다고 추정되고 있으며, 이들은 우산국이라는 독립 국가를 이루고 살아왔다. 신라 지증왕 때인 512년 이사부에 의해 신라 영토로 편입된 이래, 신라의 문화를 받아들이면서도 울릉도만의 고유한 문화적 전통을 이어왔다. 그러나 조선시대에 울릉도는 본토와의 교류가 매우 제한적이었다. 이는 동해의 잦은 해상기상악화와 더불어, 고려 말부터 집요하게 이루어진 왜구의 침입으로부터 주민을 보호하기 위해 해금정책을 세워서 울릉도에 주민 거주를 허락하지 않았기 때문이다. 조선 후기에 접어들면서는 거문도를 비롯한 전라도 남해안 주민들이 울릉도의 풍족한 산림자원을 이용하여 주로 배를 건조할 목적으로 울릉도에 체류하였는데, 이와 같은 전라도 남해안 주민들과의 교류가 1800년대 말까지도 활발히 이어졌다.

한편 1800년대 후반, 일본의 울릉도 산림 수탈이 끊이지 않자, 조선은 울릉도 개척령을 반포하고 본격적으로 울릉도 거주정책을 실시하였다. 그러나 러일전쟁에 승리한 일본은 울릉도의 자원을 본격적으로 수탈하기 시작하였다. 1900년대 초부터 시작된 오징어 어업은 지금까지도 울릉도의 대표적인 먹거리이다. 그러나 최근 기후변화에 따른 오징어 어장의 북상으로 울릉도 어획량이 급감하고 있으며, 어업인의 고령화로 전통적인 해양수산업 보다는 관광과 연계한 해양레저산업이 점차 주목을 받고 있다.

울릉도는 동해 한복판에 위치하여, 한반도 본토와 격리되어 존재해왔다. 이에 더해 우리나라에서 가장 일조량이 적고, 포유동물이 거의 없으며, 생성 시기의 폭발성 화산분출로 인해 토양층이 쉽게 만들어지는 부석으로 이루어져 있어, 나리분지를 중심으로 원시림이 조성되었다. 특별히 전 세계에서 울릉도(독도)에서만 자생하는 50종에 이르는 특산식물이 군락을 이루고 있어, 우리나라 최초의 국가지질공원으로 지정되었다. 또한 최근 포항-울릉 2시간 50분 대 초 쾌속선 운항, 2만톤급 크루즈 선박 취항으로 교통편이 좋아져서 울릉도와 독도를 찾는 관광객들의 발길이 끊이지 않고 있다.

사진 1.　동해안 최초의 해양보호구역, 울릉도 전경
©한국해양과학기술원 울릉도독도해양연구기지

심해로 둘러싸인 울릉도

울릉도는 전체 면적의 약 67.7%가 해발 200m 이상에 위치해 있으며, 경사 20도 미만의
비교적 완만한 지역은 전체 면적의 약 20.2%에 불과할 정도로 지형이 매우 가파르다.
해저지형 또한 비슷한 특징을 보이는데, 울릉도 저동항에서 겨우 400여 m만 나가도 수
심이 30m에 이른다. 이를 다른 지역과 비교해보자면, 울진에서는 해안선에서 약 32㎞
나가야 수심 1000m에 이를 수 있는 반면, 울릉도에서는 해안에서 5㎞만 나가도 도달할
수 있다. 이처럼 상대적으로 좁은 대륙붕과 연안의 가파른 해저지형으로 울릉도(독도)
어민들은 연안에서 미역 전복 등 일부 해산물만 채취할 수 있었고, 전통적으로도 대부
분 심해를 회유하는 오징어 등 회유성 어종에 관심이 높았다.
울릉도(독도) 주변 바다는 동해 남쪽 따뜻한 대마 난류에서 기원하여 유입되는 동한난
류와 동해 북쪽의 러시아 주변 바다에서 형성되어 울릉도·독도로 향하는 차가운 한류가

약 20~50일 주기로 변동하며 영향을 미치고 있다. 이에 울릉도(독도) 주변 바다는 난류와 한류의 교차에 따른 해수의 변화무쌍한 흐름과 함께, 해저 지형 영향 등에 의하여, 울릉도를 중심으로 시계방향으로 회전하는 직경 약 100~150㎞ 규모의 난수성 소용돌이가 자주 발생한다. 울릉도(독도) 주변 바다는 이러한 소용돌이의 발달과 이동, 난류와 한류의 이동경로 및 세기에 따라 변화무쌍해지는데, 울릉도(독도) 주변 바다의 강한 표층 흐름은 섬 지형에 부딪치면서 바닷물의 용승을 일으킨다. 이러한 용승은 표층 아래에 있는 영양염이 풍부한 해수를 표층 가까이 이동시키는 역할을 함으로써, 섬 주변 연안에 영양염을 주식으로 하는 식물플랑크톤을 증가시킨다. 섬 주변에서 흔히 발생하는 이러한 현상은 섬을 해양생태계의 오아시스로 만드는 중요한 역할을 한다. 게다가 울릉도(독도)는 동해 한가운데 있는 섬이라는 지리적인 특성, 그리고 심해 화산 분출로 형성된 섬이라는 지형적인 특성으로, 주변에 다양한 바닷말류가 부착하기에 좋은 수중 암반들이 풍부하게 발달되어 있어, 다양한 해양 생물의 서식처로 안성맞춤이다. 2014년 12월, 해양수산부에서는 유착나무돌산호 해송류 등 해양보호생물의 서식지와 산란지를 보호하고, 산호와 해초 등 우수한 해저 경관을 보전하고 관리할 목적으로, 동해안 최초로 울릉도 주변 해역을 해양보호구역으로 지정하였다.

동해안 최초의 해양보호구역, 울릉도 해양보호구역

2014년 12월 29일 해양수산부에서는 울릉도 주변해역을 동해안 최초로 해양생태계 보전 및 관리에 관한 법률에 의하여 해양보호구역으로 지정하였다. 보호대상 해양생물의 서식지 및 산란지와 산호 해초 등 우수한 해저 경관을 보전하고 관리할 목적이었다.
울릉도에는 약 1,200종 이상의 해양생물이 살고 있으며, 산호 해면 말미잘 등과 함께 미역 감태 대황 등 다양한 해조군락이 잘 발달하여 형형색색의 신비한 수중경관을 자랑하고 있다. 또한 해양보호생물인 유착나무돌산호(Dendrophyllacrubrisa)와 국제적 보호 권고종인 해송류(Antipathessp.), 희귀종인 보석말미잘(Corynactisviridis), 부푼불가사리(Poraniopsisinflata) 등 학술적 가치가 높은 종들이 서식하고 있다.

울릉도와 독도 해역에서는 난류와 한류를 따라 이동하거나 회유 혹은 정착하는 다양한 난류성·한류성 해양 생물들을 관찰할 수 있기도 하다. 우리나라 어느 해역과도 닮지 않은 독특한 울릉도와 독도만의 해양생물상을 보여준다. 특히 울릉도와 독도는 해조류가 풍성하고 동해 한가운데 자리 잡은 섬이라는 특성상, 해양생물들에게 휴식처와 서식처를 제공함으로써 사막의 오아시스와 같은 역할을 하고 있다.

사진 2. 울릉도 주변 바다
©울릉도독도해양연구기지

사진 3. 울릉도에 출현한 해양보호생물, 물개
©울릉도독도해양연구기지

바다의 투명도

바닷물의 맑고 흐린 정도를 나타내는 투명도는 연안으로부터의 부유물질 유입 여부, 해저 저질의 특성, 플랑크톤 농도 및 생물의 산란, 바닷물 흐름의 세기, 수심 등에 따라 달라진다. 바다의 투명도는 바닷속으로 투과되는 빛의 양에 영향을 미치며, 이 빛은 식물 플랑크톤과 바다 식물의 성장에 중요한 역할을 한다. 이는 빛을 흡수하여 영양염을 만드는 광합성 과정에 영향을 주기 때문이다.

우리나라 주변 바다의 투명도는 어느 정도일까? 해양수산부에서는 해역별 수질등급 평가 시 투명도 기준 값을 정하고 있다. 동해는 8.5m로 높은 축에 속하고, 다음으로 제주도 주변 8.0m, 대한해협 주변 2.5m 순이며, 서해 중부 해역은 1.0m, 서남해역 해역은 0.5m

로 가장 낮다. 우리나라에서 가장 투명도가 높은 해역은 다름 아닌 울릉도.독도 해역으로 여름철을 중심으로 최대 30~40m에 이른다. 이러한 투명도 덕분에 울릉도.독도 해역은 다른 해역에 비해 비교적 깊은 곳까지 해조류가 분포하고 있으며, 특히 울릉도는 육상식물처럼 꽃을 피고 열매를 맺는 식물인 잘피류의 최대 수심 서식처이기도 하다.

우리나라 최초의 국가지질공원, 울릉도 독도

독도는 생성 초기 울릉도의 규모 정도로 큰 섬이었을 것으로 추정된다. 그런데 울릉도보다 먼저 생성되어 오랜 세월 파도에 침식되며 현재의 모습에 이르렀다. 관음도 삼선암 공암(코끼리바위) 등 수많은 바위를 품고 있는 울릉도는 본래 이들 바위와 한 몸이었지만, 오랜 세월 바람과 파도에 의한 침식과 해수면의 상승으로 깎여 지금과 같은 모습으로 만들어졌다. 바람과 파도는 암질에 따라 차별적으로 침식과 풍화를 일으켜 수많은 봉우리와 함께 해식동굴, 해식동굴이 깎인 아치형 지형인 씨아치, 굴뚝처럼 우뚝 선 시스텍 등 다양한 해안 절경을 만들어냈다. 독도는 전형적인 해양성 해산으로 화산활동과 함께 풍화 침식 퇴적 과정 등 해저산의 진화과정을 보여주는 세계적인 지질유산으로서 가치를 지닌다. 울릉도 독도는 이러한 지질학적 가치로 인성받아 제주도와 함께 대한민국 최초의 국가지질공원으로 지정되었다.

동해안 최초의 국가중요어업유산, 울릉도 돌곽(돌미역) 떼배채취어업

'돌미역떼배채취어업'은 떼배, 창경(짬수경), 낫대(설낫)를 사용하여 돌곽(돌미역)을 채취하는 전통 어업방식이다. 울릉도에서 돌미역떼배채취어업이 가능한 이유는 우리나라에서 물속 투명도가 가장 높아(30~40m) 창경을 통해 물속을 들여다보는 어업이 가능했을 뿐만 아니라, 섬 주변에 미역이 잘 자랄 수 있는 암초가 발달하여 통상의 선박보다는 떼배가 작업에 효과적이었기 때문이다. 채취는 매년 음력 3~5월 사이 파도가 고요한 날에 이뤄진다.

미역은 갈조류에 속하는 1년생 바닷말류로, 수온이 차가운 겨울에서 봄까지 많이 자라며, 늦은 봄에 표자엽인 미역귀에서 유주자가 방출되면 미역 몸체가 점차 녹으면서 사라진다. 울릉도에서는 미역 양식을 하지 않으며, 수심 10m 내외의 암반에서 직접 채취해 돌미역이라 부른다. 미역은 조선시대 무렵부터 울릉도·독도의 대표적인 수산물이었다. 2021년 환경친화적인 어업방식인 자연산 돌미역채취 방법의 전통적 가치를 해양수산부로부터 인정받아 울진·울릉 돌미역떼배채취어업을 동해안 최초의 국가중요어업유산으로 지정하였다.

사진 4. 울릉도 떼배 돌미역 채취어업
　　　　©울릉도독도해양연구기지

사진 5. 울릉도 수중의 미역
　　　　©울릉도독도해양연구기지

울릉도에도 해녀가 있다

제주 해녀문화는 삼국시대 이전부터 시작되어 그 유서가 깊고, 유네스코 인류무형 유산으로 등재된 소중한 인류의 자산이다. 그들을 바다라는 공동의 부엌에서 바다가 허락한 시간을 존중하고 자연과 공존하며, 저승에서 벌어 이승에서 쓴다고도 표현한다. 제주 해녀의 독도 출어는 해방 이전부터 시작되었다. 독도의용수비대와 독도경비대, 그리고 독도 주민 최종덕 씨의 요청으로, 30~40여 명의 제주 해녀가 독도에서 미역 채취작업에 참여하였다. 독도 주민 김신열 씨를 비롯해 울릉도에 생존해 계시는 아홉 분 모두 제주 출향 해녀이다. 2023년, 울릉도에 거주하는 제주 출향 해녀들은 울릉도독도해녀해남보전회를 결성하기도 하였다. 이처럼 제주해녀는 독도를 일군 또 다른 주인공이었다. 불턱(해녀들의 쉼터)은 해녀를 지켰고, 해녀는 가족을 지켰고, 울릉도는 독도를 지킨 해녀의 대합실이었다.

사진 6. 울릉도에서 물질하는 제주출신해녀
ⓒ울릉도독도해양연구기지

사진 7. 1950년대 독도에서 바다사자 새끼를 안고 있는 제주출향해녀
ⓒ김공자

전 세계에 울릉도. 독도에만 서식하는 특산식물

울릉도 식물에는 울릉도의 특징이 잘 드러나도록 붙여진 이름이 많다. 섬바디 울릉국화 우산고로쇠 등은 전 세계에서 울릉도와 독도에서만 서식하는 특산식물이다. 울릉도는 한반도 본토로부터 최단 130km 떨어져 있는, 한번도 대륙과 연결된 적이 없는 대양섬으로서 전 세계 통틀어 울릉도(독도)에서만 서식하는 특산식물이 약 50여 종 분포하고 있다. 또한 우리나라에서 가장 일조량이 낮다는 특징이 있는데, 이에 울릉도 특산식물 울릉명이는 육지의 명이에 비해 잎이 크다. 또 다른 특산식물 섬나무딸기는 이런 울릉도 환경에 적응해 산딸기에 비해 잎과 꽃이 크고, 줄기에 가시와 털이 없다는 특징을 보인다.

이처럼 울릉도 특산식물은 새 바람 해류 등에 의해 대륙으로부터 건너와 울릉도 환경에 적응하는 과정을 겪었다. 원래의 형질을 유지하면서도 특정 형질이 추가되거나 개선되어 새로운 종으로 바뀌어, 식물의 향상 진화 과정을 보인다. 일부 유입된 식물은 여러 종으로 분화하는 분기 진화를 겪고 있다. 이처럼 울릉도는 전 세계의 대양섬 중에서 향상 진화의 비율이 압도적으로 높은(80% 이상) 특징을 갖추고 있어 식물 진화 연구의 최적의 실험실이라고 할 수 있으며, 유네스코 세계자연유산으로서도 충분한 가치를 보유하고 있다. 그런데 울릉도 정주 여건 개선을 위한 개발로 인해, 울릉도 특산식물이 위협을 받고 있다. 이 특산식물을 보존하기 위한 노력 또한 울릉도에 남겨진 중요한 과제이다.

사진 8. 울릉도 특산식물, 울릉명이의 어린새싹
©울릉도독도해양연구기지

사진 9. 울릉도 특산식물, 섬바디
©울릉도독도해양연구기지

날씨로 본 섬 이야기

섬 주민들의 삶은 대부분 날씨와 크게 관련되어 있다. 뭍에 나가거나 들어갈 때에도, 바다에 나가 조업할 때에도 날씨에 민감할 수밖에 없다. 심지어 삼월 삼짇날 고사를 지내는 것도 날씨와 관련되어 있다. 울릉도는 산이 높고 해양성 기후를 가지고 있어 우리나라에서 겨울 강수량이 가장 많고, 눈이 가장 오래 내리는 지역이다. 자주 끼는 안개는 여객선 통제의 원인이 되기도 하는데, 울릉도는 우리나라에서 가장 맑은 날이 적은 지역이기도 하다. 따라서 독도는 울릉도에서 연간 약 30~40일 정도만 관측될 수 있다. 울릉명이와 같은 울릉도 특산식물의 잎이 대형화 된 이유도 일정 부분 날씨와 관련 있다.

	우리나라 최고	우리나라 최저
운량	연평균 운량 (6.1할)	
맑음일수		연 맑음 일수 (49.9일)
일조율		연 일조율 (41.7%)
적설	연 눈 최장 지속기간 (24일) 신적설 5cm 이상 연간 일수 (13.6일)	
강수량 (비+눈)	일 강수량 0mm 이상 연간일수 (167.9일) 겨울 강수량(307.2mm) 1월 강수량(116.2mm), 2월 강수량(78.1mm)	연 강수 강도(12.6mm/일) 연 최대 무강수계속기간(20.1일) 여름 강수량(453.3mm) 7월 강수량(170.2mm), 8월 강수량(167.9mm)
우박	연 우박일수 (2.0일)	
기온		일 최고기온 35℃ 이상 연간일수(0.0일) 일 최저기온 -12℃ 미만 연간일수(0.0일)

표 1.   울릉도 기후 특징
      ©한국기후도: 1981-2010, 기상청

섬을 위협하는 태풍

우리나라는 가을철을 중심으로 1년에 통상 3~4개의 태풍 영향권에 든다. 남해안의 섬이 가장 먼저, 동해의 울릉도와 독도는 가장 늦게 태풍의 영향을 받는다. 태풍은 섬 주민에게 가장 위협적인 존재이기도 한데, 때로는 19.5m의 파고로 섬의 모든 기반 시설을 위협한다. 최근 전 지구적 아열대화에 따른 태풍과 이와 동반하는 집중 호우의 강도가 점차 거세지고 있다.

이에 대비하기 위해 태풍 예측의 정확도를 향상시켜야 할 뿐만 아니라, 한반도 내륙 중심의 재난 방송이 아닌, 섬 주민을 고려한 재난 방송이 반드시 필요하다. 태풍이 한반도를 빠져나간다고 보도될 때 울릉도는 본격적으로 태풍의 영향권에 접어든다. 섬에 우리의 아버지 어머니 형제들이 살고 있음을 기억해야 한다.

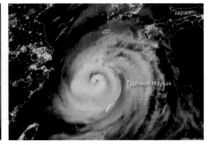

사진 10. 태풍 마이삭에 의해 울릉도 터널 내로 진입한 테트라포드
©울릉도독도해양연구기지

사진 11. 위성에서 본 태풍 마이삭 (2020년)
©NOAA, https://www.noaa.gov/

기후변화, 섬을 위협하다

기후변화가 섬을 위협하고 있다. 바다에서 높은 열에너지를 공급받은 태풍의 강도
가 점차 거세지고 있으며, 집중호우의 강도가 더욱 커지고 있다. 바다의 아열대화
에 따라 섬의 주요 어종이 변화하고 있으며, 해수면의 상승속도는 최근 들어 급격히
증가하고 있다.

지난 30년(1991년~2020년) 간 우리나라 전 연안의 평균 해수면이 매년 3.03mm씩 높
아져 평균 9.1cm 가량 상승하였다. 특히 1990년대 보다 최근 10년의 상승 속도가 10%
이상 증가하였다. 해역별 평균 해수면 상승률은 동해안(연 3.71mm)이 가장 높았고, 이
어서 서해안(연 3.07mm), 남해안(연 2.61mm) 순으로 나타났다. 관측지점별로 보면
울릉도(연 6.17mm)가 한반도 연안에서 상승폭이 가장 높았다. 최근 국립해양조사원
과 서울대 연구팀에 따르면 온실가스가 저감 없이 배출되는 고탄소 시나리오를 가정하
였을 때, 우리나라의 평균 해수면은 2100년에 82cm 상승할 것으로 예측되었다. 그렇게
된다고 한다면, 우리나라 서남해안의 많은 지역들이 침수위기에 놓여있다. 이제 기후변
화를 넘어 기후위기로 치닫고 있다. 섬의 기후위기에 체계적으로 대응하기 위해 국제적
인 공동 노력이 반드시 필요하다.

오징어와 함께한 울릉도 사람들

오징어는 1902년 무렵 울릉도에서 오징어 조업이 시작된 이래, 울릉도 100여 년의 근현대사를 상징하는 울릉도의 군어이자, 대표적인 브랜드이다. 또한 울릉도 인구변화의 바로미터이기도 하다. 1910년대 울릉도 오징어 어장이 번창하자 일본인들의 울릉도 이주가 본격화되었고, 1930년대 어장이 쇠퇴하자 물밀듯이 울릉도를 빠져나갔다. 그리고 1970~80년대 오징어 조업과 함께 명태 조업이 번창하자, 울릉도 인구는 29,810명까지 치솟았다. 그렇게 울릉도 오징어는 척박한 자연환경에 적응하며 삶을 일궈온 울릉도민들의 보물이었다.

울릉도 오징어의 맛은 당일 조업이라는 특성상 신선한 재료의 공급에서 출발한다. 또한 동해 한복판에 위치한 섬이라는 특성 덕분에 해풍이 부는 특별한 자연환경에서 건조된다. 그런데 무엇보다도 울릉도 오징어가 최고의 맛을 이어온 비결은 울릉도만의 특별한 건조 과정이다. 탱기치기, 귀뒤집기, 귀세우기 등 다른 동해안 도시와는 차별화된 10여 단계의 건조 과정을 거친다. 울릉도만의 특별한 건조 과정은 국가중요어업유산으로서 그 가치가 입증되었고 보존되고 있다. 오징어로 만든 오징어누런창찌개 오징어흰창찌개는 그야말로 울릉도 어머니의 맛이다.

사진 12. 1960년대 오징어 건조
©험프리 렌지

사진 13. 1970년대 저동항 풍경
©울릉군청, https://www.ulleung.go.kr/ko/main.do

오징어는 알을 낳거나 먹이를 찾기 위해 떼를 지어 서식지를 옮겨 다니는 회유성 어종이다. 동중국해 및 동해 남부 해역에서 연중 산란 후에 동해 북부 해역 혹은 북서태평양쪽 일본 연근해로 회유하면서 성장한다. 동해에서는 주로 가을에 산란한 오징어가 서식한다. 가을 산란군은 9~12월에 산란 후 일본 동쪽 연안으로 대마난류를 따라 일본 홋카이도로 회유하고, 이듬해 7~11월에 성숙단계에 이르렀을 때 다시 산란을 위해 남쪽으로 회유한다. 보통 한류와 난류가 교차하는 수역에서 좋은 어장이 형성되는데, 이는 적절한 수온과 함께 오징어 먹이 자원이 풍부하기 때문이다. 앞서 언급했듯 울릉도 독도 주변해역은 한류와 난류가 교차하는 수역에 위치하고 있어, 오랫동안 오징어의 대표적인 생산지였다.

기후변화와 중국 어선의 남획에 따른 울릉도 오징어 어획량 변화

이처럼 울릉도 주민들의 삶을 풍요롭게 해주었던 오징어 어획량이 최근 급감하고 있다고 한다. 예전에는 울릉도 주변 해역이 한류와 난류가 만나는 지점이었기에 좋은 어장이 형성되었지만, 최근에는 기후변화의 영향으로 난류 세력이 크게 북상하면서 울릉도 북쪽 먼바다에 오징어 어장이 조성되는 편이다. 난류 세력이 약해지는 늦가을과 겨울 사이 울릉도 주변에 오징어 어장이 형성되지만, 겨울에 접어들수록 해양 기상이 악화되기에 조업일수에 영향을 미치고 있다. 또한 이렇게 오징어 어장이 동해 북한수역으로 점차 이동하면서, 2004년부터 북중공동어로협약에 의해 중국 어선이 북한수역으로 진출했는데, 이로 인한 오징어 남획에 따라 어획량이 감소하였다.

울릉도 독도의 해양쓰레기

울릉도 독도에는 해류와 바람을 따라 한반도 연안으로부터 해양쓰레기가 밀려들어온다. 연간 수백, 수천 척의 중국어선이 동해 북한수역에서 오징어 조업을 하여, 이 영향으로 우리나라 해안 중 가장 많은 외국기인 쓰레기를 찾을 수 있다. 특히 겨울철에 울릉도 주변에 피항한 중국 어선들로 인해 발생한 기름 유출과 앵커링의 영향으로, 해양생태계 및 해저 시설물이 훼손되기도 했다. 때로 겨울철에 북서풍의 바람을 타고 북한 쓰레기도 밀려온다. 독도에서도 중국 어선이 버린 쓰레기와 함께 관광객이 버린 태극기 또한 수중에서 찾을 수 있다.

사진 14. 독도의 중국산 플라스틱 쓰레기　　　　사진 15. 바람과 해류를 떠나 울릉도로 온 쓰레기
　　　　ⓒ울릉도독도해양연구기지　　　　　　　　　　ⓒ울릉도독도해양연구기지

독도의 대표적 노래인 "홀로아리랑"의 탄생지, 울릉도 석포마을 이덕준 가옥

'독도'하면 떠오르는 진 국민의 애창곡이 있다. 바로 정광태 씨의 "독도는 우리땅"과 한돌 씨의 "홀로 아리랑"이다. "독도는 우리땅"이 경쾌한 가사말로 독도를 배우는 교과서적인 노래라면, "홀로 아리랑"은 민족의 정서를 서정적으로 잘 표현한 노래이다. "저 멀리 동해바다 외로운 섬, 오늘도 거센 바람 불어오겠지. 조그만 얼굴로 바람 맞으니 독도야 간밤에 잘 잤느냐."

그런데 이 노래의 탄생배경이 되었던 곳이 독도와 함께 울릉도 석포마을이었다는 것을 아는 사람은 많지 않을 것이다. 홀로아리랑을 작사 작곡했던 한돌 씨는 지난 2014년 '월간 산'에 기고한 '홀로아리랑 한돌의 독도일기'라는 기고문에서 이 곡의 탄생 배경을 밝힌 바 있다. 홀로아리랑은 1989년 10월 10일 발표된 "한돌타래모음 2집"에 수록된 곡이

사진 16. 석포에서 바라본 죽도를 배경으로 한 동해의 일출. 독도가 보인다.
©김철환

었는데, 이는 1988년 7월에 있었던 KBS 후원의 울릉도-독도 뗏목탐사 프로그램에서 기원했다. 한국외국어대학교 독도문제연구회와 한국탐험협회를 중심으로 울릉도의 이덕영, 김유길 씨 등이 합류했었다. 울릉도에서 독도까지 뗏목으로 갈 수 있다는 것을 증명하기 위한 학술탐사였는데, 실제로 길이 6m의 삼나무로 만든 뗏목으로 72시간에 걸쳐 울릉도에서 독도까지 항해에 성공하였다. 이 뗏목탐사의 주축이었던 장철수 씨(당시 한국외국어대 독도문제연구회장)가 후에 발해해상항로 학술뗏목 대탐사대(발해1300호) 대장으로 활동하게 되었고, 이때의 인연으로 푸른독도가꾸기모임 초대 회장이었던 울릉도의 이덕영 씨가 발해1300호 선장으로 참여하게 되었다.

한돌 씨는 푸른독도가꾸기모임(1988년 창립, 초대회장 이덕영, 현재 푸른울릉독도가꾸기회 전신)과 함께 독도나무심기 운동을 하면서 홀로아리랑을 발표하기 전 독도를 자주 드나들었다. 이때 울릉도 주민 이덕영 씨와 인연을 쌓았고, 또한 당시의 독도주민이었던 조준기 씨와도(독도주민 최종덕 씨의 사위) 인연을 쌓았다. 독도에 방문하여 홀로아리랑의 일부 구절을 완성했었던 시점이었지만, 가장 중요한 첫 번째 구절 '저 멀리 동해바다 외로운 섬'을 생각해내는 것이 쉽지 않았다고 한다. 그런 때에 울릉도 석포마을의 이덕영 씨(울릉 주민 이덕준 씨의 형님) 가옥에서 죽도를 배경으로 한 독도를 만나게 되었고, 이 모습이 운명처럼 홀로아리랑 노래 첫 구절 탄생의 배경이 되었다.

사실 울릉도 석포마을의 이덕 준가옥(경북 울릉군 북면 천부리 53)은 내가 사랑하는 울릉도의 뷰 포인트이기도 하다. 죽도가 한눈에 내려다보이고, 맑은 날이면 독도를 바라볼 수 있기 때문이다. 울릉도는 조금만 깊숙이 들여다보면 참 흥미로운 스토리가 많은 곳이다. 그냥 지나치기에는 너무나 아쉽다. 언젠가 울릉도 석포에서 "홀로아리랑 음악회"가 멋지게 열리길 바라보면서, 이제는 고인이 되신 독도주민 조준기 씨, 김유길 형님, 이덕영 선장님 그리고 장철수, 임현규, 이용호 대원 등 발해1300호 대원을 기려본다.

천부초등학교 이경종 선생님, 그리고 울릉교육의 미래

매년 1월 17일에는 울릉도 천부초등학교에서 특별한 행사가 열린다. 만덕호 침몰사고 당시 제자를 구하고 숨진 고(故) 이경종 선생님의 추모식이다. 만덕호 사건은 1976년 1월 17일, 울릉도 천부항 근처에서 7.2톤 목선인 만덕호의 전복사고로 37명의 주민이 사망한 사건이다. 토요일이었던 사고 당일, 최저기온 영하 1.4도(℃)로 폭풍우가 내리치고 있었다. 이때 선박의 수리용 바닥 뚜껑이 열리면서 갑판의 밧줄이 뚜껑을 통해 풀려내려 스쿠류를 감았고, 엔진이 순간 정지되면서 배가 큰 파도에 전복되었다고 전해진다. 1970년대 울릉도 섬살이의 현실을 고스란히 보여주는 사건이었다.

당시 천부초등학교에 재직중이셨던 이경종 선생님(1941~1976, 당시 35세)은 함께 승선

했다가 사고를 당했지만 수영을 잘하셔서 충분히 살아 돌아올 수 있었다고 한다. 그러나 당시 사고 목격자들에 따르면 학생 두 명을 물밖으로 먼저 내보내고, 또 다시 구조를 위해 나섰다가 끝내 파도에 휩싸였다고 한다. 이에 울릉교육지원청과 천부초등학교에서는 매년 이경종 선생님의 높은 뜻을 기려 추모제를 열고 있다.

최근 2024년 2월, 나의 아이들의 모교인 천부초등학교 현포분교가 폐교되었다. 통계청에 따르면 2022년 기준 우리나라 5,170만명 인구는 2050년 4,736만명, 2070년 3,766만명으로 크게 감소할 것이며, 고령화지수는 2022년 156에서 2050년 456으로 크게 증가할 것이라고 한다. 전남 신안, 인천 옹진에 이어 전국 K-지방소멸 위험지역 3위에 해당하는 울릉군 또한 예외가 아니며, 인구감소와 고령화 태풍의 정면에 있게 된다. 현포분교의 폐교는 그 태풍의 전초인 것이다.

교육부에서는 1) 지역의 인구감소로 지역 간 불균형 심화와 지역소멸 우려 2) 지역의 교육 및 정주 여건 미비로 우수 인재 유치가 어려운 상황을 대응하자는 차원에서 <교육발전특구> 지정을 통해 타개책을 모색하고 있다. 울릉도 또한 울릉군, 울릉교육지원청과 협력해 <울릉 교육발전특구> 지정 준비에 최선을 다하고 있다. 현포분교 폐교와 교육발전특구 지정이라는 또 하나의 도전을 앞둔 상황에서 이경종 선생님 추모식이 그전과는 무언가 다르게 보인다. 이경종 선생님을 비롯한 교육오지에 오신 선생님들의 꿈은 무엇이었을까 생각해본다. 그리고 그 선생님들과 함께 울릉교육발전을 위해 울릉도가 힘을 모아 무엇을 만들어가야 하는지 생각해 볼 필요가 있다.

먼저 우리 선생님들이 행복해야 아이들을 잘 가르칠 수 있다. 현재 울릉도는 주거 의료 교통 모든 부분이 열악한 상황이다. 잡다한 행정업무 또한 아이들을 가르치는 데 걸림돌이다. 하지만 그 무엇보다도 선생님의 자긍심을 높여드릴 필요가 있다. 이러한 의미에서 지자체 최초로 '이경종 스승상' 제정을 제안해 본다. 이를 통해 우리 아이들을 진심으로 가르친 선생님을 격려하고, 영웅 이경종 또한 오래도록 기억되었으면 한다.

다음으로 울릉도가 교육발전특구로 지정되는 방안도 있다. 울릉도 출신 학생들이 대학에 잘 진학하고, 대학에 진학한 학생들이 울릉도 프로젝트를 교수님들과 주도적으로 진행하며 해양과학기지와 같은 기관에 방학동안 인턴 프로그램을 진행했으면 한다. 또한 그들이 졸업 후에는 청년창업을 통해 울릉도로 다시 돌아오고, 울릉군에서는 그러한 청년창업을 지원하는 선순환이 이루어지고, 마침내 다시 돌아온 청년들에 의해 <유네스코 세계유산> 등재라는 울릉도의 꿈을 이루어 갔으면 한다. 이를 위해서는 울릉도가 반드시 교육발전특구로 지정이 되어야 한다. 생과 사를 오가는 과정에서도 온몸을 던져 아이들을 구해낸 이경종 선생님. 이제 그 학생들의 꿈의 크기만큼 울릉도가 자랄 것이다.

사진 17. 만덕호 사건 당시 모습
©울릉군청

사진 18. 만덕호 사건 당시 모습
©울릉도독도해양연구기지

우리가 진짜 몰랐던 울릉도 죽도와 주민이야기

울릉도 부속섬 중 가장 큰 섬인 죽도는 잘 알려지지 않은 중요한 역사를 배경으로 한다. 오랫동안 무인도였다가 울릉도 개척기인 1920년대 이전, 기독교인 박재천 씨가 일가족과 함께 죽도에 거주하기 시작하며, 죽도는 유인도로서의 역사를 새로 써내려 갔다. 원래 죽도는 나리분지 원시림처럼 섬 대부분이 수목으로 무성하였다고 한다. 하지만, 일제강점기 시절, 죽도가 일본인에 의해 개발되면서 대부분의 수목이 잘려 나갔고, 대신 그 위에 다양한 작물을 심었다고 알려져 있다. 어느 기록에는 해방 이전에 20여 호가 거주하였다는 내용도 있다. 1960년대에는 4가구 30여 명이 거주하였다고 하는데, 죽도에는 물이 나지 않아 빗물이나 눈으로 식수와 생활용수를 해결해야 했다고 한다. 이처럼 열악한 환경에 점차 거주 인구가 감소하여 1980년대에는 세 가구, 그리고 결국 1997년부터는 현 김유곤 씨 가족 한 가구만 거주하기에 이른다. 3~4가구가 거주할 때 죽도는 소 사육, 더덕 농사 등으로 생계를 이어갔으며, 특히 희귀하게 수박 참외가 자라 울릉도 사람들이 여름철에 죽도로 놀러가곤 했다.

특히 해발고도가 114m인 죽도의 능선에 이르기 위해서 지금은 소라형 계단을 타고 올라가지만, 죽도 개척 초기에는 가파른 절벽을 밧줄로 올라야 했고, 1960년대에는 가파른 계단을 올라야 했다. 그래서 죽도의 소는 송아지 때 지게에 짊어져서 올라갔다가 커서는 죽어서 나와야 했다. 죽도 주민 김유곤 씨가 간직한 죽도 사진에는 당시의 힘든 역정이 고스란히 담겨있다. 현 김유곤 씨 가족은 1960년대 죽도에 정착하였으며, 1997년부터는 김유곤 씨네 가구만이 홀로 죽도에 거주하기 시작했다. 2002년 어머니 이금옥 여사가 버섯채취 중에 추락사로 돌아가셨고, 2008년에는 아버지 김길철 씨가 돌아가시면서 한때 김유곤 씨 혼자서 죽도의 일꾼들과 함께 거주하였지만, 다행히 2015년 늦은 나이(46세)에 아내(이윤정 씨)를 만나 결혼하였고, 어렵게 2018년에 아들 민준이가 태어났다. 이러한 일련의 과정은 "죽도 총각 장가가다" KBS 인간극장 출연으로 널리 알려졌다.

사람들은 인간극장 출연 등으로 유명해진 죽도가족을 두고서 '저 푸른 초원 위에 그림 같은 집을 짓고' 행복하게 산다고들 말한다. 심지어 울릉도에 사는 적지 않은 주민들도 현실을 모르니 그렇게 알고 있다. 하지만, 죽도 주민의 현실은 정반대이다.

첫째는 죽도 땅 중에서 죽도 주민 땅은 하나도 없다. 죽도(경상북도 울릉군 울릉읍 저동리 산1-1 ~ 산1-3)의 임야대장을 보면, 대부분 산림청(전체면적의 99.3%)을 중심으로 한 국유지이며, 죽도 주민은 이 국유지를 임대하여 사용하고 있다. 여기에는 매우 안타까운 사연이 있다. 김유곤 씨 가족이 정착한 후 1970년대 무렵 비록 국유지이지만, 오랫동안 거주하면 개인의 땅으로 이전하는 특별조치법이 있었다. 하지만, 그 당시 행정당국에서 죽도 주민에 대해 어떠한 안내도 없었다고 한다. 만일 이때 행정당국에서 조금만 움직여줬더라면 지금과 같지는 않았을 것이다. 둘째는 매년 상당한 액수의 각종 사용료(주택 철거예치금, 국유지 점유에 따른 점유료 등)를 국가에 지급하고 있다. 국가에서는 비록 죽도 땅이 국유지이지만, 장기간 주민이 거주하고 있음을 인정하여 각종 사용료를 내는 것으로 주민의 거주를 허락하고 있다. 김유곤 씨가 거주하는 주택(저동리 산1-3번지)의 경우, 건립 당시 울릉군의 요구로 관광지형 건물을 자비로 건축했다고 한다. 1993년에 죽도는 경북도의 울릉도개발사업 일환으로 관광지구로 지정된 바가 있다. 이러한 연유로 집을 그냥 지을 것이 아니라, 지금처럼 보기에 좋은 관광지형 주택으로 건립하라는 요구를 받아들였고, 국유지 위에 지었기에 언젠가 철거를 대비한 철거예치금도 매년 내고 있다. 또한, 주택지 와 더덕이 자라는 농지도 국유지이기에 국유지 점유에 따른 점유료를 매년 부담하고 있다. 문제는 이러한 상황에, 현재 전국의 농민에게 제공되는 모든 직불금 혜택에서 죽도 주민은 법률상 제외되고 있다.

사진 19. 죽도전경
ⓒ울릉군청

사진 20. 1960년대 죽도 주민 모습
ⓒ울릉도독도해양연구기지

최근에 국토외곽 면섬의 해양영토적 가치가 국가 차원에서 중요해지면서 혹은 울릉도 관광 활성화 차원에서 적지 않은 규모의 예산(대부분 국비, 도비)이 죽도에 투자되고 있다. 관광유람선을 위한 도선사업 적자노선 손실보전, 죽도 태양광 발전시설 증류수 구입, 죽도관광지구 유지보수, 죽도 화장실 정화조 청소, 죽도 전망대 조망사업, 죽도 물양장 보수 및 계단 신설, 죽도 관광지 조경식재 등이 그것이다. 사실상 모두 죽도에 찾아오는 관광객을 위한 투자이다. 죽도의 무인도(공도) 방지를 위해 죽도 주민이 받는 지원금은 한푼도 없는 안타까운 실정이다.

왜 죽도에 주민이 거주해야 하는가?

적지 않는 사람들이 궁금해한다. 죽도의 가치는 무엇이며, 왜 죽도에 주민이 거주해야 하는지를. 죽도의 미래를 생각할 때 매우 중요한 질문이다. 죽도의 진짜 가치는 경제활동을 하는 주민의 거주에서 출발하고, 주민의 거주에 따른 해양영토의 확장에 있다. 죽도는 대한민국 섬 중에서 독도를 제외하면 대한민국 가장 동쪽에 위치한 섬이다. 죽도의 존재로 인해 대한민국 영해(12해리)가 확장되고 있다. 영해의 확장은 단순히 바다 표면적의 확장뿐만 아니라 영공, 바닷속, 해저면의 확장을 의미한다. 즉, 주권적으로 관할하는 국토의 확장이다.

유인도의 경우는 여기에서 더 나아가 200해리 배타적경제수역의 기점이 되고 있다. 200해리 배타적경제수역의 법률적 근거가 되는 유엔해양법협약 121조 3항(인간의 거주가 가능하고 독자적 경제생활이 가능한 섬만이 배타적경제수역 및 대륙붕을 갖는다)의 핵심은 "경제활동을 하는 주민"의 거주에 있다. 즉, 죽도가 무인도가 되면 배타적경제수역의 기점으로서 가치가 상실될 수 있다는 중차대한 문제에 봉착된다.

또한, 울릉도의 죽도를 근거로 한 관광 활성화 차원에서도 주민이 거주하는지의 여부는 매우 중요한 부분이다. 최근의 관광은 인문학의 중요성을 강조하고 있다. 즉, 스토리의 힘이다. 죽도의 빼어난 경관자원과 함께 죽도 주민의 살아왔던 모습 자체가 더할 나위 없는 관광자원일 것이다. 단순히 자연 경관만을 둘러볼 것이 아니라, 죽도 곳곳에 주민 생활사가 담긴 내용 소개를 통해 더욱 스토리 있는 죽도 관광이 되어야 한다. 더욱이 죽도에 대해 누구보다 애정을 가진 주민이 중심이 될 때 지역에서 추진하는 관광지 관리 또한 지속가능성을 이끌어낼 수 있다.

뒤늦었지만, 1970년대 우리가 미처 챙기지 못했던 실제 주민소유지의 국유화 과정, 땅 소유를 하지 않기에 농민으로서 받아야 할 각종 지원금 부분에서도 제외된 부분 등 여러 문제를 다시 관심있게 살펴봤으면 한다. 그래서 죽도에 그리고 대한민국의 모든 먼 섬 에 주민이 오래도록 거주했으면, 그리고 거주할 수 있도록 관심을 가졌으면 한다.

섬, 영해기점이 되다

영해기점은 12해리 범위의 영해와 그 상공의 영공, 그리고 200해리 범위의 배타적경제 수역의 기점으로서 중요한 역할을 수행하고 있다. 우리나라에는 해안선이 복잡한 서·남 해안을 중심으로 한 직선기선에 의한 영해기점과 백령도·울릉도·독도 주변 등 통상기선 에 의한 영해기점 등 138개의 영해기점이 위치하고 있다.

자료 1. 우리나라 영해기선도
©국립해양조사원, https://www.khoa.go.kr/

자료 2. 울릉도 영해기점 위치도
©울릉도독도해양연구기지 편집

76

울릉도에는 11개, 독도에는 7개의 영해기점이 위치하고 있으며, 이중 울릉도의 경우 9개, 독도는 7개 모두가 무인도서에 해당한다. 무인도서는 우수한 지형·지질경관을 보유하고 있으며 다양한 멸종위기 및 해양보호생물이 서식하고 있어, 해양생태계의 보고이자 자연환경·생태교육지로서의 잠재적 가치와 함께 해양관광·레저활동의 전진기지로서그 가치가 점차 증대되고 있다. 특히 해양영토의 바깥 한계를 결정하는 영해기점 소재무인도서는 해양관할권 확보 및 강화를 위해 매우 중요한 장소이기도 하다.

바다도 영토이다. 대한민국에서 가장 넓은 군, 울릉군

독도를 일본에게 빼앗긴다면 단지 독도만 빼앗길까? 벨기에의 플랜더스 해양연구소 자료에 따르면 독도를 잃게 되었을 때, 대한민국 남한면적(100,295㎢)의 약 60%에 해당하는 약 60,574㎢의 동해 해양영토를 잃게 된다. 이처럼 독도의 진정한 가치는 바로 해양영토에 있다. 바다도 영토이다. 울릉군은 대한민국 군단위 지자체 중에서 가장 작은면적의 군이 아니라, 독도 주변 해역의 해양영토를 포함하고 있는, 대한민국에서 가장넓은 면적을 보유한 군이라고도 할 수 있다.

동해 해양 영토의 출발, 울릉도의 부속섬 독도

독도의 아름다운 경관 속에는 독도의 아픈 역사와 독도를 지켜온 울릉 주민들의 역사가곳곳에 서려 있다. 독도 서도 북쪽 끝 단에는 가제바위라고 불리는 바위가 있다. 독도는울릉도와 함께 가지, 가제라고 부르는 바다사자가 주로 서식했던 장소였다. 그러나 한해 5,000마리에 이르는 일본인의 남획에 의해 독도 바다사자는 멸종에 이르렀다. 기름으로 가죽으로 그들의 피부는 벗겨 나갔다. 최근 들어서 당시의 바다사자 대신에 물개 물범과 같은 해양 포유류가 간혹 봄철을 중심으로 독도 바다를 찾는다.

해방 후 독도는 한때 폭격 연습지로 지정되어 독도에서 조업하던 수십 명의 어민들이 폭격에 의해 희생당하셨다. 당시의 포탄은 지금도 독도 수중에 간간히 발견된다. 일본은 해방 후에도 독도에 불법 상륙해 푯말을 설치하는 등 영토침략을 이어갔다. 이에 맞서 울릉도 주민들이 독도의용수비대를 결성하여 독도를 지켜왔으며, 이들의 뒤를 이어 경찰이 독도경비를 맡고 있다. 이때에도 독도의 갑작스런 거센 파도와 험난한 근무 여건에서 경비대원 7명이 순직하는 아픔을 겪어왔다. 최종덕 씨 등 울릉 주민들은 1960년대부터 독도 서도에 뿌리를 내리며 전복 양식 배양법을 개발하는 등 삶의 터전으로서 독도를 일구어 왔다. 그렇게 독도는 아픈 역사와 이곳에 먼저 다녀간 사람들의 숨결을 간직한 채, 거센 동해의 파도를 맞으며 우리 곁에 서 있다.

사진 21. 독도 전경
ⓒ울릉도독도해양연구기지

사진 22. 독도의 한국령 표지석
ⓒ울릉도독도해양연구기지

과학으로 지키는 우리 영토, 과학으로 관리하는 우리 바다

바다 한가운데 우뚝 솟아 있는 독도와 주변 해역에는 현미경으로 관찰해야 볼 수 있는 아주 작은 크기부터 시작하여 대형 고래류까지 다양한 생명체가 살고 있다. 독도는 우리가 생각하듯 외로운 섬이 아니라 뭇 생명들이 활기차게 살아가는 곳이다. 독도와 해양영토를 지킨다는 것은 독도와 해양영토에 살아가는 생명체들이 오래도록 유지되도록 잘 관리한다는 것이다. 그것이 독도의 주인으로서 의무이자 권리이다.

독도해역은 우리나라 주변 바다에서 가장 빠르게 아열대화가 진행되고 있다. 표층수온의 장기적인 증가 추세와 함께 약 20~40일 주기로 비교적 활발하게 변화하는 해류의 영향에 따라 독도 해양 환경은 시시각각 달라진다. 보다 자주, 보다 오래 바다를 연구해야 하는 이유이다. 이에 한국해양과학기술원에서는 독도 해양의 환경변화를 진단하고, 해양생태계를 보호하기 위해 다양한 연구 활동을 진행하고 있다.

사진 23. 울릉도독도전용조사선 독도누리호
©울릉도독도해양연구기지

사진 24. 독도 실시간 해양관측부이
©울릉도독도해양연구기지

울릉도의 미래를 위하여

울릉도(독도)는 동해 한복판에 위치하여 해양생물의 서식장 및 산란장으로서 동해 해양 생태계의 오아시스라 부를 만한 섬이다. 또한 한반도 내륙과 각각 최단 130.3km, 216.8km 떨어진 상태에서 200만 년 이상 격리된 지리적 특징과 대양섬으로서의 독특한 기후환경 조건으로 인해 울릉도(독도)에만 존재하는 다수의 육상생물종이 서식하고 있다. 이처럼 울릉도(독도)는 독특하며 수려한 육상환경 특성 및 해양생태계를 인정받아, 2012년 국가 최초의 울릉도·독도 국가지질공원 지정, 2014년 동해안 최초의 울릉도 해양보호구역 지정, 2017년 울릉도 화산섬 밭농업의 국가중요농업유산 지정과 함께

Lonely planet의 세계10대 해양관광섬 선정(2011년), 문화체육관광부의 자연자원부분 한국관광의 별 선정(2018년) 등 다양한 평가를 받아왔다.

울릉도(독도)는 극지를 방불케 하는 척박한 자연 지리적 조건, 고대 해상왕국 문화와 개척역사라는 역사의 특이성, 척박한 자연환경에 적응하면서 울릉도만의 삶의 문화를 이끌어 온 개척민들의 삶과 함께 인간 간섭이 최소화되고 자연 그대로 보존된 야외자연사 박물관 혹은 자연생태 실험실로서 다양한 가치를 품고 있다.

이러한 섬의 가치를 재조명하고 보전하기 위한 다양한 노력들이 진행 중에 있다. 경상북도와 울릉군에서는 2019년 울릉도 세계자연유산 등재 추진위원회를 결성하였으며, 울릉도 생태와 음식문화를 중심으로 유네스코 인류무형유산 등재 추진을 또한 준비 중이다. 슬로푸드 국제협회에서는 울릉도의 섬말나리, 칡소, 옥수수엿청주, 울릉홍감자, 긴잎돌김, 손꽁치, 물엉컹퀴를 맛의 방주로 지정하여 지역 주민과 함께 울릉도의 맛을 보전하기 위해 노력하고 있다. 또한 울릉도의 전통어업인 떼배를 이용한 돌미역 채취업은 국가중요어업유산으로 지정되었고, 돌김채취 손꽁치잡이 오징어건조 방식 또한 주목해야 할 울릉도의 어업유산이다.

독도를 품고 있는 울릉도의 미래는, 교통 교육 의료 등 열악한 여건에도 울릉도를 보듬고 온 이들에게 우리가 미처 드리지 못한 명예와 경의를 돌려주는 것에서, 그리고 울릉도(독도)를 삶의 터전으로 딛고 살아갈 미래 세대에게 이 바다와 땅의 가치와 자긍심을 심어주는 데서 시작될 것이다.

세 번째 도시,
포항

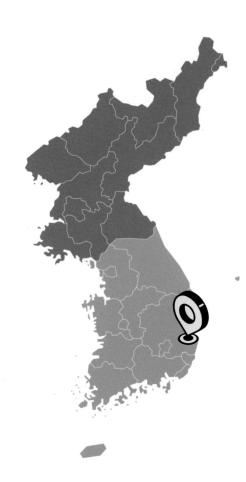

포항　Pohang

위치	경상북도 동해안의 중앙
인구*	500,506명
면적	1,127.92km
기후	온난 습윤 기후
GRDP**	186,200억원

* 포항시청, "인구 및 세대 현황", 2024년 기준
**경상북도청, "2020년 기준 경상북도 시군단위 지역내총생산 추계 결과", 2020년

포항의 헤리티지(heritage)인 통양포(通洋浦)의 역사와 미래

김남일

경상북도문화관광공사 사장,
경상북도 전(前) 독도수호대책본부장

동해 인문학의 보고, 어머니의 바다를 가진 포항

2019년 경상북도 동부청사 환동해지역본부장으로 포항에서 근무하다가 2023년 1월부터 포항시 부시장으로 취임하여 떠날 때까지, 총 4년여의 시간을 포항의 매력에 흠뻑 젖어 살면서 포항의 과거 현재 미래에 대해 고민하는 시간을 가지게 되었다. 바다 사나이인 마린보이(marine boy)로서 동해안을 더욱 이해하고 사랑하게 된 계기였다.

포항 하면 제철도시, 산업도시로서의 이미지가 가장 강하다. 포항이라는 도시 이름을 따서 세운 세계적인 철강기업, 포항종합제철(POSCO)이 있기 때문이다. 지방 도시의 이름을 따서 기업 이름을 작명한 것은 이례적이라고 볼 수 있는데, 국가별 최대의 철강업체 이름만 보더라도 미국의 US 스틸(United States Steel), 일본의 Nippon Steel, 대만의 China Steel이다. 게다가 지방에서 출발한 대기업이라 해도, 지방에 계속해서 자리잡고 있는 경우 또한 드문 일인데, 모두가 알다시피 POSCO는 지금까지도 본사가 포항에 있다. 일찍이 수도권 인구집중과 지방 소멸 문제를 해결하기 위하여 지역 균형 발전의 가치를 가장 먼저 실천한 기업이 POSCO라 볼 수 있는 대목이다. 따라서 한때 POSCO 지주사 서울 이전 문제로 인한 갈등이 있었더라도 '포항 없는 POSCO가 있을 수 없듯이 POSCO 없는 포항도 있을 수 없다'고 본다.

사진 1. 1984년도 경북지구 J-C 회원대회
©장기면 새마을회관

사진 2. 포항종합제철
©포항시 제공

포항이 POSCO와 함께 성장하고 발전할 수 있었던 것은 무엇보다도 POSCO를 일구어 낸 불굴의 '우향우 정신'이 있었기 때문이다. 당시 박태준 사장은 "포항제철은 조상의 피 값으로 짓는 제철소입니다. 실패란 있을 수 없습니다. 실패하면 우리 모두 '우향우'해서 영일만 바다에 빠져 죽어야 합니다"라고 하였다.[1] 그리고 1973년 6월 9일[2], 51년 전 포항제철소 1고로에서 대한민국의 첫 쇳물이 쏟아져 나왔다. 기술도, 자본도, 경험도 없이 영일만 황량한 모래벌판에서 산업의 쌀이라는 쇠를 만들어 국가 기간산업 발전의 토대를 놓아 조국 근대화의 기틀을 다졌던 것이다. 이 모든 것은 바다를 닮은 포항시민들에게 불굴의 도전정신과 모험정신이 있었기 때문에 가능했다고 생각한다.

이처럼 포항에는 모두의 가슴을 울리는 근현대 산업신화가 굳게 자리잡고 있다. 포항의 얼굴 역할을 한다고 해도 과언이 아니다. 그런데 이 거대한 내러티브의 뒤편에는 이에 비해 잘 알려지지 않은 포항의 또 다른 이야기가 있다. 대한민국의 기운이 시작되는 호미반도를 비롯한 216km의 해안선[3]을 타고 긴 세월을 거쳐 전해져 내려왔다. 바로 동해 인문학: 해양 역사 및 문화 이야기이다.

과거 조그마했던 통양포(通洋浦)라는 포구 도시가 발전하여 지금의 큰 첨단과학 해양도시로 성장했다는 역사를 잘 모르고 있는 경우가 허다하다. 앞서 나누었던 포항의 비약적인 산업 발전 또한 포항의 영일만을 중심으로 한 동해가 있었기에 가능한 것이었다. 거기에다가 억센 어부들과 언제나 반겨주는 해녀들, 잘 알려진 "연오랑과 세오녀"를 비롯한 어촌 문화 이야기들도 바다 곳곳에 묻혀 있다. 주말마다 답사만 해도 지루하지 않은, 말 그대로 '동해 인문학의 보고'이다. 이처럼 포항의 동해, 어머니의 바다에 고스란히 담긴 우리 역사와 문화 이야기를 풀어나가 보고자 한다.

---

[1] 1968년 4월 1일은 '포항종합제철주식회사'를 설립한 날. 1970년 4월 1일 착공, 1973년 7월 3일, 드디어 포항종합제철 1기 종합준공의 날을 맞게 된다.

[2] 철강협회는 우리나라 현대식 용광로에서 처음 쇳물이 생산된 6월 9일을 '철의 날'로 기념하고 있다.

[3] 해안선은 바다와 육지를 나누는 경계로 우리나라 국토 형상을 정의하는 기초 자료이다.

포항 땅의 역사

'포항'이라는 지명[4]은 시간의 경과에 따라 바뀌었다. 고려 시대에는 통양포(通洋浦)라 불리다가, 조선부터 포항(浦項)이라는 이름으로 불렸다. 포항의 '포' 자체가 포구 포(浦), 바다와 연접한 도시라는 점으로 미루어 볼 때 포항이라는 도시의 역사적 뿌리는 통양포 포구이고, 그 포구를 가진 곳이 바로 지금의 POSCO 공장이 있는 영일만이었다.

사진 3. 두무치제당 해설 안내판
©포항시

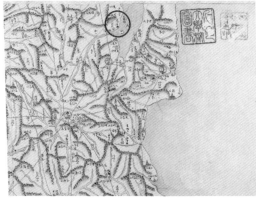

자료 1. 동여도(통양포)

---

[4]   포항 지명의 유래는 확실하지 않으나 <포곡장정우수집항>이란 글에서 '포'자와 '항'자를 따 포항이라 호칭하였다는 설, 또 옛 이름인 통양포의 '포'와 형산강 형산항의 '항' 두 글자가 합쳐졌다는 설, 포항강(현재 칠성천) 부근이 이전에 '갯미기'라고 불렸는데, 갯미기는 갯목을 뜻하는데 '갯'은 개울, '목'은 머리에 해당한다. 이를 한자로 옮기면 개울 포(浦)와 목 항(項)이 된다고 한다. (출처 : 포항시청 홈페이지)

그 인근에 위치한 영일대북부시장[5]은 통양포구를 중심으로 자연 발생적으로 형성된 포항 최초의 어시장이었고, 시장 내의 '통양포 경로당'만이 그 이름의 명맥을 지금까지도 유지하고 있다.

그리고 고려시대 우왕 13년(1387), 영일현 통양포(斗毛赤浦, 현 포항시 두호동)에 수군만호진을 설치하고 만호(종 4품)를 위시하여 정규 수군과 병선을 배치하였다는 기록으로 미루어 볼 때, 통양포가 왜구의 약탈을 막는 영일만의 중심적인 해군 전방 기지 역할을 하였다고 추정할 수 있다. 이는 현재 포항의 해병대 역사와도 일맥 연결이 된다. 아울러 통양포를 중심으로 군사적 요충지의 역할을 한 인근 도시는 조선 시대까지 발전해왔다. 그 예시로 조선 후기 이양선이 출몰하기 전까지 갯가 사람들의 생업 터전과 생명을 지키기 위해 조성되었던, 바다와 접해 있는 연해읍성(沿海邑城)인 청하읍성 흥해읍성 연일읍성 장기읍성이 있다.

특히 포항 동해안은 해안선이 길고 바닷가 쪽으로 돌출된 산봉우리가 많아 전망하기에 좋다. 이런 이유로 왜구들이나 이양선이 출몰하는 접경 지역의 긴급한 상황을 중앙 또는 변경의 다른 기지에 신속히 알리려는 군사적인 목적으로 봉수대(烽燧臺)[6]가 다수 설치되었다. 그뿐만 아니라 경관이 뛰어난 지역의 해안선을 따라 소봉대(小峰臺)-관풍대(觀風臺)-조경대(釣鯨臺) 유적이 남아있기도 하다.

그중에서도 소봉대(小峰臺)[7]는 장기면 계원리에 딸린 조그만 섬으로 인근 복길 봉수대의 전초기지 역할을 하던 작은 봉수대가 있다고 해서 비롯된 이름이다. 조선 중기의 성

---

[5]   6·25전쟁 이후 포항 형산강 인근에서 난전 형태로 형성된 영일대북부시장은 죽도시장(1971년 11월)보다 6년이나 빠른 1965년 2월 상설시장으로 개설되었고, 당초 '북부시장'으로 개설됐지만, 상인들의 요구로 2017년 '영일대북부시장'으로 명칭이 바뀌었다.

[6]   봉수는 개별 유적의 가치보다는 군사·통신 체계인 노선으로서의 가치가 더욱 중요한 유적이다. 이에 문화재청은 부산 응봉과 서울 목멱산을 잇는 「제2로 직봉」(14개 봉수 유적)과 전남 여수와 서울 목멱산을 잇는 「제5로 직봉」(16개 봉수 유적)을 첫 국가 지정 연속유산 '사적'으로 지정한 바 있다.

[7]   포항시 장기면 계원리 311-24

리학자 회재 이언적(李彦迪·1491~1553)이 지은 칠언절구는 섬 아래쪽에 시비로 세워져 전해져 내려오고 있다.

地角東窮碧海頭(지각동궁벽해두) : 땅은 끝나고 바다가 시작되는 곳

乾坤何處有三丘(건곤하처유삼구) : 천지의 어느 곳에 세 언덕이 있단 말인가

塵寰裨隘吾無意(진환비애오무의) : 티끌 세상 비루하고 좁은 일 내 마음과 무슨 상관

欲駕秋風泛魯桴(욕가추풍범로부) : 가을바람에 노중연의 배를 띄워 떠나고 싶어라

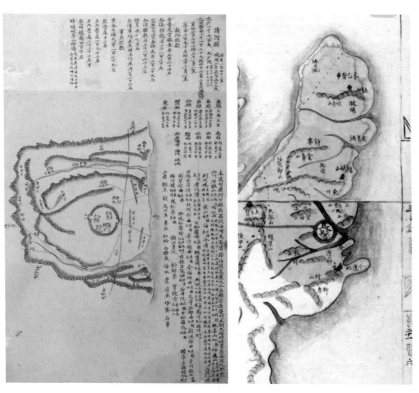

자료 2,3. 1750년대 청하현 지도에 표기된 조경대 지명과1800년대 청구도에 표기된 소봉대 지명

©포항시 김규빈 학예사 제공

자료 4. 포항은 섬을 가졌던 도시
– 1872년 포항진지도(해도, 죽도, 상도, 하도, 분도)

한편 포항은 5도(島) 3호(湖)를 가진 섬의 도시이자 형산강을 따라 발전한 물의 도시, 즉 수변도시였다. 여기서 5도(島) 3호(湖)란 죽도, 해도, 상도, 하도, 분도 이렇게 5개의 섬과 함께 환호, 두호, 아호라는 3개의 호수를 말한다. 그러나 POSCO의 설립과 도시 확장을 위한 형산강 방파제 공사, 각종 매립과 복개 공사 등으로 형산강의 물길이 많이 바뀌게 되었고, 이로 인해 5개의 섬이 사라지게 되었다. 이후 섬 5개의 이름은 죽도동, 해도동, 상도동, 그리고 하도와 분도는 대도동이 되었다. 아울러 호수 3개의 이름은 각각 환호동, 두호동이 되었고, 아호는 항구동으로 이름이 완전히 바뀌어, 포항의 과거 지형과 지명에 대해 아는 사람이 드물다.

포항의 힘은 바로 바다(포구)에서 나온다!

이처럼 포항의 바다에는 선조들의 다양한 인문 자원과 어촌마을 공동체의 유산들이 곳곳에 산재해 있다. 하지만 도시 발전의 원동력이 주로 철강산업과 연관된 소재산업이다 보니 이 분야에 대한 관심이 적다. '포스텍'이라는 대학이 있어도 연구중심 공과대학이다 보니 향토연구 및 해양 인문 전문가가 부족하여 지역학에 대한 연구 또한 많이 이루어지지 않은 것이 사실이다.

구겐하임미술관으로 유명한 스페인의 북부 소도시인 빌바오 시장을 오래전에 만난 적이 있다. 그는 "빌바오가 한국 기업(POSCO) 때문에 망했는데, 한국 관광객 때문에 먹고 산다."라고 하였다. 이처럼 한 도시의 건축물이 도시 발전에 지대한 영향을 미치는 빌바오 효과(Bilbao Effect)를 보더라도, POSCO를 가진 포항이 도시 경쟁력이 있을 때 지역의 정체성을 잘 찾아서 시립박물관을 만들고, 프랑스 마르세유의 지중해문명박물관 같은 해양문화 도시로서의 품격을 지니는 것이 진정한 도시의 미래가 아닐까?

포항은 인구 50만의 동해안 최대 도시라고 자랑하고 있지만, 현재 시립박물관조차 없다. 포항 냉수리 신라비와 중성리 신라비 등 국보 2점을 보유하고 있지만 1,500년 역사의 유서 깊은 냉수리 신라비는 신광면사무소 앞에 비각을 지어 야외에 보관·전시하고 있고, 중성리 신라비는 국립 경주박물관에 보관하고 있다. 나는 국보인 울진군 봉평리 신라비를 포함하여 신라 비서들을 유네스코 세계기록유산으로 등록하는 것을 추진하였다.

또한 지금 포항에서 바다를 낀 지역은 심각한 몸살을 앓고 있는 실정이다. 다양한 해안지형들이 변화되거나 사라지기도 했고, 최근에는 사진 찍기에 좋은 전망 좋은 바닷가 해안선에 브런치 카페와 풀빌라 등이 우후죽순 생겨나 어촌 공동체문화에 큰 영향을 주고 있다.

안타깝게도 포항은 동해안에서 해안선이 가장 길고, 32개의 어촌계와 44개의 어항과 더불어 육지에서 가장 많은 해녀가 있음에도 불구하고 바다와 관련된 지방문화재가 하나도 없다. 그뿐만 아니라 국가 무형유산인 동해안별신굿의 경우에도 전승 소재지는 부산광역시 기장군으로 기재되어 있으나, 포항 송라면, 구룡포읍, 장기면 일대 어촌계에서 지금까지도 '수용포 수망굿', '강사리 범굿'의 형태로 전승되고 있다. 이처럼 나는 사라져가는 해양 인문 자원, 전통어업과 관련된 해양 민속자원들을 체계적으로 보전하기 위해 포항 부시장 재직 중 기존의 학예사 두 명 외에 네 명을 더 충원하였다. 그리고 다음 <표1>에서 확인할 수 있듯, 포항시 향토문화유산[8]을 집중적으로 발굴하고 지정하는 일에 몰두하기도 하였다.

2023.6.8	기념물 2023-1	구만리 독수리 바위	남구 호미곶면 구만리 491-9번지 일원	파랑의 침식으로 형성된 지형의 특수성과 풍어제를 지내는 장소의 상징성	포항시
2024.4.2	기념물 2024-1	장길리 보릿돌	남구 구룡포읍 장길리 173 일원 해안	갯바위 모양이 보리 같다고 해서 보리암 또는 보릿돌, 미역이 많이 나는 곽암(미역짬)	국유지
2024.4.2	기념물 2024-2	일월사당	남구 동해면 도구길 10	해와 달의 신에게 제사 지내는 장소로 현재 포항시의 전신인 영일군이라는 지명을 낳게 한 설화와 관련된 곳	포항시
2024.4 지정 추진 중	민속 자료	구룡포 용왕당 및 제당	남구 구룡포길 145-10	구룡포 어민들의 풍어와 안전 조업을 기원하기 위한 제당으로 매년 제를 지내고 있는 곳	구룡포리 마을회
2024. 지정 추진 중	기념물	구룡포 포경선	남구 구룡포읍 후동리 145	구룡포 근대 고래잡이 업을 보여주는 선박	포항시

표1. 포항시 향토문화유산 목록

특히 나는 동해안의 대표적인 해양 역사와 어촌 민속 도시로서, 포항 시민들뿐만 아니라 방문객들에게 포항의 역사, 시민들의 자긍심과 정체성을 보여줄 시립박물관을 신규로 추진하려 한 바 있다. 현장실사와 중앙평가[9] 과정에서 직접 발표를 하면서 다음과 같은 핵심 내용을 중심으로 평가위원들을 설득하였다.

포항의 정체성과 시민정신은 동해, 바다에서 나온다. 포항은 이름 그 자체처럼 포구를 가진 바다이고, 그 바다의 중심은 바로 영일만이다. 그리고 영일만의 기적을 낳을 수 있

---

[8] 「문화재보호법」 또는 「경상북도 문화재보호조례」에 따라 국가 또는 도 지정문화재로 지정되지 않은 것 중 인위적·자연적으로 형성된 향토적인 문화유산으로서 역사적·학술적·예술적·경관적 가치가 큰 유형·무형기념물, 민속자료 등을 말한다.

[9] 우리나라는 국비 지원도 없는데 '박물관 및 미술관 진흥법'에 따라 반드시 공립 박물관 및 공립 미술관 설립 시에는 반드시 문화체육관광부장관이 정한 사전 타당성 평가를 통과해야 한다. 등을 말한다.

자료 5. 포항의 정체성과 포항 시민정신

었던 것은 바로 영일만 친구, 포항 시민정신이 있었기 때문이다. 따라서 시민들은 영일
만이 보이는 바닷가에 시립박물관이 들어서기를 희망하기에, 나는 국내 최초로 바다가
보이는 동해면, 연오랑세오녀 테마공원 내에 시립박물관을 건설할 필요성이 있다고 주
장하였다.[10] 그리고 결국 이 의견이 받아들여져서 시립박물관의 타당성이 통과되었고,
시립박물관이 설립되는 계기를 이끌어냈다.

사진 4. 포항시 장기면 계원리 용송과 영암3리 풍어제
©동해해녀사진연구소장 김수정

사진 5. 포항시 장기면 계원리 용송과 영암3리 풍어제
©동해해녀사진연구소장 김수정

이처럼 포항의 힘과 발전의 원동력은 모두 바다(포구)에서 나온다. 앞에서 언급한 세계적
인 철강기업 POSCO도, 차세대 산업으로 급부상하고 있는 이차전지 산업도 원자재가 드

---

[10] 과거 심의 평가에서 학예사 등 전문가 확충과 시민 접근성이 좋은 시내에 지을 것을 권고받아, 여러 가지를 보완하
여 1년 후 재심의를 받았기 때문에 똑같은 장소를 올리는 데는 충분한 논리와 타당성이 있어야 했기 때문이었다.

나드는 항만시설과 정화된 폐수를 안아주는 바다가 없었다면 불가능했을 것이다. 그리고 해안 절경 관광과 함께 다양한 시푸드(seafood)를 제공하는 죽도시장과 구룡포 과메기 먹거리들도 수천 년 동안 바다를 지켜온 어민이나 해녀가 없었다면 불가능한 것이었다.

포항의 지속가능한 바다 유산들(heritage)

- 동해묘(東海廟)와 일월사당(日月祠堂), 그리고 해돋이문화

우리 민족은 동해신을 숭배와 경외의 대상으로 여기어, 국가적 의식과 함께, 마을마다 해신당(海神堂)에서 마을의 평안과 풍요의 바다를 기원하는 동해안별신굿을 비롯한 제(祭)를 지금까지 지내오고 있다. 특히 포항에는 "연오랑과 세오녀" 이야기를 비롯하여 동해와 관련된 설화와 이야기가 여럿 전해 내려온다.

삼국시대부터 조선시대에 이르기까지 동해는 국가에서 거행하는 제사의 대상으로 빠진 적이 없다. 『삼국사기』 「제사지(祭祀志)」에 따르면 신라는 종묘(宗廟)를 우선으로

자료 6. 고대~조선시대 국가 해신당 위치도
©국립해양문화재연구소, 특별전 《바다, 배, 신앙》 전시자료 중

하고, 그 다음에 삼산(三山) 이하 명산대천을 나누고 대사(大祀)·중사(中祀)·소사(小祀)로 구분하여 국가에서 제사를 올렸다. 동해를 포함한 사해(四海)에 제사를 드렸고, 동해신을 모시는 신사는 아등변(阿等邊)에 있다고 하였다.[11] 『신증동국여지승람』에 따르면 아등변은 경상도 흥해군[12]에 있었다고 한다.

남한에 남아있는 신사는 동해묘(東海廟)와 남해신사 둘뿐인데, 남해신사[13]는 복원은 되어 있으나 본디 터전은 불확실하다. 반면에 양양의 동해묘는 비석이 남아 있어 정확한 터전이 확인되는 남한 땅의 국가적 해양 성소이다. 고을 단위나 개별적으로 용신, 해신 등에 제사 지내는 신사 굿당 등은 즐비하지만 국가 제사 터는 매우 드물기에, 이곳의 의미는 더욱 각별하다. 더욱이 동해는 묘(廟), 서해는 단(壇), 남해와 두만강은 신사(神祀), 압록강은 사(祀)를 두었으니 이 중 동해묘의 위상이 가장 높았음을 알 수 있다.[14] 동해묘에 대한 국가의 전통적인 숭배와 제사 문화가 지금의 한민족만의 독특한 동해 해돋이 문화, 그리고 전국적인 신년 해돋이 문화로 전승되어 왔다고 본다.

이처럼 우리 민족에게 동쪽 바다는 일출의 바다로, 동시에 희망의 바다로 상징화된다. 그 희망은 새로운 탄생을 의미한다. 결국 동해묘는 태양, 동해, 다산(多産), 생명, 출생, 모성, 어머니라는 하나의 의미로 이어진다. 여기서 태양은 희망의 상징이자 생명력을 주는 에너지이고, 늘 어머니와 같은 존재였다. 매일 떠오르는 태양을 보고 출산(出産)의 희망과 기대, 그리고 다산(多産)과 풍요의 의미도 함께 기원했다고 본다. 아울러 태양은 왕이나 귀족 서민 농민 어민까지 그 누구에게나 빛을 골고루 비춘다. 모두에게 관용을

---

[11] "아등변(阿等邊) 또는 근오형변(斤烏兄邊)이라고도 한다. 신라에서 동해신(東海神)을 여기에 제사 지냈음이 중사(中祀)에 실려있다."(『신증동국여지승람』 흥해군편)

[12] 1994년 12월 31일자로 폐지된 영일군의 명칭은 1914년 4월 1일, 일제에 의한 전국 행정구역 통폐합시 흥해군, 장기군, 영일군, 청하군 등 4개 군을 합하여 단일 군명을 정할 때 삼국유사 연오랑세오녀 편의 영일을 따 군명을 정하였으니 당시 영일군 산하 18개 면 중에는 포항면이 포함되었으며, 1949년도에 포항읍은 포항시로 승격되었다가 1995년 1월 영일군과 통합하였다.

[13] 남해신사는 현재 전라남도 영암군 시종면 옥야리 산 1005번지에 전라남도 기념물 제97호로 지정되어 있다.

[14] 주강현, 2007, 〈동해, East Sea, 동해의 역사와 민속〉, 『향토와 문화 45(대구은행)』, 15쪽

베풀고, 어느 누구라도 포용할 줄 안다. 떠오르는 해를 바라보면서 우리 선조들은 그런 생각에 잠겼을 것이다.

신라시대 때 하늘에 제사 지내던 4해와 4독 중 하나인 포항시 흥해군(곡강)에 있었던 동해묘는 고려시대에 들어서 강원도 양양으로 이전되었다. 아마도 고려시대 당시 개성을 수도로 삼으면서 국토의 남쪽에 치우쳐 있던 것을 북쪽으로 옮긴 것으로 추정한다.

동해를 안고 있는 호미반도 영일땅 장기현(지금은 장기면)에는 예로부터 해돋이의 고장이었다는 증거가 많다. 이전에는 오늘날 호미곶이 있는 지역까지 장기현에 속했다. '장기'의 신라시대 때의 지명은 '지답현(只沓縣)'이었는데, 여기서 '답(沓)'자는 '물이 끓어 넘친다'라는 뜻이다. 즉 해 뜨기 전에 바닷물이 붉게 타오르는 것을 바닷물이 끓어오른다고 하여 지답이라 이름을 붙였다. 즉 지명에 일출이 묘사된 셈이다.[15]

또한 장기면에는 최남선의 『조선상식문답』(1946년)에서 '조선 10경'[16]으로 꼽은 장기 일출이 있다. 장기 읍성 안에는 조해루(朝海樓)의 흔적과 배일대(拜日臺)가 아직 남아 있다. 매년 1월 1일 호미곶 해돋이 축제가 이루어지는 곳이 인근에 있는 것 또한 우연이 아닐 것이다. 동해를 바라보며 육지의 최동단(最東端)에서 그런 행사를 열 수밖에 없었던 우리 민족이었다.

---

[15] 이재원, 〈해맞이 본고장, 영일〉, (『동해인문학』, 경상북도, 237쪽)

[16] 최남선의 조선 10경은 다음과 같다. 제1경 천지신광(백두산 천지에서 바라본 경관), 제2경 경포월화(경포에 비치는 달), 제3경 장기일출, 제4경 변산낙조(변산바다의 낙조), 제5경 대동춘흥(대동강 주변 봄빛), 제6경 금강추색(금강산 단풍), 제7경 압록기적(경적을 울리는 압록강의 증기선), 제8경 연평어화(연평도 어선의 불빛), 제9경 재령관가(동선령에서 바라본 경관), 제10경 제주망해(제주도 망망대해)로 구성된다.

최남선 「조선 10경가」 중 '장기 일출'

이 어둠 이 추위를
더 견디지 못할세라
만물이 고개 들어
동해 동해 바라볼 제
백령(百靈)이 불을 물고
홍일륜(紅一輪)을 떠받더러
나날이 조선 뜻을
새롭힐사 장기 일출

사진 6, 7. 장기 일출암과 배일대
(포항, 장기읍성 동문 유적지 인근),
매년 관아에서 주민들 평안과 풍어를
위해 해돋이와 제를 지내던 곳

한편 삼국유사에서 전해지듯, 일월사당 및 일월제는 해와 달의 신에게 제사 지내는 장소로, 현재 포항시의 전신인 영일군(迎日郡) 도기야(동해면 도구의 옛 지명)에 있던 것으로 기록되어 있다. '영일'이라는 지명을 낳게 한 설화와 관련된 곳이기도 하다. 이때부터 제사 지내던 못을 '일월지'라 하였고, 이 지역을 '도기야'라 하였으며, 오늘날에도 이 지역을 '일월향'이라고 부른다. 현재 이 일대에는 일월과 관계된 지명이 다수 남아 있다. 지역의 특징적인 전통 제의로서 그 중요성이 대중적으로도 널리 인식되어 왔으며, 고대 일월 숭배사상 및 한·일 관계사에 대해서도 귀중한 자료를 제공한다.

일월사당은 옛 신라시대 이래 일월지 및 도지들(都祈野)에서 지내던 일월신제를 계승하려는 의미에서 1980년대 영일군 및 지역 유지들의 주관하에 인근 지역에 신축되었고, 현재까지도 포항시에서 개최되는 일월문화제에 맞추어 격년으로 제사가 이어지고 있다.

나는 고대부터 이어져 온 역사적 제례의 위계와 그 문화적 의미를 계승할 뿐만 아니라, 지역주민들의 자긍심과 정신적 지주가 되는 곳으로서 이를 보존하고자 포항시 향토기념물로 추진하여 지정하였다.

사진 8, 9. 일월사당

- 세계 미역문화의 발상지와 미역짬(곽암)[17]

미역을 포함한 해조류는 오래도록 이어온 한민족의 소울푸드로, 한국인의 식생활에서 매우 중요한 역할을 해왔다. 그 중에서도 한국인 해조류 소비의 75%는 미역으로 나타났다. 특히 우리나라에서는 산모가 출산 후 미역국을 먹는 것과 같이 유례를 찾을 수 없는 음식문화가 있는데, 그만큼 과거에 미역은 바다의 화폐로서 귀히 여겨졌고 왕실에서 직접 관리하거나 세금을 부과하기도 하였다. 고려시대에는 미역을 생산하는 지역을 국가가 체계적으로 관리하는 제도인 곽소(藿所)가 있었으며, 조선시대에는 미역세를 부과하는 곽세(藿稅)가 나타나면서 국가의 주요한 조세원이 되었다.[18]

그러다가 1970년 양식이 성공하면서부터 미역을 전국 어디서나 저렴한 가격에 쉽게 구매할 수 있게 되었고, 널리 대중화되기 시작했다. 남해안을 중심으로는 전복 양식이 동시에 보급되었고 라면과 같은 가공식품에 미역을 첨가하면서 미역 수요가 증가했다. 반면 울진·울릉을 비롯한 동해안에서는 바닷물이 맑아 속이 환히 비치는 특성을 살려서 전통적인 미역 채취 방식을 발전시켰다. 나는 오동나무 등을 뗏목처럼 엮어 만든 배를 타고 미역바위(미역짬, 곽암)에서 돌곽(돌미역)을 채취하는 전통어업을 발굴하여, 동해안 지역에서는 처음으로 해양수산부가 2015년부터 지정 및 관리하고 있는 국가중요어업유산에 등재할 수 있도록 하였다.

자연산 미역의 경우 전체의 53%가 경북에서 생산되고, 경북을 중심으로 강원, 부산(기장), 울산을 비롯한 동해안 지역에서 전체의 90%가 생산된다. 이에 비해 양식용 미역은 97%가 전남에서 생산되는데, 이는 미역이 전복 먹이로 많이 활용되고 있기 때문이다.[19]

---

[17] 이 부분은 필자가 저술한 '미역인문학'을 책에서 많이 인용한다.

[18] 미역은 한자로 '곽(藿)'이다. 고문헌의 기록과 해조류 관련 자료에 조곽(早藿-올미역), 해곽(海藿), 분곽(粉藿-품질이 가장 양호한 미역), 곽이(藿耳-미역귀), 장곽(長藿-넓고 길쭉한 미역), 중곽(中藿-새초미역, 짧게 채를 지어 말린 미역), 사곽(絲藿-실미역), 감곽(甘藿-여름에 나는 제철 미역) 등 곽이 붙은 다양한 용어가 나타나는데, 곽(藿)이라고 붙은 것은 대부분 미역과 관련된 것으로 보면 된다.

[19] 해양수산부, 2020 해양수산 통계연보.

98

그런데 나는 일련의 연구를 통해 자연산 미역의 대부분이 경북 중에서도 포항에서 많이 생산되고 있고, 더 나아가 미역문화의 발상지가 포항 영일만이라는 것을 알게 되었다. 그도 그럴 것이 포항이 호미반도를 중심으로 동해안에서 해안선이 가장 길고, 해녀가 가장 많이 활동하고 있기 때문이다.

그렇다면 한국인은 미역을 언제부터, 어디서, 왜 먹기 시작하였을까? 쿠킹북, 수산 양식과 해양 바이오 관련 국내외 문헌과 기록, 여러 언론과 인터넷 자료들을 분석하고 오랫동안 해양 관련 업무를 해오면서 내린 결론은 다음과 같다.

1. 미역은 동아시아와 태평양 지역, 일부 유럽과 중앙아메리카의 연안 지역에서 섭취하는 해조류다.
2. 한국인이 전 세계에서 미역을 가장 많이 먹는다.
3. 한국인에게 미역은 단순한 음식 재료가 아니라 음식 문화이다.
4. 미역문화의 발상지는 대한민국이다.

미역에 대한 인식 체계와 공동체 생산기반 그리고 다양한 형태로 오랫동안 전승된 요리문화 등으로 볼 때, 미역문화가 제일 먼저 시작되고 가장 발달한 곳은 대한민국 동해(East Sea)이다. 따라서 세계 미역문화의 발상지도 자연스럽게 대한민국이라고 특정할 수 있다.

사진 10. 연오랑과 세오녀 상

특히 『삼국유사』 "연오랑과 세오녀"의 이야기는 미역에 관한 오래된 공식 문헌기록으로서 그 의미가 중대하다. 이 기록을 근거로 한다면 적어도 AD 157년에 우리나라는 해조류를 채취하는 문화가 있었던 것으로 추정된다. 문헌으로 보아도 세계 미역문화의 발상지가 되는 것이다. 원문 중 이에 대해 나오는 부분은 다음과 같다.

第八阿達羅王卽位四年丁酉 東海濱 有延烏郎 細烏女 夫婦而居 一日延烏歸海採藻
忽有一巖[一云一魚] 負歸日本 國人見之曰 此非常人也 乃立爲王

"제8대 아달라(阿達羅)왕이 즉위한 지 4년은 정유년(157)이다. 동해 바닷가에 연오랑(延烏郎)과 세오녀(細烏女) 부부가 살고 있었다. 하루는 연오가 바다에 나가 해조(海藻)를 따는데, 갑자기 바위 하나(혹은 물고기라고도 한다)가 나타나 태워서 일본으로 갔다. 그 나라 사람들이 이를 보고 '이는 비상한 사람이다'라고 하여 이내 왕으로 삼았다."

이 기록에서 "하루는 연오가 바다에 나가 해조(海藻)를 따는데(一日延烏歸海採藻)" 부분을 보자. 바다에 가서 채조(採藻)했다는 것은 미역을 땄다는 것으로 추정할 수 있다. 우선 우리나라 연안의 주요 해조류에는 미역 다시마 김 톳 등이 있는데, 한대성 해조류인 다시마는 동해안에 거의 살지 않는다. 게다가 김이나 기타 해조류는 서·남해안에 주로 자생한다.

특히 연오랑세오녀 설화의 현장이라고 추정되는 포항시 동해면 임곡리 암반 생태계 바닷가 정황과 설화 속의 상황을 종합적으로 유추해 볼 때 '조(藻)'는 미역으로 특정할 수 있다. 연오랑세오녀 전설이 전해지는 도기야(都祈野) 지역은 영일만을 끼고 있는 호미곶 일대로서 천혜의 해양 지형이다. 연안 암반 절벽과 해식애[20]가 발달되어 있으며, 암반에서 떨어져 나온 크고 작은 바위(짬)들이 육지와 연접되어 있다. 물이 맑아서 바위 사이로 각종 해조류와 전복 소라 등 패류들이 서식하는 것이 육안으로 보인다. 따라서 미역 등 해조류가 서식하기 좋은 최적의 지역으로 미역바위가 많아, 지금도 해녀들의 돌미역

---

[20]   해식애(海蝕崖, sea cliff) : 파도의 침식 작용과 풍화 작용에 의해 해안에 생긴 낭떠러지.

채취와 해루질이 성행한다. 송라면 방석리 '거무돌 미역'과 장기면 '창바우 돌미역' 구룡포읍 '성정희 해녀미역' 등이 그 명성과 역사를 잇고 있다. 포항을 비롯한 울산에는 곽암(미역바위, 미역돌)[21]이라는 지방문화재, 기장군의 곽암도[22]가 전해오는데, 이처럼 동해안 일대가 세계 미역문화의 발원지인 이유는 여러 근거로 증명될 수 있다.

사진 11. 포항 동해면 어부들의 자연산 미역을 말리는 장면

사진 12. 송라면 방석리 어촌계원들의 미역바위 닦기 작업

이처럼 신라 때부터 있었던 동해 숭배정신과 연오랑세오녀의 이야기를 비롯하여 동해묘가 있었던 곳인 포항의 영일만과 호미곶은 한국 미역문화가 시작된 곳이고, 한국 해조류 문화의 성지로서 자랑스러운 포항의 해양유산, 헤리티지이다.

- 고래똥이 풍부해 청어가 많았던 포항, 시어(市魚)를 지정하다!

지금까지 우리 민족의 생활 터전이 동해였으니 만큼, 우리 민족의 삶과 함께한 미역문화도 바로 동해에서 출발했다는 사실을 여러 역사적 기록을 통해 살펴보았다. 그런데 또 다른 고문헌에 따르면 우리 조상들은 어미 고래가 미역을 먹는 것을 보고 미역 섭취를 시작했다고 한다. 동해가 고래의 바다인 경해(鯨海)로 불리었던 점, 고래와 관련된

---

[21] 울산광역시 기념물, 울산시 북구 구유동 판지마을 앞 바다에 있는 미역 바위.

[22] 학리 곽암도(鶴里藿岩圖)는 지금의 부산광역시 기장군 일광면 학리 마을의 주 소득원이던 미역바위(藿岩)에 대한 명칭, 수량, 위치, 거리, 구역과 소유자 등을 상세히 기록한 일종의 도면이다.

가장 오래된 유적인 반구대암각화[23] 등의 유적이나 문무왕 능비의 비편에 나오는 분골경진(粉骨鯨津)의 글귀, 그리고 연오랑세오녀 이야기를 비롯한 다양한 전래 이야기를 근거로 이를 유추해 볼 수 있다.

고래로 가장 잘 알려져 있는 곳은 세계 최초의 고래 유적인 반구대암각화를 비롯하여 고래연구소 및 고래박물관 등이 있는 울산(장생포와 방어진)이다. 하지만, 인근인 포항 구룡포와 영일만 일대도 다양한 고래들의 주요 산란지와 서식지였다. 포항 앞바다 형산강 하류 5개의 섬 지역과 호미반도의 다양한 암반 주위에 미역을 비롯한 해조류가 풍부하여 고래를 비롯한 대형 해양생물들이 번성했다.

최근 흥미롭게도 다양한 과학적 연구에서 고래 똥이 지구온난화를 막는 중요한 역할을 한다고 밝혀지고 있다. 고래나 펭귄의 똥에 들어 있는 철분이 바다 먹이사슬의 맨 아래에 있는 플랑크톤의 성장에 결정적인 역할을 한다고 한다. 플랑크톤은 철분을 먹고 자라고, 플랑크톤이 늘어나면 크릴과 작은 물고기부터 펭귄, 고래까지 번성하게 된다는 것이다. 고래 똥에서 나오는 엄청난 미네랄 성분들 덕에 청어, 꽁치 등 어장의 규모가 커져서 말 그대로 '물 반 고기 반'이었다.

사진 13. 1947년 구룡포 강두수 씨 소유의
영어호가 포획한 귀신고래

---

[23]   반구대 바위에는 작살 맞은 고래 등 총 353점의 표현물이 새겨져 있는데 고래 관련 그림이 전체의 6분의 1인, 57점이나 된다. <이하우, 「반구대암각화에서 고래표현에 대한 조형적 접근」, 울산대학교 반구대암각화유적보존연구소, 2020.> 참고

구룡포항은 고래의 먹이였던 청어와 꽁치로 만든 과메기 식문화가 시작된 곳으로 유명하여 과메기문화관도 설립되어 있고, 포항 구룡포 과메기 축제도 매년 열고 있다. 뱃사람들이 배 안에서 먹을 반찬으로 쓰려고 배의 지붕 위에 청어를 던져 놓았는데, 바닷바람에 얼었다 녹았다를 반복하여 저절로 과메기가 되었다는 이야기가 있다. 재담집인 《소천소지(笑天笑地)》에 의하면, '동해안에 사는 어느 선비가 한양으로 과거를 보러 길을 나섰다가 도중에 배가 고파 바닷가 나뭇가지에 걸려 있는 청어를 보았다. 청어는 눈이 꿰인 채로 얼고 말려 있었는데, 맛이 참으로 좋았다. 집에 돌아온 뒤에도 겨울마다 청어의 눈을 꿰어 얼리고 말려 먹었다.' 이것이 과메기 식문화의 기원이 되었다고 한다. 그러나 광복 즈음 우리나라 근해에 청어가 사라졌고, 현재까지도 청어는 잘 잡히지 않아 포항 사람들은 청어 대신에 꽁치를 말려, 그것도 대부분 수입에 의존하여 겨울철 별미인 전국적인 과메기 수요에 대응하고 있다.

사진 14. 포항의 시어, 청어!

나는 포항시가 대표적인 동해안 해양수산도시임에도 불구하고 상징 물고기가 없다는 것이 아쉬웠다. 이에 경주 부시장 시절 '참가자미'로 경주 시어를 지정한 경험을 바탕으로, 주민들의 의견을 수렴하여 '청어'를 포항 시어(市魚)로 지정하였다. 대부분의 나라들은 육상동물과 마찬가지로 해양동물과 상징물고기(미국은 주어(州魚))를 지정하고 있으며, 일본의 경우 복수로도 지정하고 있다. 바다를 중요시하고 바다를 지속 가능하게 알리는 데 십분 활용하고 있는 것이다.[24]

---

[24] 대구·경북은 상징 수산물이 없으나, 전라남도는 참돔, 경상남도는 볼락으로 도어(道魚)를 지정·운영 중이다.

이처럼 포항이 고래와 청어 문화의 고장인 만큼, 고래 화석 또한 많이 출토되었다고 한다. 그렇다면 그 화석들은 어디에 있을까. 2023년 포항 부시장 시절, 수소문 끝에 김진규 학예사와 함께 광주광역시에 위치한 용진수련원(용진 화석박물관)을 찾아가 고래화석 수집가인 민명철 이사장을 만났다. 그곳에서 놀란 것은 1997년 6월 포항 장성토지구획정리사업지구에서 발견된 고래화석은 문화재가 되어 국가 귀속 절차를 거쳐 현재 그곳 화석전시관에 전시되어 있었다. 그뿐만 아니라 아파트 등 택지개발과 도시 확장으로 출토된 대부분의 포항 고래화석들을 체계적으로 수집한 후 전시하고 있었다. 그는 "포항은 세계적인 고래화석의 노천 박물관"이라고 말했다.

그곳에서 크게 놀란 사실 몇 가지가 있다. 그 누구도 고래 화석에 관심을 갖지 않아 우리가 포항에서 처음으로 찾아간 관계자였다는 점과, 아파트 공사 중 발견한 깨어 부서져 없어질 위기에 있던 화석을 한 사람이 집요하게 수집하여 컬렉션을 유지하고 있다는 점이다. 지금도 계속 발굴 중에 있는데 체계적인 수집이 이루어지지 않아 고래 화석이 사라지고 있다는 점은 반성해야 한다. 현재 추진 중인 시립박물관이나 국립 포항전문과학관이 하루 빨리 세워져 이러한 컬렉션이 전시되길 기대한다.

사진 15. 용진 화석박물관

자료 7. 고래화석 원형 발견 "화제"
©경북대등일보

- 「구룡포리해녀길」과 「경상북도해녀협회」의 발족

일반적으로 나잠어업인[25]이라 하면, 잠수하여 어업채취 활동을 하면서 어촌계에 소속되어 있는 해녀와 해남을 일컫는다. 남성이 해조류 채취나 간단한 잠수어업 행위를 하는 경우는 그리 많지 않다. 대부분의 전업 잠수 어업인은 바다의 꽃이라 불리는 해녀이다. 그중에서도 제주의 해녀가 대표적인데, 제주바다(바다)의 꽃이라고도 불린다. 해녀 문화의 출발지로서 유네스코 세계무형유산으로 지정되기도 했다.

1900년대에 접어들면서 일본의 어류 수요가 증가하자, 식민 수탈은 각종 어류를 비롯한 수산물까지 확대되었다. 이렇게 일본 어업 기업의 남획으로 국내 어장이 황폐화되었는데, 일본 어민들은 현대적인 장비로 제주어장마저 침탈했다. 이에 제주의 해녀들은 생활의 곤궁을 벗어나기 위해 부산과 경남지방을 시작으로 점차 팔도 전국 연안 곳곳과 일본, 중국, 러시아의 블라디보스토크 등 동북아시아 일대까지 진출했다. 이때 해조류 상인, 객주들과 더불어 해녀들의 억척스러움과 더 나은 삶을 위한 진취적인 정신 등이 함께 작용하여 더 많은 제주 해녀들이 출도(出道), 육지로 나가게 되었다. 이처럼 육지로 진출한 해녀들을 '출가(出稼)해녀'라고 부른다. 제주도 밖 외지로 나가 물질 작업을 하는 해녀를 일컫는 말이다.[26]

국내의 경우 출가해녀 공급의 중심지는 부산이다. 부산 인근인 경상남도와 경상북도가 바다 특성상 미역을 비롯하여 해녀가 채취할 해산물이 풍부하다 보니 그곳으로 많이 이주한 것으로 보인다. 경상북도 동해바다, 포항을 포함한 5개 시군에는 제주도 다음으로 전국에서 가장 많은 해녀들이 활동하고 있다. 2022년 국가 통계 승인자료에 의하면 경북지역에는 총 1,370명(포항 970명, 영덕 167명, 경주 138명, 울진 85명, 울릉 10명)이

---

[25] 「수산업법 시행령」 제29조(신고어업)에는 다음과 같이 규정하고 있다. 1. 나잠어업(裸潛漁業) : 산소공급 장치 없이 잠수한 후 낫·호미·칼 등을 사용하여 패류, 해조류, 그 밖의 정착성 수산동식물을 포획·채취하는 어업 2. 맨손어업 : 손으로 낫·호미·해조틀이 및 갈고리류 등을 사용하여 수산동식물을 포획·채취하는 어업

[26] 「제주도 해녀문화 보존 및 전승에 관한 조례」에서는 제주도 바깥으로 나가 해녀활동을 하고 있거나 과거에 해녀 활동을 했던 것을 '출향물질'이라 규정하고 있다.

활동하고 있어 포항이 71%를 차지하고 있다.

그런데 포항이 이러한 엄청난 해양문화를 보유하고 있음에도 그 누구도 관심을 기울이지 않았다. 동해를 지키는 해녀가 있기에 바다가 건강한 것이다! 그리고 동해안 최대의 통양포, 포구문화가 지금까지도 면면히 이어올 수 있는 것은 바로 포항 해녀들 덕분이다. 이에 대해 나는 문제의식을 느꼈고, 환동해지역본부장 시절 「경상북도 해녀프로젝트」를 기획하여 제주도와는 또 다른 육지해녀들의 유산과 어촌마을의 전통어업 기술들을 보존하고자 노력했다.

먼저 이들에게 자긍심을 심어주기로 했다. 포항 내에서도 가장 많은 해녀들이 활동하고 있는 구룡포 어촌계 해녀들을 위해 도로명 주소에 전국 최초로 '해녀길'을 부여하여 「구룡포리해녀길」을 지정하였다. 그뿐만 아니라, 해녀들의 물질문화를 알리고 체험교육장으로서의 역할을 할 '해녀비즈니스타운'의 건립을 추진하였고, 이들의 잠수병 치료를 비롯한 의료복지 향상을 위해 전담병원을 지정하여 고압산소 치료시설을 확충하였다.

사진 16. 「구룡포리해녀길」 도로 현판을 들고 즐거워하는 구룡포리 해녀들　　　사진 17. 구룡포 어촌계장 성정희 해녀 할머니의 요리교실

경상북도의 해녀는 어촌문화공동체의 근간으로 연안어업의 주요한 생산자이자 해양생태계의 지킴이 역할을 이어왔다. 그러나 안타깝게도 고령화와 소득 감소의 여파로 점차 사라져가고 있다. 현재 울릉도를 포함한 경상북도 152개 어촌계 중 유일한 해녀 출신 어촌계장이 있다. 38년 동안 물질을 해온 포항 구룡포리 성정희 어촌계장이다. 2020년 그

녀를 처음 만나 "왜 경상북도는 제주도처럼 해녀 출신 어촌계장이 나올 만 한데 한 명도 없느냐, 당신만큼 경북해녀를 자랑스럽게 생각하는 사람도 못 봤는데 당신이라면 할 수 있다."라고 권하였고, 마침내 그녀가 어촌계장이 되었다. 그렇게 그녀를 중심으로 「경상북도해녀협회」도 창립하고 해녀합창단도 발족하는 등 해녀들 스스로 재미있게 해녀 공동체를 유지하고 전승할 수 있도록 돕고 있다. 그들이 행복하고 건강하면 우리 바다도 건강하게 지킬 수 있다는 신념 때문이다.

사진 18. 구룡포 앞 미역바위 닦기
작업 전에 해녀들과 함께

바다가 건강해야 우리가 행복하다.

지금까지 살펴본 포항의 해양문화유산, 헤리티지들은 단순히 '포항의 바다' 그 이상의 가치를 지니고 있다. 그렇다면 포항시민들이 보는 포항의 바다는 어떨까? 아마 청어 대게 오징어 아구 문어 등 수산물 생산량 1위에 달하고, 국내 3대 서핑장 중 하나인 용한리 해변이 있어 일반적으로 식품과 소비의 바다, 그리고 카페에서 경관을 보는 유희의 바다로 인식하는 경향이 강할 것이다. 이제 포항시민들은 과거 통양포의 포구문화와 더불어 영일만과 호미반도의 다양한 어촌문화 공동체의 헤리티지 자원들을 체계적으로 보전 및 계승하여, 후손들에게 지속가능하게 이어줄 수 있도록 노력할 필요가 있다. 바다가 건강해야 우리가 행복하고, 포항의 힘은 바다에서 나오기 때문이다.

포항의 동쪽 끄트머리, 우리나라 지도에서 동쪽으로 튀어나와 있는 호미곶은 16세기 조선 명종 시기 풍수지리학자인 남사고(南師古)의 『산수비경(山水秘境)』에 등장한 바 있다. 한반도는 백두산 호랑이가 대륙을 향해 앞발로 연해주를 할퀴는 형상으로 기술되었고, 특별히 백두산은 호랑이 코, 호미곶은 호랑이 꼬리에 해당한다고 설명하였다. 육당 최남선은 우리나라를 '호랑이 이야기의 나라'(호담국·虎談國)라고 표현했으며, 일제 강점기 시절 일본이 이곳 포항 호미곶의 정기를 끊으려고 했을 정도였다. 그리고 아래 부산의 시사만화가 안기태 씨의 그림에서 보듯이 호미곶을 중심으로 하는 바다는 울릉도·독도까지 모두 연결되는 국토의 핵심 생태축이기에 더욱 중요하다고 볼 수 있다.

자료 8. 시사만화가 안기태 씨의 작품
'호랑이 꼬리를 함부로 집적거리지 마라'

호미곶 어촌계장 최익로 씨를 만났던 적이 있다. 호미반도 일대는 짬 바위들이 많아 어족자원이 풍부해 밤에 얕은 바다에서 맨손으로 어패류를 잡는 해루질을 많이 한다고 했다. 그런데 최신 장비를 활용한 무분별한 남획이 어민들의 생존권을 위협하고 있다고 했다. 이러한 불법 해적들을 막기 위해 밤마다 해녀들이 번갈아 돌아가면서 삶의 터전이자 해양수산 생물자원을 지키기 위해 전쟁 아닌 전쟁을 치른다고 했다. 이에 나는 호미곶면 주변 해역을 해양보호구역(Marine Protected Area, MPA)으로 지정하여 지속 가능한 마을어장을 관리할 수 있도록 하였다. 해양보호구역 내에서는 행위제한 법률규정으로 비어업인들에 대한 불법어업 단속 및 행정처분이 가능하기 때문이다.

더군다나 호미곶은 세계자연보전연맹(IUCN) 멸종위기종인 게바다말과 IUCN 취약종인 새우말의 서식지이다. 이들은 광합성을 통해 이산화탄소를 흡수할 뿐만 아니라, 물고기의 산란장과 서식지의 역할도 톡톡히 해내기에, 생태학적 가치가 매우 높은 해양생물이다. 하지만 해수온 상승, 해양 산성화 등으로 최근 개체 수가 급감하고 있다.

한편, 유엔은 2030년까지 전 세계의 바다 30%를 해양보호구역으로 지정하는 글로벌 해양조약을 제정하기로 합의하였다. 나는 현재 예비타당성 조사 대상 사업으로 추진 중인 '호미반도 국가 해양생태공원'의 조성 권역에 연어가 올라오는 장기천 일대의 기수역과 더불어 동해안에 해녀가 가장 많이 활동하고 있는 구룡포읍과 장기면 소봉대 일대까지 해양보호구역을 확대하였다. 포항시가 전국 기초자치단체 중에서는 가장 큰 면적의 해양보호구역을 가지게 된 것이다.

또한 '호미반도 게말새말 잘피학교(Homibando Seagrass Academy)'[27]를 설립하여 해양생물 다양성의 보전과 지속 가능한 이용을 조화시키기 위한 교육을 추진했다. 아울러 이곳이 동해안에는 아직까지 전례 없는, 유네스코 인간과 생물권(Man and the

---

27 「지역주민들은 게바다말과 새우말을 게말, 새말로 부르고 있다.

Biosphere, MAB) 보전지역[28]으로 지정될 수 있도록 추진하고 있기도 하다. 이런 것들이 실현된다면 앞으로 포항은 POSCO 철강산업도시가 아니라 MPA 해양생태도시로서 이미지 변화가 이루어질 전망이다.

사진 19. 게말새말 잘피학교,
청소년 활동 사진
호미곶 해양보호구역에서

환동해 블루카본센터와 호미반도 국가해양생태공원

동해안은 그동안 급격한 산업화를 거쳐오며 식량 증산과 산업용지의 확보 등을 위해 연안(沿岸) 및 하구(河口)를 개발해왔다. 따라서 민물과 바다가 만나는 기수역과 사구(沙丘)의 연안 지역은 상업어업과 수산자원의 착취로 해양생태계의 변화뿐만 아니라 어족자원의 감소 및 어촌지역의 고령화 등 큰 변화를 겪고 있다. 이를 극복하기 위해서 잘피와 같은 해초, 미역과 같은 해조 등을 체계적으로 보존할 수 있는 연안 생태계의 복원 및 해양 생태교육이 절실하다고 본다.

더불어 전지구적 지구온난화 상황에서 연안해역의 지속가능한 보존을 가능하도록 할 새로운 탄소흡수원으로 주목받고 있는 것이 바로 블루카본(Blue Carbon, 푸른 탄소)이다. 블루카본은 갯벌 잘피 염생식물 해조류 등 연안에 서식하는 식물과 퇴적물, 즉 해양

---

[28]   현재 설악산, 제주도, 신안 다도해, 광릉숲, 고창, 순천, 강원생태평화, 연천 임진강, 완도 등이 지정되어 있다.

생태계가 흡수하는 탄소를 일컫는다.

기후변화에 관한 정부 간 협의체(IPCC)는 2019년 발표한 '해양 및 빙권 특별보고서'에서 블루카본을 온실가스 감축 수단으로 공식적으로 인정한 바 있다. 미국·호주 등 주요 국가들은 블루카본을 국가 온실가스 통계에 포함시켰고, 28개국은 연안습지를 온실가스 감축 수단으로 활용하고 있다. 우리나라의 경우 5년 뒤 블루카본이 온실가스 감축 수단으로 인정받는 것을 목표로 관련 통계 구축과 연구개발 및 기후변화대응 체계를 준비하고 있다. 2050년 블루카본 목표 흡수량을 136.2만 톤으로 설정하고 갯벌 및 연안습지 식생복원, 바다숲 조성, 굴패각 재활용 등 신규 흡수원 발굴 등을 계획하고 있다.

이 흐름을 타고 동해안에서 또한 연안 생태계 탄소순환에 중요한 역할을 담당하는 해양 식물 잘피의 생리·생태 복원 연구에 대한 논의가 이어졌다. 또한 해조류의 인공 배양 및 산업자원으로의 전환을 통해 이산화탄소 포집 활용 및 전주기 연구·개발 센터의 필요성이 제기되고 있다. 이에 나는 환동해 블루카본센터 설립을 정부에 적극적으로 제시하여 2024년 구룡포항 남방파제 인근에 설립하는 것을 국책사업으로 확정시켰다.[29] 그리고 블루카본 생태교육 활성화를 위해 유관기관과 협약을 체결하여 앞으로 청소년에 대한 체계적인 해양 생태교육을 호미반도에서 시작할 수 있도록 길을 열었다.

그리고 나는 환동해지역본부장 시절인 2019년부터 해양의 자연생태가 원시성을 유지하고 있고, 해양생물 다양성과 어촌공동체 마을자원을 잘 보존하고 있는 호미곶면, 구룡포읍, 장기면 일대에 해양생태계 보호 및 해양 생태문화 학습장 조성을 위한 '호미반도 국가 해양생태공원' 예비타당성 조사 사업[30]을 추진하였다.

이 사업은 어린이와 청소년의 해양 생태교육을 위한 호미반도 보전센터, 심해탐방관, 해

---

[29]   위치는 포항시 남구 구룡포읍 병포리 17-13, 사업규모는 부지 28,484㎡(약 8,616평), 건축물 3동(연구동, 교육관, 배양시설), 총사업비는 400억원(국비 280, 도비 36, 시비 84).

[30]   총 사업비가 500억 원 이상이면서 국가의 재정지원 규모가 300억 원 이상인 건설사업, 정보화 사업, 국가연구개발 사업 및 국가재정법 제28조에 따라 제출된 재정지출이 500억 원 이상인 사회복지, 보건, 교육, 노동, 문화 및 관광, 환경 보호, 농림해양수산 산업, 중소기업 분야 사업(기타 재정사업)은 예비타당성조사를 거쳐야 한다.

중 생태정원, 그리고 연어가 올라오는 장기천 주변 일대에 바다 연어 물길정원을 조성하게 된다. 게다가 인근 해녀들이 많은 어촌 해양생태마을 등과 연계하여 연안과 수중 해양생태 경관을 보존하고, 지속가능한 바다를 만들어 나가는 사업이다. 총 1297억 원이 투자되며, 앞으로 해양 생태관광과 해양 생태교육의 거점 역할을 해 나갈 계획이다.

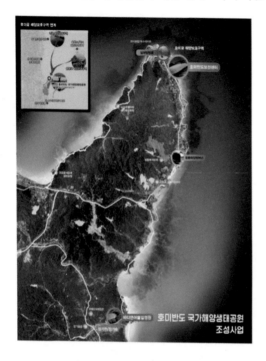

자료 9.　호미반도 국가해양생태공원
조성사업도

포항에는 영일만의 기적이 있었듯, 또 다른 영일만의 미래를 기대하며!

포항을 떠나면서 이임사에서 아래와 같은 말을 남겼다.

"수도권과 경쟁하면서 당당히 청년들이 꿈을 펼칠 수 있는 지방시대가 포항의 시대이며, 포항에서 진정한 지방시대의 모델을 만들 수 있다는 믿음을 바로 여기, 포항에서 여러분과 함께 동고동락하면서 확신할 수 있었습니다. 그것은 무엇보다도 반세기 동안 황무지였던 이곳에서 철강산업에 이어 전지

산업까지, 무(無)에서 유(有)를 일으킨 포항인의 저력과 기질, 도전정신이라는 포항정신이 있었기 때문이라고 봅니다.

그리고 그 모든 발전의 원동력은 바로 '어머니의 바다'였습니다. 포항은 그 어머니의 바다와 같은 마음을 닮아서 모든 것을 받아들이는 포용의 문화와 태양처럼, 실패하면 언제든지 다시 힘차게 일어나는 희망의 포구 문화가 있기 때문입니다. 파도치는 삶이 아름답습니다! 항구에 배가 머무는 까닭은 안전한 곳에 머물러 있기 위해서가 아닙니다. 더 큰 대양(大洋)으로 나아가기 위해 잠시 쉬고 있을 뿐입니다."

많은 미래학자들이 인류의 미래는 바다에 달려 있다고 예견하듯, 기후변화와 탄소 중립, 그리고 지구온난화 등 인류가 직면한 문제를 풀 비밀의 열쇠는 곧 바다이다. 그리고 대구 경북민들은 환동해 지역을 지속가능하게 이용할 것이고, 바로 그 중심에 포항이 있다. 특히 최근에는 포항인근 바다에서 석유와 가스의 매장 가능성이 발표되어 대왕고래 프로젝트가 진행 중에 있다.

앞서 동해안의 역사와 문화를 살펴보았듯이, 포항지역은 희망의 해를 맞는 영일만과 더불어, 세계 그 어느 나라와도 연결될 수 있는 통양포의 포구 문화를 일찍이 잘 활용하였다. 그럼으로써 자랑스럽게도 조국 근대화와 산업화의 핵심 거점으로 성장해 왔다. 아울러 아픔의 바다, 잊혀진 바다로서의 역기능도 있었으며, 이를 극복하기 위해 해양생태교육과 문화사업들이 진행되는 것 또한 목격했다.

앞으로 포항지역을 중심으로 하는 동해문화는 세계를 향해 열려 있다. 포항에는 국제도시로 나아가기 위한 공항(airport)과 항만(port), '투 포트(two port) 시대'에 걸맞은 환동해 거점 공항인 포항경주공항과 울릉공항, 그리고 영일만항이 자리잡고 있다. 포항-삼척 동해선 철도와 7번 국도를 통해 북한 및 유라시아 대륙과 연결될 수 있다는 지리적 이점도 있다. 무엇보다 포항시민들은 자랑스러운 도전정신과 포용정신을 지녔다. 이러한 포항의 잠재력과 미래 발전 전략은 다름 아닌 지역주민들의 적극적인 참여와 협조(Educational and community outreach), 해양문화를 보전 및 전승하기 위한 노력과 함께, 다음 세대에 대한 지속적인 해양교육에 있다고 본다.

눈을 돌려 가까운 나라 중국과 러시아의 상황을 확인해보자. 최근 북극해상(빙상) 실크로드(Polar Silkroad)는 두 국가의 합작으로 추진되었으며, 중국은 이를 '일대일로' 사업과 연계시켜 국가적 프로젝트로 적극 추진하고 있다. 러시아는 북극사업의 중심도시로 무르만스크를 지정하였으며, 중국은 북극해가 여러 항구들의 거점항구로서 적합할지에 대한 연구를 진행 중이다.

이에 더해 중국과 러시아는 동북 3성과 연해주의 자루비노항과 블라디보스토크항을 연결하는 프로젝트를 추진하였으며, 이미 훈춘-자루비노항-닝보·저우산항, 훈춘-자루비노항-칭다오를 연결하는 항로를 개통 및 운영하고 있다. 중국은 북극해상(빙상) 실크로드의 거점항구로 상하이 텐진 다롄 선전 칭다오 닝보 저우산 잉커우 렌윈강 등 8개의 항구를 선정하였다. 이렇게 거점항구를 선정하고 개통함으로써 빙상 실크로드의 상용화와 물적·인적 교류를 촉진하고 있다.

이러한 변화에 발맞추어 포항 영일만항을 중심으로 하는 환동해 도시들이 이에 주도적으로 참여하는 것은 대한민국의 미래를 위하는 일이다. 이를 위해 강원도 및 부산시와 함께, 장기적으로는 북한과도 함께 노력해 나아가야 한다.

동해는 누구에게나 열려 있다. 그리고 무한한 잠재력이 있다. 우리가 도전하고 진취적으로 나아간다면 동해는 우리에게 새로운 세계를 열어줄 것이다. 또한 동해는 우리에게 늘 깨어 있어야 한다고, 큰 파도로 포효하고 있다. 새로운 발상으로, 창조와 혁신의 새바람으로, 우리는 대양(大洋)으로 나아가야 한다. 통일시대를 준비하고 환동해 경제권의 중심이라는 꿈을, 포항 영일만에서 실현하자. 포항에 영일만의 기적이 있었듯, 또 다른 영일만의 미래를 기대해본다. 북극 해상 실크로드의 거점이 포항 호미반도의 영일만항과 북한 갈마반도의 원산항을 중심으로 형성되어, 함께 협력하는 날을 기대해 본다. 포항이여, 경북을 넘어 세계로 영원하라!

네 번째 도시,
청진

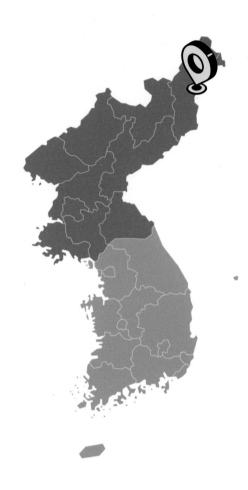

청진 Chongjin

위치	함경북도 중동부의 동해안
인구*	657,000명 (2024년 기준)
면적	1,855 km²
기후	온화한 해양성 기후
GRDP	-

* https://kosis.kr/statHtml/statHtml.do?orgId=101&tblId=DT_1ZGA281&conn_path=I2

청진지역의 어제와 오늘,
지경학적 가치와 비전

김병욱

NK개발연구소 소장

청
진

청진시 위상과 지경학적 가치

뱃고동소리가 가끔 어렴풋이 들려오고, '비약의 숨결을 안고 세차게 끓고 있다'고 북한
당국이 선전하는 곳. 동시에 북방 대야금 기지의 야경을 이벤트로 감상할 수 있는 도시.
이곳은 바로 북한 내 주체철과 철강재 생산의 1위로 불리는 청진시이다.

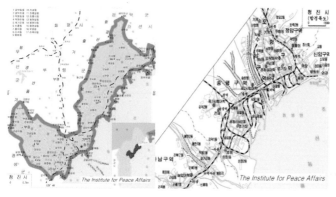

사진 1. 청진시 지리적 위치
©북한지역정보넷

인구 667,929명(2008년)으로 평양 함흥에 이어 인구수 3등이자, 광복 전 항일투쟁의 업적과 광복 이후 북한정권의 탄생과 발전에 기여한 업적으로 평양 다음의 도시로 인식되는 곳이다. 동해 최대의 무역항인 청진항이 위치하고 있는 이곳은 남북한 수산물 교역이 최초로 이루어졌던 항구이기도 하다.

현재 북한에는 철강재 생산을 대표하는 네 개의 기업이 함경북도 지역에 두 개, 그리고 남포지역과 황해북도 지역에 각각 한 개씩 있다.

공장명	제선		제강		압연	
	생산능력	비중	생산능력	비중	생산능력	비중
김책제철 연합기업소	128.6	32.8	240.0	41.4	147.0	36.7
성진제강 연합기업소	48.0	12.2	82.0	14.2	41.5	10.5
천리마제강 연합기업소	-	-	76.4	13.2	55.0	13.7
황해제철 연합기업소	56.0	14.3	114.0	19.7	72.0	18.1

표 1. 북한 4대 철강재 생산기업
©KDB산업은행, 『2020 북한의 산업 2』 (서울: KDB산업은행, 2020), p. 52

4대 철강재 생산기업 중 청진에 위치한 김책제철연합기업소는 북한 전체 제선능력의 32.8%, 제강능력의 41.4%, 압연능력의 36.7%를 담당하고 있을 정도로 북한의 철강재 생산에서 큰 역할을 하고 있다.[1]

김책제철연합기업소는 "김책형 일꾼이 되자"라는 구호하에, 북한의 모든 일꾼들이 본받아야 할 충신으로 알려진 인물, 김책[2] 의 이름을 건 유일무이한 철강재 생산기업이다. 그러나 이러한 위상과 달리, 김일성 주석이 발기한 천리마의 고향으로 알려진 강선제강소나 김정일 국방위원장이 자동화의 본보기로 내세운 황해제철연합기업소

---

[1] KDB산업은행, 『2020 북한의 산업 2』 (서울: KDB산업은행, 2020), p. 51.

[2] 김책은 일제강점기 함경북도 성진에서 태어난 공산주의 독립운동가이자 교육자이며 군인이다. 동북항일연군 창건 주역 중 한 사람으로 빨치산 투쟁을 하여 김일성 주석이 가장 신임하는 사람이었다. 조선민주주의인민공화국의 군인, 정치인으로, 조선민주주의인민공화국 초대 내각 산업상 겸 민족보위성 부상, 외무성 부상과 내각 부수상을 겸직했으며, 한국전쟁 중 전사하였다. 북한은 그를 기념하여 그의 고향 성진시를 김책시로 개칭했으며, 김책공대, 김책제철연합기업소 등의 이름으로 그를 기리고 있다.

처럼 철강재 산업으로, 나아가 북한 경제발전의 상징으로 여겨지지는 않는다. 오히려 북한당국의 관심 밖에 있어 그 지경학적 가치가 아직 드러나지 않은 지역이라고 할 수 있다. 그럼에도 청진지역은 북한당국이 내세운 중공업우선 정책이나 국방공업우선 정책 수행의 직접적인 기여자로서, "강철로 당을 받들자"라는 슬로건하에 그 명맥이 오늘날까지 이어지고 있다.

이 글은 철의 도시 - 청진의 어제와 오늘을 통해 지경학적 가치를 밝히고, 미래에 포항제철과의 협력을 바라보는 비전에 대해 살펴보고 있다.

광복 전 청진지역과 광복 직후 철강재 생산기업의 수난

- 광복 전 청진지역의 개발상

'청진(淸津)'은 푸른 바위가 있는 '청암산(淸岩山)'앞에 위치한 나룻가 마을이라는 의미에서 붙여진 이름이다. 청진지역은 조선시대 6진 중 한 곳인 부령부 청하면에 속해 있던 지역으로, 조선시대 말기 20~30여 호의 주민들이 살고 있던 작은 어촌마을이었다.[3]

원래 함경북도의 가장 중심도시는 청진 바로 아래 위치한 경성이었다. 함경북도의 경성과 함경남도의 함흥의 첫 글자가 합쳐져서 함경도라는 이름이 유래된 것이다. 경성은 빗살무늬 토기와 같은 신석기 시대 유물이 많이 출토되어 선사시대부터 사람이 많이 살던 곳이었다. 조선시대에는 태조가 경성이라 이름을 붙여 병마사를 두었고, 세종 때는 도호부로 승격하여 병마절도사로 두었으며, 고종 때에도 절도사를 두어 함경북도의 도읍으로 삼았던 곳이다. 물 좋고 온천으로 이름이 나서 임금이 피정 오던 곳으로도 유명하였다. 그러던 중 일제 강점기에 도청소재지가 나남으로 옮겨졌고 나남이 청진에 편입되면서, 1943년 무렵 청진은 도청소재지, 항만과 제철산업도시로 급격히 변모하였다. 이렇게 청진이 대륙침략의 교두보 도시로서 발전하는 그 일련의 과정을 풀어나가보도록 하겠다.

---

[3] 송규진, "일제강점기, '식민도시' 청진발전의 실상" 『사학연구』, 제110호(2013), p. 331.

1904년 러일전쟁이 발발하여, 일제는 본토로부터 병참물자를 수송하기 위해 러시아와 가까우면서도 교통 인프라가 양호한 청진항 개항에 관심을 갖게 되었다. 이듬해에는 러일전쟁에서 승리하면서 본격적인 건설을 시작하였고, 1908년 4월 1일 청진항이 개항한 후에는 일본이 발표한 칙령 1호에 의해 외국통상항으로 승격되었다.

1910년대 초반에는 동해안 해수온도가 높아지면서 청진 연안에 정어리 개체수가 증가했고, 이에 따라 정어리 대량 어획과 가공이 활성화되었다.[4] 이때 수산자원을 수탈하기 위해 일본인 다수가 청진으로 이주하였는데, 동시에 일본 육군이 청진시 서남쪽의 나남에 주둔하게 되면서 인구수가 급격하게 증가하였다. 1904년 러일전쟁 당시 3명에 불과하던 일본인이 1910년에는 2,085명에 달하였다.[5] 광복 전 청진시는 서울과 부산을 비롯해 전국 5대 도시 중 하나였으며, 북한지역에서는 평양 다음으로 인구가 많았다.

청진 지역은 한반도 북쪽으로는 러시아를 견제하기 위한, 동북쪽으로는 중국 침략을 위한 일본 군국주의 세력과 자본세력 공동의 이해관계에 의해 산업지형이 이루어졌다. 일제가 초기에 시작한 것은 항만 건설이었고, 그 뒤를 이은 것이 교통인프라 구축이었다. 그렇게 1880년 한반도 북부지역에 처음으로 개항한 원산항에 이어 1908년, 청진항이 모습을 드러낸 것이다. 개항 초기 일제는 함경도 지방의 석탄과 산림자원 그리고 해산물을 본국에 반출하는 것에 관심을 두었다. 이때 청진항은 함경선과 연계되면서 한반도 북부지역을 넘어 중국과 시베리아에 이르는 광활한 지역의 물적 및 인적자원 수탈을 위한 경제적 기반으로 활용되었다. 러일전쟁 수행에 필요한 군인과 군수물자 수송을 위해 청진~회령 간 그리고 청진~나남 간 경편철도가 생겨났는데, 이에 발 맞추어 함경선이 부설되기 시작했다.[6] 그 결과 함경선은 1917년에 청

---

[4] 심재욱 · 이혜은 · 민원기, "일제강점기 청진의 팽창과 정어리어업" 『역사와 실학』, 제63호(2017), p. 135.

[5] 송규진, "일제강점기, '식민도시' 청진발전의 실상", p. 334.

[6] 송규진, "함경선부설과 길회선 종단항 결정이 지역경제에 끼친 영향: 나진, 웅기 청진을 중심으로" 『한국사학회』, 제57호(2014), p. 352.

진에서 회령까지, 1935년에는 나진 지역까지 이어졌다.

당시 일제는 한반도에서 대륙침략에 양호한 전략적인 위치에 일본군을 배치하는 데 관심을 두었다. 광복 전 한반도에서 일본군이 주둔한 지역은 두 곳이었는데, 한 곳은 19사단이 위치한 오늘날의 청진시 나남구역이고, 다른 한 곳은 20사단이 주둔한 서울시 용산구이다. 청진지역은 태평양 전쟁 말기 소련군이 당도한 최남단 지역이었으며, 한국전쟁 당시에는 국군수도사단이 점령했던 지역이기도 하다.

광복 전 청진지역이 발전할 수 있었던 것은 아시아 최대 철광석 매장지라 불리는 무산군과 인접해 있는 지리적 환경의 영향이 지대했다. 무산지역의 철광석은 17세기 초 지역 주민들에 의해 소규모로 채굴되었는데, 1913년 일제에 의해 본격적으로 개발되기 시작했다. 1925년에 소형 선광장이 건설되었고, 1935년에는 미쯔비시광업과 일본제철의 합작으로 선광장이 운영되었다. 당시 무산광산에 도입된 기술과 설비는 미국을 비롯한 해외에서 들여온 것이어서 일본 본토에서는 찾아볼 수 없는 것이었다. 그렇게 된 이유는 일제가 무산광산을 통해 추후 대륙진출을 했을 때 마주하게 될 대규모 광산건설과 운영에 관한 경험을 얻으려 했기 때문이다.[7]

1934년 중일전쟁의 발발과 함께 무기생산에 필요한 철강재의 수요가 높아지자 미쯔비시(三菱財閥)와 일본제철회사들은 한반도 진출에 집중적인 관심을 보였다. 그렇게 이들의 자본에 의해 건립된 것이 청진제철소이다. 무산광산의 철광석을 제철소에서 가공하여, 반제품 형태의 선철을 본토에 약탈해 가기 위함이었다. 1942년 5월, 제철소가 가동하기 시작하였는데,[8] 초기에는 전로 시설만을 보유한 단순한 제철소에 불과했다고 한다.

7   기무라 미쯔히코 · 아베게이지 지음, 차문석 · 박정진 옮김, 『전쟁이 만든 나라: 북한의 군수공업』 (서울: 도서출판 미지북스, 2009), p. 40.

8   기무라 미쯔히코 · 아베게이지 지음, 차문석 · 박정진 옮김, 『전쟁이 만든 나라: 북한의 군수공업』 (서울: 도서출판 미지북스, 2009), p. 83.

- 광복 직후 청진지역 철강재 생산기업의 수난

1945년 광복과 함께 청진제철소는 파괴와 약탈, 징발과 반출, 폭격과 포격에 따른 세 차례의 수난을 겪어야 했다. 먼저 일제는 패망하면서 청진제철소를 파괴하고 약탈하였다. 용광로를 못쓰도록 용광로에 쇳물을 굳혀 놓았고, 해탄로와 소결로 등 생산공정을 파괴하였다. 다음으로 청진을 점령한 소련군은 산업시설에 대해 징발과 반출을 하였는데, 8월 8일 대일전쟁을 선포한 뒤 8월 13일 청진에 도착한 소련군은 제련소를 접수하였다.

당시 제련소에 종사한 조선인 기술자 그리고 일부 일본인 기술자들은 일본군이 퇴각하면서 내린 공장 폭파명령을 따르지 않았었다. 그 이유는 자신들이 세운 공장을 파괴하는 것에 대한 내적 저항감과 나중에 파괴 행위에 대한 처벌이 있을지도 모른다는 두려움 때문일 것으로 추측된다.[9] 그렇게 소련군은 제련소 종사자들이 지켜낸, 그나마 남아있던 제철소 설비들을 본국으로 해체해 갔다. 당시 소련은 독일과의 전쟁이 끝났지만, 전쟁으로 인한 피해와 전쟁기간 동안 국가경제가 군수생산에 집중한 탓에 국민생활이 곤경에 빠져 있었다. 대일전쟁에서 승리한 소련군에게 있어 북한지역은 점령지에 불과하였고, 접수했던 일본인들의 자산은 전리품에 지나지 않았다. 그러나 소련군이 동독 지역에서 본국으로 징발해 간 것들에 비하면 북한지역에 대한 징발은 단기간이었고 소규모에 그쳤다. 그 이유는 1945년 11월 스탈린이 북한 점령군 사령관이었던 차스챠코프에게 소련군이 징발한 설비를 해당 공장에 반환하도록 명령을 내린 것 때문이라 전해지고 있다.[10] 이는 1946년 5월부터 6월 사이에 북한의 각지를 방문한 유엔 조사단이 작성한 보고서에서도 확인할 수 있다. 조사단은 소련군의 설비 반출 유무에 대해 '설비 철거가 대대적으로 이루어졌다

---

[9]   위의 책, p. 223.

[10]   기무라 미쯔히코 · 아베게이지 지음, 차문석 · 박정진 옮김, 『전쟁이 만든 나라: 북한의 군수공업』 (서울: 도서출판 미지북스, 2009), p. 229.

는 증거를 발견하지 못했으며 설령 있다 해도 그 규모는 작았다'고 결론 내렸다.[11]

청진지역 철강재 생산기업이 겪은 또 한 차례의 수난은 한국전쟁과 동반한 미군의 폭격과 포격이었다. 미극동공군 폭격사령부는 1950년 8월 7일부터 9월 26일까지 북한군이 전쟁수행에 필요할 보급물자 탄약 병기 등 군수물자 생산의 근원을 차단하기 위해 북한 5대 산업시설 밀집지역: 청진 평양 흥남 원산 진남포에 대대적이고 전략적인 폭격을 단행하였다.[12] 결과적으로 철강재 생산기업은 미군 비행기들의 전략폭격과 청진으로 진격하는 국군에 대한 유엔군의 함포 지원사격으로 인해 폐허가 되었다.

이처럼 광복 직후 세 차례에 걸쳐 겪은 수난으로 인해 김책제철연합소를 비롯한 청진의 철강재 생산기업은 해방 후 근 10년 동안 가동될 수 없었다.

한국전쟁 이후 도시재건과 청진지역 주요 산업

- 폴란드의 도움에 의한 도시설계

1953년 한국전쟁이 휴전에 들어감에 따라, 사회주의 진영은 소련의 주도하에 북한 주요 도시에 대한 복구건설을 분담하였다. 이때 청진시 도시설계는 폴란드가 맡게 되었는데, 폴란드 정부의 결정에 의해 1954년 11월부터 16개월간 청진지역 도시설계가 진행되었고, 1956년 2월 23일 북한당국에 의해 승인되었다.[13] 폴란드 지방도시인 슈체친의 시장을 지낸 바 있고 당시 바르샤바 기술대학에서 교수로 있던 피오트르 자렘바가 지도하는 도시계획팀에 의해 청진시의 재건이 수행되었다.

당시 여타 많은 사회주의 국가들 또한 도시를 재건하는 사업을 벌이고 있었는데, 이

---

11   위의 책, p. 225.

12   "잊어서는 안 되는 우리의 역사 - 한국전쟁(6.25) : 107. 북한 산업시설 전략폭격작전" https://blog.naver.com/skh2342/222689517599(검색일, 2024년 4월 20일)

13   김종연 · 김민아 · 정인하, "한국전쟁이후 북한 청진의 도시계획에 관한 연구 : 피오트로 자렘바의 도시계획 방법론을 중심으로" 『대한건축학회논문집』, 37집 2호(2021) pp. 107-108.

사업에서는 사회주의 종주국이었던 구소련의 주요 도시설계원칙을 받아들이는 것이 관례였다. 이에 따라 정치선동을 위한 다양한 퍼레이드가 펼쳐지고 권력을 상징화하는 중앙광장 위주의 공간조성이 중시되었다. 도심에 방사형 대로를 만들었고, 여기에 역사적 건물을 건설하였으며 통치기관들을 배치하였다. 도시의 주요 지점들에 기념비적 조형물을 세워 도시공간이 정치적 이념의 선전장으로 활용되도록 하였다. 이러한 도시설계는 소련이 맡았던 평양시 건설이나 동독이 맡았던 함흥시 건설을 포함한 여러 도시에서 그 흔적을 찾아볼 수 있다.

반면 청진의 자렘바 팀은 이러한 방식의 도시설계가 특정지역 주거민에게만 특화된 서비스를 제공하는, 체제 우월성을 표출하기 위한 방식이라고 비판하며, 주민들의 생활권을 보장할 수 있고 지형과 주변과의 조화를 중시하는 보텀업(Bottom-up)식 도시설계를 추구하였다.[14] 이와 같이 청진지역의 마스터 플랜에는 강대국 사이에서 수난을 겪어내어 반 스탈린 성향이 강한 폴란드인들의 저항의식이 반영되었다고 볼 수 있다.

자렘바 팀은 중앙광장을 공공기능의 성격을 가진 공간으로, 도로가 도시 전반운영과 주민활동에 용이하도록 계획하였다. 또한 청진을 민주지역 송평지역 강덕지역 나남지역, 네 개의 지역으로 나누었고, 이 지역들의 기후환경과 지리적 특징에 적합한 도시구조와 건축형태를 반영하여 설계하였다.[15] 그러나 북한당국에 의해 철도노선과 평행되게 세워지도록 계획된 일반도로망이나, 기후환경이 좋은 신암구역 일대의 주택구획안이 설계대로 추진되지 못하였다. 중앙광장이 위치한 포항구역 일부만이 자렘바 팀의 의도가 반영된 것으로 평가되고 있다.[16]

---

[14] 김종연 · 김민아 · 정인하, "한국전쟁이후 북한 청진의 도시계획에 관한 연구 : 피오트로 자렘바의 도시계획 방법론을 중심으로" 『대한건축학회논문집』, 37집 2호(2021) pp. 112.

[15] 김종연 · 김민아 · 정인하, "한국전쟁이후 북한 청진의 도시계획에 관한 연구 : 피오트로 자렘바의 도시계획 방법론을 중심으로" 『대한건축학회논문집』, 37집 2호(2021) pp. 113.

[16] 김종연 · 김민아 · 정인하, "한국전쟁이후 북한 청진의 도시계획에 관한 연구 : 피오트로 자렘바의 도시계획 방법론을 중심으로" 『대한건축학회논문집』, 37집 2호(2021) pp. 112

- 청진시 주요산업

한국전쟁 직후 청진지역의 산업은 경공업 우선이냐 중공업 우선이냐, 아니면 기계에서 밥이 나오느냐는 논란속에서 시작되었다. 이때 김일성 주석이 중공업 우선정책을 표방하면서, 동시에 전후재건을 위한 사회주의국가들의 지원을 받으며 급속히 성장하였다.그 결과 청진시에는 김책제철연합기업소와 청진제강소에서 생산된 제품을 원자재로 하거나 보조하는 공장, 기업소들이 대부분 자리잡고 있다.

김책제철연합기업소

김책제철연합기업소는 북한의 철강제품 최대 생산업체이다. 김책제철연합소의 전신은 앞서 언급한 청진제철소이다. 일제강점기 때에는 김일성 주석과 함께 항일하였고, 건국 이후에는 초대 산업상이었으며, 한국전쟁 발발과 함께 전선사령관이었던 김책을 기념하며, 1951년 김책제철소로 개명되었다. 1974년에는 관련 공장들을 대대적으로 통합하여 김책제철연합기업소로 개편되었다.

김책제철연합기업소는 청진시 송평구역 서항동 제철동 남포동 은정동 일대에 약 430만㎡ 부지면적을 차지하고 있다. 노동자 수는 약 5만여 명으로 추정된다.[17] 연합기업소는 산하에 용광로 종합직장과 해탄로 종합직장, 강철직장, 내화물직장 등 수십 개의 직장으로 구성된 모체기업소와 연관 생산단위인 청진제강소, 석회석 공급 광산인 청암광산 및 중도광산, 청진관수송사업소, 강덕내화물공장 등으로 이루어져 있다. 주원료인 철광석은 무산광산에서 정광수송관과 철도로 강덕원료장에 옮겨진 후 탈수된다. 그리고 컨베이어 벨트를 통해 김책제철연합기업소로 운송된다. 기타 제철용 부원료인 석회석과 규석, 사문암 등은 청암광산과 중도광산 등을 통해 연합기업소의 생산지에 공급된다.

---

[17]　KDB산업은행, 『2020 북한의 산업 2』 (서울: KDB산업은행, 2020), p. 66

청진제강소와 청진조선소

청진제강소는 포항구역 남강동에 위치하고 있다. 1급 기업소로 종업원수는 8천여 명이 며 부지면적은 90만㎡(약 25만평)이다.[18] 김책제철 연합기업소 산하의 제강소로 실험 설계 기술 준비실 외 16개의 직장이 있다. 제강소 생산의 주요 원자재로는 파철 고철 정 광 시멘트 점토 등이며, 생산된 립철(파철과 고철 등을 용해하여 나온 철덩어리)과 삼화 철(정광 시멘트 점토 등의 원료를 사용)을 김책제철연합기업소에 공급한다. 2002년부 터는 군수공업부 산하로 이관되어서, 생산되는 철강재를 전부 해당 군수공장에 공급하 고 있다. 그런데 2015년 여름 북한이 청진제강소 설비들을 김책제철연합기업소와 성진 제강소로 이관하였으며 공장건물들을 폭파하였다는 언론보도가 있었다. 이는 이후 인 근에 있는 김일성 주석 동상의 부식을 막기 위한 조치로 일부 건물을 폭파시켰을 뿐, 청 진제강소는 여전히 운영되고 있는 것으로 확인되었다.[19]

청진지역 철강재생산 기업에서 생산된 철강재로 운영되는 업체로는 북한 3대 조선 소 중의 하나인 청진조선소를 들 수 있다. 1937년에 설립된 청진조선철공소를 모 태로 하고 있으며 수남구역 어항동에 위치하고 있다. 조선소의 전체 부지 면적은 600,000㎡이며 종사자는 7,500여 명이다.[20] 소형선박에서 최대 2만 톤급 배를 건조 할 수 있는 능력을 갖추고 있어, 1992년에 일본과 북한을 오가는 12,000톤급 여객선 인 <만경봉호>를 제작하기도 했다. 선체 단조 주물 제관 등 1호 직장부터 15호 직장 까지의 생산단위가 있다.

---

[18]   KDB산업은행, 『2020 북한의 산업 2』(서울: KDB산업은행, 2020), p. 93

[19]   이곳에 거주하였던 탈북민들의 증언에 따르면, 청진제강소가 포항광장에 있는 김일성 동상과 정면으로 마주하고 있 어 제강소에서 나오는 연기로 김일성 동상에 검댕유착이 많아졌다는 것이다. 이를 막기 위해 동상과 마주한 제강소의 일 부 생산공정들을 이전하는 작업이 진행되었다. 또한 김일성 동상이 있는 포항광장 주변에서 착화탄 생산뿐 아니라 장사 까지도 금지하도록 하는 별도의 조치까지 내렸다고 한다.

[20]   KDB산업은행, 『2020 북한의 산업 2』(서울: KDB산업은행, 2020), p. 432

나남탄광연합기업소와 관모봉군수기계공장

1950년에 설립된 나남탄광연합기업소는 청진시 나남구역 나흥동과 나성동에 위치하여, 함경북도에 위치한 탄광에 탄광기계 및 설비를 공급하고 있다. 채탄기 권양기 단조 체인콘베어 사슬 등을 생산하는 12개의 직장과 2개의 과가 있다. 연합기업소의 전체 부지면적은 19,000㎡, 종사자는 4,000여 명이다.[21]

또한 청진지역에는 병기 제품생산에 사용되고 있는 철강재를 김책제철연합기업소와 청진제강소로부터 우선적으로 공급받고 있는 제2경제위원회 산하 공장이나 기업소들이 적지 않다. 대표적으로는 2010년 5월에 김정일 국방위원장이, 2018년 7월에는 김정은 위원장이 시찰하였던 관모봉군수기계공장을 예로 들 수 있다. 공장은 청진시 나남구역 회향동에 위치하였고, 전체 공장부지 면적은 1,808,538㎡에 달하며, 종사자는 3,000명으로 추정된다. 122mm와 240mm 방사포탄과 발사관 등을 생산하며 1호 직장부터 18호 직장까지 있다.

청진버스공장

청진버스공장은 청진시 수남구역 청남동에 위치하여, 부지면적이 8.2만㎡에 이르며 종사자는 1,300명으로 알려져 있다.[22] 처음에는 다른 행정지역에서도 흔히 찾아볼 수 있는 자그마한 자동차 수리공장이었던 청진버스공장은 청진에서 생산되는 소재들을 직접적으로 공급받으면서 성장하기 시작했다. 1979년에 무궤도 직장이 생겨났고, 이어 1981년 버스공장으로 개명하였는데, 지금은 산하에 궤도전차조립직장 버스조립직장 견인전동기조립직장 등이 있다. 현재 철판소재는 김책제철연합기업소에서, 도색재는 청진칠감공장에서, 유리소재는 청진유리공장에서 공급받고 있다. 생산규모 측면에서는 평양무궤도전차 다음으로 그 규모가 큰 것으로 알려져 있다.

---

21 KDB산업은행, 『2020 북한의 산업 2』 (서울: KDB산업은행, 2020), p. 183
22 KDB산업은행, 『2020 북한의 산업 2』 (서울: KDB산업은행, 2020), p. 477

1989년 북한에서 진행된 13차 세계청년학생 축전 당시 <집삼 89> 명칭의 버스를 400대 정도 생산한 것으로 보인다. 당시 엔진은 일본 닛산제였고, 하체는 평성에서 제작하였으며, 차판을 비롯한 조립은 청진버스공장에서 진행한 것으로 알려져 있다. 축전이 끝난 후 해당 버스들은 북한의 각 리 행정구역에 공급되었다.

2016년에 이르러서는 성능이 개조된 버스도 생산하였다. 총 37석의 좌석을 구비하였고, 후면감시를 위한 카메라 및 영상표시장치와 제동 및 운전조종장치가 있다고 한다.[23] 2020년 조선신보는 청진버스공장에서 새형의 무궤도전차를 생산하고 있다면서, 대안친선유리공장과 성천강전기공장을 비롯한 연관단위에서 설비와 자재들을 책임지고 보장하였다. 또한 청진공업대학에서 파견 받은 연구진이 생산현장에 나와 공장의 기술자들과 합심해 기술적 문제들을 풀었다고 소개하였다.[24]

청진항

청진항은 신암구역과 포항구역의 일부를 포함하는 청진만에 위치해 있다. 부지면적은 1,646,000m²이며 총 연장거리는 3,000m로 알려져 있다.[25] 연간 하역능력은 1,156만 톤으로 남포항의 하역능력 1,351만 톤 다음으로 북한에서 가장 크다. 청진항은 동항(본항), 서항으로 나누어 운영되고 있는데, 동항과 서항 간 거리는 8㎞이며 부두는 8개이다. 동항은 무역화물을 전문으로 다루는 부두이며, 과거에 만경봉호가 정박하는 전용 부두이기도 했다. 서항은 주로 김책제철연합기업소 생산에 필요한 물동량을 취급하고 있다.

청진항의 철도와 도로는 북부지구 순환선을 통해 중국과 러시아와 연결되어 있으며 김책제철소로 통하는 전용선도 있다. 블라디보스토크·대판(大阪)·고베(神戶)·동경

---

23 "북 청진버스공장, 새로운 '집삼'버스 제작" 『통일뉴스』, 2016년 5월 4일.

24 "함경북도 청진버스공장, 무궤도전차생산, 청진시내 운행" 『통일뉴스』, 2021년 2월 26일.

25 "함경북도 청진버스공장, 무궤도전차생산, 청진시내 운행" 『통일뉴스』, 2021년 2월 26일, p.220

(東京) 등과 항로가 개설되어 무산과 철산에서 생산되는 철광석이나 마그네사이트 석탄 등을 수출하기도 했다. 남북한 수산물 교역에도 기여했는데, 2007년 8월 24일 북한의 수산물 운반선이 청진항을 떠나 속초항에 입항하여 남북 간 수산물 교역이 처음으로 진행되었다.

철생산의 국산화와 청진지역 철강재 기업

청진지역은 북한이 자랑하는 '주체철' 생산의 선두에 있는 도시다. '주체철' 생산은 북한지역에 무궁무진하게 매장되어 있는 무연탄을 원료로 하여, 산소열법에 의해 철강재를 생산하는 방법이다. 북한당국이 철강재 생산에 관심을 두기 시작한 것은 광복 후, 정권수립 이전부터였다. 이는 1945년 9월 김일성 주석이 원산항을 통해 북한에 들어온 이후 고향집보다 강선제강소를 먼저 찾았다는 "만경대 갈림길"의 일화에서 여실히 드러난다.

한국전쟁 이후 1960년 무렵, 북한은 중공업우선 발전정책을 내세우면서 철강재 생산의 국산화에 관심을 두었다. "철과 기계는 공업의 왕이다"라는 슬로건에서 알 수 있는 대목이다. 이 시기 북한은 세브(사회주의 국제분업체계)에 가입하지 않았었는데, 그 결과 구소련이 북한에 경제적 제재를 가하여 원조가 끊기게 되었다. 이 일을 계기로 북한당국은 "경제건설에서 자립, 국방건설에서 자위, 정치에서 자주"를 노골적으로 표명하기 시작했고, 각 분야에 소요되는 철강재에 대한 수요가 급격히 증가하기 시작했다.

이에 철강재 생산에 필요한 코크스를 북한지역에 풍부한 무연탄으로 대체하기 위한 연구활동이 강화되었다. 그러나 그 성과가 나오기 시작한 것은 한참 뒤 2009년에 이르러서였다. 성진제강소에서 처음으로 '용융환원공법'(회전로에서 전력·중유 대신 무연탄·산소를 사용하며 원료·연료에 대한 예비처리 과정이 없이 산소전로에서 제강이 실현되는 일체화된 생산체계)이 성공했는데, 이때 이곳을 찾은 김정일 국방위원장은

"3차 핵 시험 성공보다 더 위대한 승리"[26] 라고 치켜세우기까지 했다.

지난 2023년 12월 11일 재일 <조선신보>는 청진제강소에서 100% 삼화철[27]에 의한 철강재생산 공정을 확립하면서 "삼화철에 의한 철강재생산 공정이 꾸려지고 정상운영에 들어감으로써 국내의 원료와 기술로 철강재 생산을 늘릴 수 있는 또 하나의 담보가 마련되게 되었다"라고 평했다. 또한 "청진제강소에 100% 삼화철에 의한 철강재생산 공정이 확립됨으로써 제강소를 주체철 생산기지로 더욱 튼튼히 전변시킬 수 있는 전망이 열리게 되었다"고 전했다.[28]

그러나 북한이 '주체철' 생산에 성공하였다고는 하나, 생산된 철강재의 품질과 생산성이 낮을 뿐만 아니라, 철 생산에 필요한 대량의 석탄으로 인해 경제성이 떨어지면서도 전력 소모가 큰 기술적 문제를 여전히 해결하지 못하고 있다.

북한의 경제개발구 조성정책과 청진경제개발구

- 김정은 정권의 경제개발구 조성정책의 변화

김정은 위원장의 집권 초기 당시, 외국자본의 유치를 국가경제 활성화의 주요 수단으로 인식했던 것으로 보인다. 이는 집권 이후 2013년 5월 최고인민회의 상임위원회 정령 제3192호로 「경제개발구법」을 채택하였고, 이어 중앙급 및 지방급 경제개발구를 포함하여 총 18개의 경제개발구를 추가 선정한 것에서 알 수 있다.

김일성 주석과 김정일 국방위원장의 국가경제 발전관은 내부자원을 활용하는 것에 초점을 두었다. 이와 달리, 김정은 위원장은 외국자본을 적극 유치하겠다는 입장이기에, 선대 통치자들의 국가경제 발전관에서 완전히 벗어난 것으로 볼 수 있다. 다음

---

[26] "김정일, 핵 시험 성공보다 더 위대한 승리, 주체철 공법"『프레시안』, 2021년 5월 18일.

[27] 삼화철(三化鐵)은 수입 코우크스 대신에 국내산 무연탄을 사용하여 (정광, 무연탄, 석회석)의 세가지로 철을 생산하는 기술을 말하며, 주체철이라고도 부른다.

[28] "북, 청진제강소, 100% 삼화철에 의한 철강재 생산 공정 확립"『통일뉴스』, 2023년 12월 11일.

은 집권초기 김정은 위원장이 추진한 경제개발구 조성 정책의 세 가지 특징이다.

첫째, 김정은 위원장은 선대 통치자들의 인식에서 벗어난 경제개발구 조성정책을 추진하였다. 선대 통치자들이 추진한 중앙급 경제개발구 조성 측면의 정책과 달리, 김정은 위원장은 중앙급 경제개발구와 지방급 경제기발구 조성에 의한 병진에 관심을 두고 있다. 이는 김정은 위원장이 중앙공업과 지방공업의 균형적인 발전을 도모하려 했던 김일성 주석의 지침을 경제개발구 조성 정책에 벤치마킹한 것이라 볼 수 있다.

김일성 주석과 김정일 국방위원장은 각 도에 지방공업총국을 세우고, 지역의 원천에 의거해 지방경제를 활성화하고자 했다. 이와 달리 김정은 위원장은 각 도 행정지역에 경제지대개발국을 신설하고 외국자본을 유치하여 지방경제를 발전시키려 하고 있다. 각 도 행정지역마다 평균 2-3개의 지방급 경제개발구를 두었고, 각 지역의 특징에 따른 전문성을 개발하려 했다. 이에 따라 농축산업만을 전문으로 하는 경제개발구나 관광업만을 위주로 하는 경제개발구가 선정되었다.

김정은 위원장의 정권에 들어 등장한 지방급 경제개발구는 관리기관 설립방향 참여자 측면에서 중앙급 경제개발구와는 다르다.

	중앙급 경제개발구	지방급 경제개발구
관리소속	내각 산하 국가경제개발위원회	도 인민위원회 산하 경제지대개발국
주요 사업 내용	개발구 설립관련 외국과의 사업 개발구 기업창성 심의기준 검토 개발구 전반의 세무관리	관리기관 조직 및 사업방조 개발구의 관리 기업에 필요한 노력보장
설립방향	국가의 전반적 개발계획 국가경제 활성화 전반주민 생활향상	지역의 국토계획 계발 지방경세 활성화 지역주민 생활 향상
참여자	외국 법인, 개인 및 경제조직	좌동 북한 기업 및 기업소

표 2.　중앙급 경제개발구와 지방급 경제개발구 비교

둘째, 김정은 위원장은 모기장론을 유연하게 적용한 경제개발구 조성정책을 지향하였다. 모기장론이란 모기와 같은 해충의 유입을 막는 모기장처럼, 서구의 자본주의적 사상과 문화가 북한지역에 들어오는 것을 막기 위해 북한당국이 실시하는 주민의식 통제방법이다.

김정은 위원장의 경제개발구 조성정책은 모기장론에서 유연하게 벗어났다고 평가될 수 있다. 김정일 국방위원장은 노무현 정권 시기, 남한이 남포시의 영남리 배수리 공장과의 협력을 제안하자, 인접한 평양시에 황색바람이 들어올 수 있다며 이를 거부하였다. 그러나 김정은 위원장은 집권 이후 선대 통치자들의 이러한 행태에서 벗어난 행보를 보이고 있다. 실례로 평양과 인접한 남포시와 평성시에는 각각 두 개씩 총 4개의 경제개발구가 선정되었다. 남포시에는 와우도 수출가공구와 진도수출가공구가 있으며, 평성시에는 은정첨단기술개발구와 강남경제개발구가 있다.

셋째, 김정은 위원장은 군사 지형의 변화까지 고려한 경제개발구 조성정책을 추구하였다. 경제개발구로 선정된 일부 지역을 보면, 군사 기지가 철수하거나 군사 지역의 규모가 축소되는 것에 대해 당국이 크게 우려하지 않는 것을 확인할 수 있다. 예를 들어 남포시내에 경제개발구가 건설되면 남포시 진수동에 있는 서해해군 사령부가 이전되거나, 함선 생산기지인 남포조선소의 생산규모가 축소될 가능성이 있다. 북한은 2016년 12월 조선중앙통신을 통해 연평도와 마주한 최전연 지역인 황해남도 강령군 전 지역을 <국제녹색시범지대>로 개발한다고 발표했다.[29] 이를 위한 활동이 연구 차원에서 지속적으로 추진되고 있다. 지난 2022년 북한 김일성종합대학교 연구진은 국제학술지 'The Circular Economy and Sustainability Journal'에 강령군에서 진행한 녹색시범 지대 조성에 관한 논문을 투고한 바 있다.[30] 이곳에는 현재

---

[29]   "북, 황해남도 강령군에 녹색시범지대 조성" 『연합뉴스』, 2016년 12월 9일.

[30]   논문의 영문명은 'Implementing a Pilot Scale Eco county Concept Towards Circular Economy and Sustainability'이다. 북한 연구진은 논문에서 과거 많은 나라들이 공업화나 공업지구 개발을 추진하면서 급속한 경제발

해안포 부대와 해군 8전대가 주둔하고 있다. 북한이 <국제녹색시범지대> 조성을 실행에 옮긴다면, 해군기지나 포부대의 이동이나 축소가 불가피하다.

- 지경학적 가치와 청진경제개발구

지경학적 가치(geoeconomic value)는 특정 지역의 자원 보유량이나 위치, 인프라와 같은 지리적 요소가 그 지역의 경제에 미치는 영향을 나타낸다. 풍부한 천연 자원을 보유한 지역이나 중요한 무역 루트에 위치한 지역, 또는 전략적 군사 요충지에 위치한 지역 등은 지경학적 가치가 높다. 지역의 경제적 가치가 해당 지역에 조성된 시장 메커니즘의 활성화나 수익성이 경제에 미치는 영향에 의해 평가된다면, 지경학적 가치는 해당 지역의 지리적 요소가 경제에 미치는 영향에 초점을 둔다.

앞에서 살펴본 바와 같이 청진지역의 개발잠재력은 크게 주목받지 못하고 있는 상황이다. 이에 청진시의 발전을 견인할 수 있는 경제개발구의 지경학적 가치에 관심이 모아졌는데, 김정은 위원장의 집권 이후 2013년 11월 발표한 13개 경제개발구 중 청진경제개발구가 그 중 한 곳이다. 청진경제개발구는 지역의 철강산업에 기반한 운영을 목표로 하고 있는 지방급 경제개발구이다.

김민관(2020)에 따르면, 북한당국이 선정한 22개 경제개발구 중에서 청진경제개발구에 대한 투자유치 희망 금액은 중간수준이지만,[31] 경제개발구의 건설, 운영에 따른 북한경제 파급효과 항목에서 각각 1위를 차지한다.[32] 또한 산업입지가 우수한 것으로 여겨지며, 입주기업들의 건설공사와 생산, 그리고 산업연관 단위 간 활용에서도

전을 이룩했지만 자원감소나 환경오염, 기후변화 등 환경 문제가 발생했다고 하면서 대안으로 녹색지대에 에코 카운티 개념의 도입에 의한 녹색지대 조성을 주장했다. 에코 카운티는 낮은 에너지 소비, 낮은 오염물질 배출, 고효율 자원 사용 및 재활용, 건강한 생활조건 보장 등을 갖춘 순환 경제 모델의 지역이다. "북한, 국제학술지에 황해도 강령 녹색경제시범 사업 소개" 『NK경제』, 2023년 8월 8일.

[31]   김민관, "북한 경제개발구의 경제적 파급효과 분석" 『KDB북한개발』, KDB산업은행(2020), p. 109.

[32]   김민관, "북한 경제개발구의 경제적 파급효과 분석" 『KDB북한개발』, KDB산업은행(2020), p. 123.

우수한 것으로 평가되고 있다.[33] 이는 청진경제개발구의 지경학적 가치가 높다는 것을 보여주는데, 청진경제개발구는 이 개발구로 진출하려는 기업들의 건설 및 운영에 다음과 같은 양호한 조건들을 갖추고 있다.

첫째, 교통 인프라이다. 청진경제개발구는 청진 서항으로부터 5km, 어랑비행장으로부터 56km 정도 떨어져 있다. 청진지역에서 중국세관까지의 거리를 보면, 회령 교두까지는 약 92km이며 남양교두 까지는 약 96km이다. 게다가 평양-두만강행 열차와 평양-무산행 열차 그리고 평양-온성행 열차가 경제개발구가 위치한 송평역을 통과한다. 송평역에는 근동 조차장이 있어 철도화물의 보관에도 용이하다. 또한 성진 함흥 회령 무산방향으로 통하는 1급, 2급 도로들도 연결되어 있다.

둘째, 전력공급 조건이다. 이곳에 소재한 산업시설의 운영과 생산에 필요한 전력은 청진화력발전소, 부령 수력발전소, 서두수 수력발전소를 통해 보장받고 있다. 또한 화력발전에 필요한 석탄은 나남탄광과 나북탄광 등을 통해 공급받고 있다. 청진지역 주변에는 은덕탄광이나 주을탄광을 비롯한 갈탄 매장지가 다수 있다.

셋째, 용수보장 및 오수처리 환경이다. 청진경제개발구 주변에는 수성천과 남석천이 흐르고 있어 용수자원이 풍부하며, 동해에 근섭해 있어 오수처리시설 건설에 최적화되어 있다.

넷째, 진출기업의 생산 및 서비스업체 건설과 관련한 환경이다. 이 지역은 해발고도가 7m에서 10m 정도이고, 경사도는 1° 미만인 평탄한 지역이며, 20° 미만의 경사지가 2% 정도이다.[34] 또한 개발지구 내 수성천 유역에는 모래자원이 풍부하다.

2018년 북한이 발표한 홍보자료에 의하면[35] 청진경제개발구는 청진시 송평구역 남석

---

33   김민관, "북한 경제개발구 분석을 통한 우리기업 진출전략"『KDB북한개발』, KDB산업은행(2019), p. 112.

34   외국문출판사 편, 『조선민주주의인민공화국 주요경제지대들』, 2018.

35   외국문출판사 편, 『조선민주주의인민공화국 주요경제지대들』, 2018.

리, 월모리, 수성동 일대 약 5.4㎢에 걸쳐 건설할 것을 기획하고 있다. 주력사업으로는 김책제철연합기업소와 청진제강소에서 생산된 철강재에 대한 수출가공업과 청진항을 이용한 화물중계업이 있다. 송평구역 남석리 일대 1.7km²의 지역은 인접한 김책제철연합기업소에서 생산한 철강재를 원료로 2차, 3차 금속가공품을 생산할 수 있도록 하려고 한다. 또한 월포리와 수성동 일대 3.7km²의 지역은 유압기계 정밀기계 륜전기계 등의 생산과 함께 임가공을 위주로 하는 수출가공기지로 조성하려고 한다. 이를 위해 인접한 라남탄광연합기업소와 청진버스공장과의 협력을 강조하고 있다.

북한은 청진항의 서항과 연결된 청진-무산, 그리고 청진-남양철도를 통해 중국의 길림성과 흑룡강성 지역에 대한 보세가공 및 무역을 추진하려고 한다. 또한 중국 동북지역의 화물을 중국 남부지역이나 외국지역으로 운송하는 화물 중계지로 개발하려고 한다. 지난 2022년 북한은 이례적으로 청진지역을 국제화물중계 수송을 결합한 경제개발구로 건설하려 한다는 것을 소개하기도 하였다.[36] 그러나 2016년부터 강도 높게 실행된 대북제재로 인해 북한의 야심 찬 경제개발구 조성계획에 브레이크가 걸렸다. 지난 기간 외국기업들은 북한의 폐쇄적인 정책으로 인해 지역 투자에 대한 희망을 접어야 했다면, 지금은 북한이 국제사회의 보편적 기준을 적용해 개방의 의지를 보인다고 해도 투자를 적극적으로 꺼리는 상황이다. 이러한 현실과 더불어 북한의 경제개발구 조성 정책이 성과를 내려면, 당국의 인식 변화가 필요하다. 북한지역만을 위한 경제개발구 조성이나, 한반도의 기후환경 및 해양생태계 변화를 고려하지 않은 산업기반 구축에서 벗어나야 한다. 이러한 점에서 북한의 청진경제개발구 조성 정책은 한반도 철강재생산분야에 생태계를 조성하는 것을 목표로 하여 전반적으로 개선하는 것이 바람직하다.

---

[36] 북한 "청진, 국제화물중계 수송을 결합한 경제개발구로 건설" 『NK경제뉴스』, 2022년 7월 7일.

나가며: 포항제철과 협력을 통한 지경학적 가치 실현의 비전

지금까지 살펴본 것과 같이 청진지역은 북한의 타 지역에 비해 철강재 생산량, 경제개발구의 조성과 그 운영을 통한 파급효과에서 1위를 차지하고 있다. 청진경제개발구의 조성과 운영은 지역의 지경학적 가치를 보여줄 수 있는 절호의 기회라고 할 수 있다. 이는 청진경제개발구의 조성과 연계되어 있으며, 청진경제개발구는 이 지역에 소재한 김책제철연합기업소, 청진제강소의 역할과 이어져 있다.

한반도 철강재 생산분야의 생태계를 조성하기 위한 차원에서 볼 때, 북한 청진지역의 발전은 경상북도 포항시의 세계적 기업 POSCO와의 협력을 통해 이루어질 수 있다. 둘 다 동해도시인 만큼 무더운 여름철이나 한파가 몰아치는 겨울철에도 온화한 기후이며, 철강재산업이 기반이 된 도시라는 공통점을 지니고 있다. 이때 영일만의 황량한 모래벌판 위에 우뚝 선 포항제철은 북한의 청진만에 위치한 김책제철연합기업소와 달리, 일제 강점기의 근대화 잔재가 아닌 한강의 기적의 산물이다. 포항시는 현재 차세대 철강산업도시, 해양도시라는 장점을 살린 첨단해양 R&D센터, 블루카본 융합연구센터, 스마트 피셔리 양식산업 등을 추진하고 있는 첨단기업도시로 비약하고 있다.

그런데 분단 이후 지역 간 발전 격차는 사실상 어마어마하다. 북한 철강재 산업의 전반적인 기술 수준은 남한의 1980년대 중반 수준으로 평가되고 있다. 남한의 제선능력 제강능력 압연강재 생산능력은 북한에 비해 각각 13배 14배 27배에 달하는 것으로 추정되고 있다.[37] 용광로를 사용하지 않고 유동환원로를 이용하여 분광을 환원하는 친환경 철 생산방법인 파이넥스 공법은 POSCO와 오스트리아의 베스트 알피네가 기술합작하여 세계 최초로 성공하였다.(각주: 베스트 알피네는 2005년 독일 지멘스가 인수하였고, 2015년에는 일본 미쓰비시 중공업과 협력하여 다시 프라이메탈

---

[37] KDB산업은행, 『2020 북한의 산업 1』 (서울: KDB산업은행, 2020), p. 51.

(Primetals Technology)로 철강부분을 재 구성하였다.) 그러나 원료인 철광석은 주로 호주 브라질 캐나다에서, 코발트나 리튬 등은 아프리카나 남미에서 전량을 수입해야 하기도 한다.

이때 북한의 철광석은 인 유황 동성분이 적게 포함되어 있고 망간 함유량이 높아, 제선에 적합하고 경제성이 있다. 또한 무산의 자철광은 철 함유량이 25~30% 내외로 낮으나, 자력선광을 통해 65% 수준의 분광 정광으로 끌어 올릴 수 있는 것으로 평가되고 있다.

이 모든 것을 종합해 볼 때, 남북한이 협력한다면 남한은 철강 원료의 안정적인 수급을 보장받고 북한은 철광석 생산과 철강 생산의 기술수준을 높일 수 있다. 남한은 북한에 비해 제선 제강 압연부문 등 모든 부문에서 기술력이 월등하며, 북한은 일반강과 특수강 제조에서 상당한 기술을 축적하고 있는 것으로 평가되고 있다. 따라서 향후 남북관계가 진전되는 것에 따라 남북한 간 수직적 혹은 수평적 분업 생산 방안이나, 경쟁력을 상실한 남한의 주물품이나 강관과 같은 단순 철강재 가공제품을 북한에서 생산하거나 반입하는 방안이 제시될 수 있다.

남북한 철강재 분야 교류를 통해 청진지역은 일제 식민지 산업운영의 산물인 철강소재 위주의 산업구조에서 수출산업 구조로 탈바꿈할 수 있으며, 북한정권에 의해 저평가된 지경학적 가치를 제대로 증명해낼 수 있을 것이다.

참고문헌   기무라 쯔히코 · 아베게이지 지음, 차문석 · 박정진 옮김, 『전쟁이 만든 나라, 북한의 군수
공업』, 서울: 도서출판 미지북스, 2009.

김민관, "북한 경제개발구의 경제적 파급효과 분석" 『KDB북한개발』, KDB산업은행
(2020).

김민관, "북한 경제개발구 진출전략" 『KDB북한개발』, KDB산업은행(2019).

김종연·김민아·정인하, "한국전쟁이후 북한 청진의 도시계획에 관한 연구 : 피오트로 자렘
바의 도시계획 방법론을 중심으로" 『대한건축학회논문집』, 37집 2호(2021).

송규진, "일제강점기, '식민도시' 청진발전의 실상" 『사학연구 』, 제110호(2013).

송규진, "함경선부설과 길회선 종단항 결정이 지역경제에 끼친 영향: 나진, 웅기 청진을 중
심으로" 『한국사학회』, 제57호(2014).

심재욱 · 이혜은 · 민원기, "일제강점기 청진의 팽창과 정어리어업" 『역사와 실학』, 제
63호(2017).

외국문출판사 편, 『조선민주주의인민공화국 주요경제지대들』, 2018.

임호열 · 김준영, "북한의 경제개발구 추진현황과 향후 과제", 대외경제정책연구원(2015).

KDB산업은행, 『2020 북한의 산업 2』, 서울: KDB산업은행, 2020.

"북, 청진제강소, 100% 삼화철에 의한 철강재 생산 공정 확립" 『통일뉴스』, 2023년 12월 11일.

"북한, 국제학술지에 황해도 강령 녹색경제시범 사업 소개" 『NK경제』, 2023년 8월 8일.

"함경북도 청진버스공장, 무궤도전차생산, 청진시내 운행" 『통일뉴스』, 2021년 2월 26일.

"북, 청진, 국제화물 중계 수송 결합한 경제개발구로 건설" 『NK경제뉴스』, 2022년 7월 7일.

"철광석과 무연탄을 모두 수입하는 포스코" 『민플』, 2021년 11월 24일.

"잊어서는 안 되는 우리의 역사 - 한국전쟁(6.25) : 107. 북한 산업시설 전략폭격작전"
https://blog.naver.com/skh2342/222689517599(검색일, 2024년 4월 20일)

다섯 번째 도시,
단천

단천 Dancheon

위치	함경남도 북동부
인구*	345,875명 (2008년 기준)
면적	2,170km²
기후	온화한 해양성 기후
GRDP	-

* 북한통계 포털

북한 경제의 미래,
단천의 역사와 현재

진희권
부산대 통일한국연구원

단
천

함경남도 단천시. 누구나 한번쯤은 들어보았을 테고 북한에 그런 도시가 있다는 것은 알고 있을 것이다. 하지만 단천이라는 도시를 구체적으로 알고 있는 사람은 흔치 않다. 굳이 알아야 할 이유가 없을뿐더러, 단천을 소개하는 보도 등을 접할 기회도 거의 없기 때문이다. 우리가 익히 들어 알고 있는 평양, 원산, 개성 그도 아니라면 북한 동해안의 최대도시 청진, 냉면으로 유명한 함흥 정도라면 몰라도 단천이라니. 우리가 인구 30만을 조금 넘는 산간도시 단천을 알고 기억해야 할 이유가 있을까?

본 글을 쓰는 나도 선뜻 알아야 한다는 답이 나오지 않는다. 하지만 이 한 가지는 확실하다. 북한 경제의 미래가 궁금하다면 단천을 알아야 한다. 흔히 한반도 통일경제의 미래를 전망하며 주로 북한의 광물자원 개발 가능성을 제시하곤 하는데, 바로 그 광물자원의 보고가 단천이다. 북한의 광물 자원을 논한다면 첫 번째로 언급해야 하는 도시이다. 통일경제를 이야기할 때 북한 광물자원 개발을 뺄 수 없듯, 광물자원 없이는 북한 경제의 미래도 논하기 어렵다. 그리고 그 중심에 단천이 있다.

단천시 개요[1]

조선시대 군이었던 단천은 일제강점기에 단천면(1939년), 단천읍(1943)을 거쳐 해방 후에는 다시 단천면이 되었다. 1952년 군면리 대폐합에 따라 단천군으로 승격되었으며, 1982년에는 단천시가 되었다. 동서(봉화리~삼거리) 간의 길이는 56㎞, 남북(용흥리~대흥동) 간의 길이는 91㎞, 동해와 접한 해안선은 40여㎞에 이르며 전체 면적은 2,170여㎢로 도 면적의 약 12%를 차지한다. 행정구역은 39동 39리이다.

단천시는 동해와 접한 지역을 제외하고는 깊고 험한 고산지대로 이루어져 있다. 단천시 전체 면적 중 해발 고도별 비중은 아래 <표 1>과 같다.

100m 이하	100~200m	200~500m	500~800m	800~1,000m	1,000m 이상
9%	20%	22%	14%	32%	3%

표 1.   단천시 해발고도별 면적 비중

단천시의 연평균기온은 8.8℃, 1월 평균기온은 -4.7 ℃, 8월 평균기온은 22.3 ℃이며 연평균 강수량은 674.4mm로 상대적으로 강수량이 적고 추운 편이라 할 수 있다. 하천은 단천북대천과 단천남대천 등 7개의 본류와 70여 개의 지류가 흐르고 있다.

단천시의 경제는 바다를 접하고 있는 광업도시라 정의할 수 있다. 수산업과 광업이 경제의 기본을 이루고 있으며 식료품 및 생필품을 생산하는 지방산업 공장들이 운영되고 있다. 농업은 밭농사의 면적이 넓어 전체 농지의 60%를 차지하고 있으며, 논은 약 20%, 과수밭은 약 10%를 차지하고 있다.

단천시 경제의 근간을 이루는 주요 광산과 관련된 생산시설로는 검덕광산(연, 아연광산), 룡양광산(마그네사이트 광산), 대흥청년광산(마그네사이트 광산), 단천제련소, 단천마그네샤공장, 단천광산기계공장 등을 들 수 있다.

---

[1]   북한지역정보넷, <http://www.cybernk.net>의 자료를 바탕으로 본문과 표 작성

자료 1. 단천시 지도
©북한지역정보넷

단천의 역사

- 고려시대_공민왕이 수복한 우리 영토

단천은 함경남도 최북단 도시로 함경북도와 경계를 이루고 있다. 앞으로는 동해바다가 뒤로는 마천령산맥, 두류산맥, 마운령산맥 등 함경산맥이 단천을 둘러싸고 있다.

단천이 처음 우리 역사의 무대에 등장한 때는 옥저[2] 시대로 남옥저 지역에 속했었다. 남옥저는 1세기 중엽, 고구려에 편입되었으나 삼국통일과 고구려 패망(668년) 후 발해의 영토가 되었다가, 발해 패망(926년) 후에는 여진족의 지배를 받았다.[3] 고려 예종 3

---

[2] 약 기원전 3세기부터 함경남도 해안지대에서 두만강 유역 일대에 존재했던 고대 종족으로 함흥 일대를 중심으로 거주하던 집단을 '남옥저(또는 동옥저)', 두만강 유역의 집단을 '북옥저'라 하였다.

[3] 북한지역정보넷, <https://http://www.cybernk.net>.

년(1108년), 윤관이 별무반을 이끌고 여진족으로부터 탈환한 지역에 9성을 축조하였는데, 단천 지역도 여기에 포함되었다. 하지만 고려는 여진족의 거센 반격과 외교적 호소에 1109년, 9성 지역을 여진족에 반환했다. 이후 원나라의 지배를 받아 쌍성총관부가 설치되었다.

시간이 흘러 고려 31대 국왕 공민왕은 1356년 쌍성총관부를 공격해 영토를 수복했다. 이로써 우리 역사의 안과 밖을 오가던 함경도 지역이 한반도에 온전히 편입되었다. 공민왕의 영토 수복은 이자춘을 비롯한 북방 토호들의 협조가 있어 가능했다. 이후 이들은 고려의 중앙 정치 무대에 뿌리를 내리게 되었고, 이후 한반도 역사의 주역으로 등장하였다. 이자춘은 바로 조선을 건국한 이성계의 부친이다.

- 조선시대_금광과 은광, 함북의 관문

조선 초기 단천은 금광으로 유명한 지역이었다. 태종실록에는 단천, 안변 등에서 캔 금을 왕에게 바쳤다는 기록이 등장[4]하고, 세종실록에는 전국의 금 산출지역을 정리하며 단천을 처음으로 꼽기도 하였다.[5] 하지만 금과 은은 조선의 골칫거리였다.

조선은 개국 초기부터 친명 정책을 추진하며 정기적으로 사절을 파견하고 예물(공물)을 보냈다. 하지만 명이 요구하는 공물을 충당하는 것은 만만치 않은 일이었다. 특히 곤란한 것이 금과 은이었다. 명이 요구한 수량이 아주 많은 것은 아니었지만, 당시 조선의 생산량으로는(국내 수요도 있으므로) 대단히 부족하였다.[6] 견디다 못한 세종은

---

[4] 국사편찬위원회 조선왕조실록, <https://sillok.history.go.kr>, 태종 12년(태종실록 23권) 동북면 채방 별감이 군사 6백 명으로 안변, 단천에서 금 3냥을 캐어 바쳤으며, 태종 14년(태종실록 27권)에는 채방사 박윤충이 단천, 안변, 영흥 등지에서 138냥의 금을 캐어 바쳤다고 기록하고 있다.

[5] 국사편찬위원회 조선왕조실록, <https://sillok.history.go.kr>, 세종 2년(세종실록 9권)에는 "황해도 곡산(谷山)·봉산(鳳山)과 평안도 태천(泰川)·은산(殷山)·가산(嘉山) 등 군(郡)에서는 은(銀)이 산출되고, 함길도 단천(端川)·안변(安邊)·화주(和州)·정평(定平)과 강원도 회양(淮陽)·낭천(狼川)·춘천(春川)·정선(旌善) 등 군(郡)에서는 금이 산출"된다고 기록하고 있다.

[6] 우리역사넷, <http://contents.history.go.kr>.

명나라 황제에게 "우리나라는 땅이 좁고 척박해 금과 은이 생산되지 않음은 온 천하가 다 아나이다"라며 "금과 은을 조공 물품에서 제외해달라"고 편지를 올렸다(1429년).[7] 명의 황제는 이를 허락했다. 그리고 세종은 아예 화근을 없애버리기로 마음먹고 모든 금광과 은광을 폐쇄해버렸다. 법을 고쳐 몰래 금과 은을 교역하는 자는 사형에 처하기로 하였다. 이와 같은 금·은광 폐쇄정책은 조선 말기까지 일관되게 시행되었다.

연산군 재위기간, 이번에는 은광으로 단천이 다시 역사에 등장했다. 1503년 양인 김감불과 노비 김검동이 납 1근으로 은 2돈을 재련할 수 있다며 연산군에게 보고하였고, 사실을 확인한 연산군은 단천광산에서 은을 채굴하도록 지시하였다. 이와 같은 은 재련법은 '연은분리법' 또는 '회취법'으로 불렸으며 단천의 지명을 빌어 '단천연은법'이라고도 했다.[8] '연은분리법'은 은이 포함된 광석과 납을 섞은 뒤 태워서 혼합물(함은연)을 만든 뒤, 이것을 다시 가열해 녹는점이 낮은 납이 재에 스며들도록 하여 순수한 은만 남게 하는 방법으로 대단한 고급 기술이라 할 수 있다.[9]

자료 2. 『천공개물(天工開物)』

이에 따라 민간에 은 채굴을 허용하고 1인당 하루 1냥의 은을 현물로 납부하는 '납세채은제'가 시행되었으나, 중종반정 이후 연산군대 폐정 개혁의 일환으로 단천은광[10]은 폐

---

[7]   조선일보, 2019.2.20, "[박종인의 땅의 역사153] 조선은 은을 버렸고 일본은 은을 손에 쥐었다".

[8]   우리역사넷, <http://contents.history.go.kr>.

[9]   중앙일보, 2018.11.11, "[유성운의 역사정치] 재주는 조선이 넘고 돈은 일본이 벌었다 … 통한의 '연은술'".

[10]   단천은광은 현재의 검덕광산 일대이다. 검덕광산에 대해서는 뒤에 설명하기로 한다.

쇄되었다. 그 뒤 1516년 중종 때 군사재원 조달을 위해 단천은광의 채굴이 잠시 재개되었으나, 중국이 은을 조공으로 요청할 우려가 있다고 하여 다시 봉쇄되었다.[11] 은광이 잠시 개발되며 단천에 전국의 상인들이 모여들었고 중국 상인들까지 왕래[12]하였으나, 폐쇄 이후에는 이들의 발길도 끊기고 말았다.

조선의 '연은분리법'은 이후 일본으로 건너가, 이와미 은광[13]의 영광과 함께 비약적인 발전을 이루었다. 17세기, 이와미 은광 은 볼리비아 포토시 은광과 함께 세계 최대 은 생산지가 되었으며, 일본의 은은 전 세계 생산량의 1/3을 차지하게 되었다. 당시 은은 세계 교역의 주요 통화 수단이었고, 이를 기반으로 일본의 상업은 획기적으로 발전하였다.[14] 이와미 은광은 1584년 도요토미 히데요시에게 넘어갔고, 그의 일본통일과 조선 침공의 든든한 배경이 되기도 하였다.

함경북도와 접한 함경남도 최북단 도시인 단천은 조선 후기 국경도시의 역할을 하였다. 단천 이북, 두만강 이남의 함경도 북부지역은 조선 개국 이후에도 여진족이 지배하던 지역이었으나, 세종이 육진을 설치하며 경계를 확실하게 하였다. 하지만 육진 지역은 국방상의 중요성으로 인해 상인의 출입은 물론 화폐사용도 금지되었으며, 행장[15]을 지니지 않고 임의로 왕래하는 일 또한 엄격하게 금지되었다.[16] 따라서 육진 지역에 들어가는 자는 경계인 단천에서 면포, 빗, 종이 등을 사서 노자로 삼아야 했다. 이와 같은 지리적 특

---

[11] 한국민족문화대박과사전, <https://encykorea.aks.ac.kr>.

[12] 고승희, 『조선후기 함경도 상업연구』, (서울; 국학자료원, 2003), p. 252.

[13] 일본 시마네현에 위치하고 있으며, 2007년 유네스코 세계유산으로 등록되었다. 1562년 하카타의 상인 가미야 히사사다가 본격적으로 개발했고, 조선에서 경수와 종단이라는 두 기술자를 초청해 연은분리법을 습득하는 데 성공했다고 한다.

[14] 중앙일보, 위의 기사.

[15] 무역 거래를 위한 입국증명서로 월경, 밀매 등을 단속하기 위하여 시행하였다. 북쪽 국경지역 뿐만 아니라 제주도를 출입하는 상인도 행장을 소지해야 했다.

[16] 고승희, 앞의 책, p. 24.

성으로 단천은 사실상 국경도시로서 삼과 초피[17] 등 북방지역의 무역 거점으로 상인들의 왕래가 잦았으며, 시장의 규모도 확대되었다.[18]

일제강점기_일제의 수탈과 저항, 그리고 이동휘

- 단천 산림조합 반대 운동

일제강점기 당시, 토지조사사업과 산미증식계획 등으로 극심한 수탈을 겪고 1919년 3.1운동을 경험한 조선의 농민들은 농민조합을 결성하며 본격적인 저항운동에 나서게 되었다. 1920년대 농민운동은 전국적으로 300개 이상의 농민조합을 결성하였고 사회주의 사상과 결합해서 전라남도 암태도 농민소작쟁의(1923년)[19], 전라북도 옥구의 이엽사(후다바사)소작쟁의(1927년)[20] 등의 투쟁을 전개하였다. 전국적으로 농민조합운동은 경상도, 전라도, 함경도 지역을 중심으로 활발하게 진행되었으며, 특히 함경도 지

단천

---

[17] 담비 가죽. 조선시대에는 당상관 이상만 사용할 수 있었고, 노인들의 의복으로 쓰도록 허용하였으나 부녀자들 사이에서 대단히 유행하여 공급이 부족했다고 한다.

[18] 고승희, 앞의 책, p. 252.

[19] 한국민족문화대백과사전, <https://encykorea.aks.ac.kr>에서는 다음과 같이 설명하고 있다. 1923년 8월부터 1924년 8월까지 전라남도 신안군 암태도의 소작인들이 벌인 소작농민항쟁. 1920년대 일제의 저미가정책으로 지주의 수익이 감소하자 지주들은 소작료를 인상해 손실을 감소시키려 하였다. 당시 암태도의 대지주 문재철은 7할 내지 8할의 소작료를 징수하였고 이에 반발한 암태도 소작인들은 소작료 4할 인하를 요구하며 추수거부, 소작료불납동맹으로 맞섰다. 지주 문재철과 일제 경찰은 소작인들에 대한 습격과 연행 등 폭력으로 대응했다. 이에 소작인들은 목포로 나가 경찰서, 법원 앞에서 시위를 벌였다. 암태도 소작농민항쟁은 여론을 일으켜 사회문제로 대두되었고 일제는 쟁의 확산을 차단하기 위해 중재에 나섰다. 그 결과 소작료 4할, 미납소작료 분납, 쌍방 고소 취하 등의 내용으로 합의가 이루어졌다. 약 1년에 걸친 쟁의는 소작인 측의 승리로 일단락되었다.

[20] 한국민족문화대백과사전, <https://encykorea.aks.ac.kr>에서는 다음과 같이 설명하고 있다. 이엽사농장은 일본인 대지주들이 공동 경영하던 전형적 식민지 농업회사로 당시 7.5할이라는 고율의 소작료를 징수하고 있었다. 옥구농민조합은 소작료를 4.5할로 인하해 줄 것을 요구하였으나 농장 측은 이를 거부하였다. 조합은 소작료불납을 결의했고 경찰은 조합 간부들을 체포하며 탄압했다. 이에 분개한 소작인들은 경찰주재소를 습격해 검거된 간부들을 구출하였다. 하지만 거듭된 폭력과 탄압으로 80여 명의 소작인이 검거되었고 이 중 31명이 치안유지법 위반이란 명목으로 유죄판결을 받았다. 이엽사소작쟁의는 농민조합의 주도하에 일제의 식민수탈에 정면으로 대항한 항일농민운동으로 1920년대 후반 농민운동의 특징을 잘 보여주는 사건이라 할 수 있다.

역에 가장 많은 수의 조합이 조직되었다.[21]

단천도 예외가 아니었다. 1920년대 결성된 단천농민동맹은 각 면·리에 지부·반조직을 설치한 후 1,600여 명의 조직원을 확보하였다.[22] 이렇게 일제에 대한 저항에 준비된 단천 농민들은 일제의 삼림조합 설치에 반대하며 1930년, 격렬하게 충돌하였다.

일제는 이미 1908년 '삼림법'을 통과시켜 엄청난 공유림을 국유림화하였으며, 1911년에는 '삼림령'을 공포하고 농민들의 임야이용을 제한하였다.[23] 이어서 1920년대 중반, 일본 내 목재 수요 증가에 따라 산림 보호와 개발이라는 미명 아래, 각 군별로 모든 민유림 소유자를 조합원으로 하는 '삼림조합'을 조직했다.[24] 삼림조합은 조합원에게 조합비는 물론 다양한 명목의 부과금을 징수하였으며, 민유림 소유자들의 벌목은 물론 입산을 금지하였고, 이를 어길 시 벌금을 부과하거나 심한 경우 구속하기도 하였다.[25]

1930년 5월 1일, 단천에도 어김없이 삼림조합이 구성되었다. 그러나 같은 해 7월, 삼림조합 간부가 도벌을 이유로 임산부를 폭행하는 사건이 발생하였고, 농민들은 이에 격렬하게 항의하였다. 7월 20일 단천 군민 2,000여 명은 군민대회를 열고 삼림조합의 해체와 구속자 석방을 요구하며 군수 면담을 요청했다. 하지만 이를 제지하는 경찰과 충돌이 발생했고, 경찰은 무차별 발포로 맞섰다. 다음날 21일에도 격렬한 시위는 계속되었고, 이 과정에서 17명의 군민이 사망하였다.

단천 산림조합 반대운동은 농민들의 생존적 불만이 식민지배 자체를 타파하기 위한 대규모 투쟁으로 발전한 대표적인 농민운동으로, 3·1운동 이후 가장 많은 인명피해를 낸

[21] 한국민족문화대백과사전, <https://encykorea.aks.ac.kr>.

[22] 이준식, "단천 삼림조합 반대 운동의 전개 과정과 성격", 「한국사회사연구회 논문집」, 제28집, 1991년, p. 114.

[23] 우리역사넷, <http://contents.history.go.kr>.

[24] 이준식, 앞의 논문, p. 118.

[25] 한국역사연구회, <http://www.koreanhistory.org>.

대규모 투쟁이었다.[26] 북한은 단천 산림조합 반대운동을 '단천농민폭동'이라고 칭하며, '원산총파업', '광주학생운동', '평양고무공장 파업' 등과 함께 일제강점기의 대표적인 대중투쟁 사례로 소개하고 있다.[27]

- 단천이 낳은 대한민국 임시정부 초대 국무총리 이동휘

사진 1. 이동휘

대한민국 임시정부 초대 국무총리 이동휘는 1873년 6월 20일 함경남도 단천군 파도면 대성리에서 아전을 지낸 이승교의 아들로 태어났다.[28] 이동휘는 아버지를 이어 단천군 수의 통인[29] 으로 일하던 중 군수의 패악질을 보다 못해 화로를 뒤집어씌우고 도망쳤다. 아버지의 소개로 함경남도 병마절도사 이용익에게 몸을 의탁해 화를 피했다.

그렇게 아버지 이용익의 도움으로 한성무관학교에 입학하여, 1897년 1회 졸업생이 되

26   이준식, 앞의 논문, p. 108.

27   사회과학원 력사연구소, 『력사사전2』, (평양: 과학백과사전종합출판사, 2000).

28   본고의 이동휘에 대한 소개는 포항공대 정진호 교수의 저서 『여명과 혁명, 그리고 운명』, (포항: 도서출판 울독, 2021)의 내용을 참고하였다.

29   조선시대 지방관서 소속으로 지방 수령의 사환이라 할 수 있다. 지역에 따라 공생, 연직 등으로도 불리었다고 한다.

었다. 이후 궁전친위대[30] 근위장교, 원수부[31] 군무국원 등을 거쳐 1902년 강화도 진위 대장[32]에 임명되었다. 당시 이동휘는 '개혁당'[33]에 가입해 활동하고 있었으며, 잠두교회 (현 강화중앙교회) 김우제 전도사와 교우하며 기독교인이 되었다. 1905년에는 진위대 장을 사직하고 보창학교 교장, 교회 권사로 학교 설립과 애국계몽 활동에 전념하였다. 뒤이어 1907년, 대한제국의 군대 해산에 분노한 강화도 진위대가 봉기를 일으켰으나, 일본군에 의해 50여 명이 살해되고 진압되었다. 이때 이동휘는 이 사건의 주동자로 몰 려 체포되었으나, 미국 선교사 벙커의 노력으로 약 4개월 만에 석방되었다. 석방 후에 는 신민회 발기인[34]으로 참여하였으며, 서북학회[35]를 창립했다. 북한에서도 서북학회 가 서북협성학교[36]를 중심으로 한 학교설립 운동과 월보 '서북학회'를 통한 계몽활동으 로 "광범한 군중의 민족적 자각을 높이며 그들이 민족교육운동에 광범히 참가할 수 있 게 하는 데 이바지하였다"고 평가한다.[37] 이후 이동휘는 함경도 전역을 돌며 학교 설립

---

[30]　일본 주도로 조직된 훈련대가 을미사변(1895년)이후 해체되고 왕실과 수도의 경비를 담당하는 친위대와 지방에 주둔한 진위대로 개편되었다.

[31]　대한제국 때 설치되었던 황제 직속의 최고 군통수기관으로 1899년 설치, 1904년 폐지되었다.

[32]　강화도는 한강을 통해 수도 서울로 접근할 수 있는 전략적 요충지로 진위대장은 참령으로 3품이었으며, 당시 병력 은 약 1,000명이었다. 이와 관련한 구체적 내용은 서태원, "강화지방대·강화진위대연구(1896~1907)", 「한국사연구」, 제168호, 2015, pp.175~217.

[33]　1902년 민영휘, 이준 등이 조직한 비밀결사로 유사시에 친일 내각을 무너뜨리고 정권을 장악하여 개혁을 시행할 목적으로 조직되었으며, 민영휘, 이준 외 이상재, 민영환, 이상설, 양기탁, 노백린, 이갑 등 배일파 인물들이 망라되어 있 었다.

[34]　신민회 발기인은 7인으로 안창호, 양기탁, 전덕기, 이동휘, 이동녕, 이갑, 유동열이었으며 노백린, 이승훈, 이시영, 이회영, 이상재, 윤치호, 김구, 신채호, 박은식 등이 중심이 되어 조직되었다.

[35]　교육을 통한 실력양성으로 국권회복과 근대문명국가 탄생을 목적으로 조직된 애국계몽단체로 안창호, 이갑, 박은 식 등 평안도, 황해도 중심의 서우학회와 함경도 출신의 이동휘, 이준 등이 조직한 한북흥학회가 통합하여 발족했다.

[36]　'서우학회'의 '서우사범학교'(1905년 11월 1일 설립)와 '한북흥학회'의 '한북의숙'(1907년 1월 3일 설립)이 통합 해 1908년 11월 3일 경성에 '서북협성학교'가 설립되었다. 이후 전국에 63개의 지교를 설치하였으나 1910 한일병탄 후 서북학회가 강제 해산되며 오성학교로 교명을 고쳤으나 1918년 4월 총독부로부터 폐교 조치당했다. 이후 '오성강습 소'(1922년 3월 설립), '협성실업학교'(1927년 7월 1일, 오성강습소를 개편)를 거쳐 오늘의 광신중학교, 광신정보산업고 등학교로 이어지고 있다.

[37]　'박득준, "서북학회와 그 애국문화활동에 대하여", 「력사과학」 1986년 2호, pp. 44~47.

과 교육진흥을 호소하는 한편, 기독교 전도 활동에 전념했다.

그러다가 1910년 한일병탄조약 체결 이후에는 신민회 사건 등으로 옥고를 치르고 인천 앞바다의 대무의도에 유배된 후 석방되었으며, 1913년 압록강을 넘어 중국으로 망명하였다. 망명 후에는 간도의 명동촌에 잠시 머물다가 블라디보스토크의 신한촌으로 이주하였고 이상설, 이동녕 등과 함께 '대한광복군정부'를 조직하고 부통령이 되었다. 이후 무관학교를 설립하고 독립군 양성에 주력하는 한편, 중국과 러시아 지역의 무장 세력을 연계하기 위해 분투하였다.

1917년 러시아에서 2월 혁명이 일어난 후, 이동휘는 사회주의를 처음 접하게 되었다. 그리고 이후 러시아 볼셰비키와의 연대를 통해 항일무장투쟁을 전개할 것을 주장하였다.[38] 1918년에는 하바롭스크에서 김알렉산드라, 김립 등과 함께 최초의 한인 사회주의 정당인 '한인사회당'을 창당하였고 위원장으로 선출되었다. 뒤이어 1919년, 대한민국 임시정부가 수립되어 초대 국무총리에 취임하였다. 이때 이동휘는 대통령제에서의 임시정부 활동에 한계를 체험하였고 이를 극복하기 위해 노력하였으며, 임시정부 쇄신안을 제출하였으나 국무회의에서 부결되자 1921년 임시정부를 떠났다.

이후 이동휘는 '한인사회당'을 (상해파) '고려공산당'[39]으로 재편하였고(1921년) 공산주의 세력 간의 통합에 전념하였다. 그러나 그의 노력에도 불구하고 한인 공산주의 세력 내의 통합은 사실상 실패로 돌아갔다. 이때 이동휘는 일선에서 물러나 블라디보스토크 신한촌의 도서관장과 국제혁명자후원회 고려부 책임자로 활동하다가 1935년 1월 31일 블라디보스토크의 자택에서 62세를 일기로 세상을 떠났다. 대한민국 정부는 선생의

---

[38]   우리역사넷, <http://contents.history.go.kr>.

[39]   이동휘 중심의 (상해파) 고려공산당이 출범한 1921년 5월, 또 하나의 고려공산당이 결성되었는데, 이를 (이르쿠츠크파) 고려공산당이라고 칭한다. 상해파는 이동휘가 결성한 한인사회당을 모태로 출범하였으며, 블라디보스토크 등 동부 시베리아를 거점으로 반일운동을 활동의 중심에 두었다. 반면, 이르쿠츠크파는 1920년 조직된 '이르쿠츠크공산당 고려부'를 모태로 서부 시베리아의 볼셰비키 활동을 중요시하였다. 1920년대 두 세력은 한인 공산주의 운동의 주도권을 두고 격렬하게 대립하였다.

공훈을 기리어 1995년 건국훈장 대통령장을 추서하였다.

일부 비판적인 시각을 가진 이들은 이동휘를 함경도를 대표하는 인물로 이해하거나 공산주의 활동을 이유로 그의 공적을 폄하하기도 한다. 하지만 오랫동안 이동휘를 연구했던 반병률 교수(전 한국외대)는 그를 "자신의 정치적 이해관계나 이념과 지역적 파벌을 초월하여 민족 대동단결을 중시한, 자기희생을 감수할 줄 아는 결단력 있는 인물"이며, 민족주의와 공산주의 양대 세력을 "통합하고자 했던 흔치 않은 민족혁명가"로 "남북분단과 냉전의 가장 큰 피해자"라고 평가한다.[40]

- 단천 지역의 광물자원 수탈

몇 년 전 '미스터 선샤인'이라는 드라마가 인기리에 방영되었다. 이 드라마 9화에서 죽음을 목전에 둔 의병이 이렇게 이야기한다. "작금의 조선에는 조선의 것이 없다. 아라사(러시아)는 압록강 두만강의 산림에 경원광산, 종성광산을 수탈해 갔다. 미국은 운산광산에 수도 전차 전기 경인선을! 일본은 직산광산 경부선 경원선을! 영길리(영국)는 은산광산, 법국(독일)은 경의선을 수탈해 갔다." 이 대사의 시점은 1900년대 초로, 을사늑약이 체결되기 전이다. 조선의 이권을 두고 각축을 벌였던 열강들의 주요한 관심은 광산, 특히 금광과 철도 부설권 등이었으며, 드라마의 대사는 이를 잘 반영하고 있다.

서구 열강은 앞선 기술을 바탕으로 지질 및 광상[41]조사를 진행하였고, 조선의 금광을 차지하기 위한 경쟁을 벌였다. 처음에는 주요 금광이 아니었던 단천의 광산은 열강의 관심 밖이었다. 하지만 1910년 한일병탄 이후 일제에 의한 본격적인 한반도 지질조사가 진행되면서 상황은 달라지기 시작했다. 일제 초기에는 총독부 농상공부 광무과에

---

[40]   반병률, "이동휘-선구적 민족혁명가·공산주의운동가-", 「한국사 시민강좌」 제47집, 2010. 8, pp. 2~3.

[41]   광상 한국민족문화대백과사전<https://encykorea.aks.ac.kr/>
인류 생활에 유용한 원소나 광물이 지각 내에 많이 모여 있는 부분. 일반적으로 유용물질을 채광하여 경제적인 이익을 얻을 수 있는 부분을 뜻함

서 광업을 포함한 지질·자원 조사업무를 담당하였으나, 곧 전담 연구조직의 필요성이 대두되었고 1918년 조선총독부 지질조사소가 설치되었다.[42] 지질조사소는 1919년 9월부터 단천 검덕광산의 지질과 광상을 조사했다.[43] 초기에는 조사 참여자들 간의 이견으로 검덕광산의 개발 가치를 낮게 판단했으나, 당시 조사에 참여했던 일본인 지질학자 다테이와 이와오[44]의 노력으로 조사가 지속되었다. 결국 검덕을 비롯한 단천 일대는 아연, 연, 은 등을 산출하는 광산으로 확인되었으며, 이에 따라 본격적으로 개발되기 시작하였다.[45] 1930년 총 284개소였던 광산 수는 1935년까지 무려 2,735개소로 증가하였다. 그중 금은광산은 2,455개소로, 1930년대까지 조선의 광산은 금은광산의 비중이 압도적이었다.[46]

이후 중일전쟁(1937년), 태평양전쟁(1941년) 등으로 전선이 확장되면서 식민지에 대한 일제의 동원과 수탈이 강화되었다. 특히 군수물자를 생산하기 위해 필수적인 철광, 동, 연, 아연, 마그네사이트 등의 광물생산에 총력을 기울였다.[47] 1930년대 중반, 검덕광산에는 천 명 이상의 농민들이 도로 확장, 삭도 건설, 탐광 굴진 등에 강제 동원되었고 연, 아연의 수탈도 본격화되었다. 북한의 기록에 의하면 1942년부터 1945년까지 검덕광산

---

[42] 원병호 외, "한반도 근대 지질·자원 조사 전담 기구의 출현 및 발달사",
「지질학회지」, 제53권 제6호, 2017년 12월, p. 824.

[43] 조선 제일의 은광이라 할 수 있는 검덕광산은 1917년부터 광산개발권이 일제에 완전히 넘어갔다.

[44] 김성용 외, "일제강점기 일본인 지질학자 다테이와 이와오의 한반도 지질연구 성과고찰" 「자원환경지질」 제48권 제5호, 2015, pp. 401~408에 따르면 다에이와 이와오는 동경제국대학 지질학과를 졸업 직후인 1919년 지도교수의 권유로 조선 지질조사소 지질기사가 되었다. 이후 지질조사소 3대 소장에 취임해 1945년 일제 패망 때까지 근무하였다. 한반도에서 약 26년간 근무하여 1:5만 축척의 지질 도폭 21매를 작성했다. 이후 일본 도쿄대학에서 여러 저술활동을 진행했으며, 1982년 사망했다.

[45] 위의 논문, p. 403.

[46] 추경국 외, 『국가기록원 일제문서해제 –광업·미곡편–』, (국가기록원: 대전, 2013), p. 211.

[47] 위의 책, p. 211에 따르면, 일제는 1938년 5월 '조선중요광물증산령'을 공포하고 '금광, 은광, 동광, 석(錫)광, 안피몬광, 수은광, 아연광, 철광, 유화철광, 크롬철광, 망간광, 수연광, 니켈광, 코발트광, 흑연, 석탄, 운모, 명반석, 중정석, 형성, 마그네사이트, 사금 및 사철' 등 25종을 중요광물로 규정하고 증산을 독려했다.

에서 7,700여 톤의 연과 32,900여 톤의 아연이 일제에 약탈당하였다고 한다.[48] 1930년에는 마그네사이트 광상인 룡양광상이 발견[49]되었고, 1930년대 후반부터 룡양광산 개발이 본격화되었다. 1942년에는 조선마그네시아회사(현 단천마그네사공장)가 설립되어서 일 200~300톤의 마그네사이트를 생산했다고 한다.[50]

한편, 1936년 단천 지역 광산에 전력을 공급하기 위해 '허천강수력발전소' 공사가 착공되어 1940년에 완공되었다.[51] 1939년 9월에는 단천의 광물자원 수탈을 위한 단풍선(단천~풍산, 80.3km) 철도가 부설되었다.[52]

해방 이후 단천

- 초기 북한 경제 성장과 단천의 광업 개발

6.25전쟁의 여파로 북한의 주요 생산시설은 대부분 파괴되었다. 이에 북한은 "전후 경제건설에서 중공업의 선차적 복구발전을 보장하면서 경공업과 농업을 동시에 발전시키는 방향"[53]을 제시하였고 '전후복구 3개년 계획'(1954~1956년), '인민경제발전 5개년 계획'(1957~1960)[54]을 진행했다. 이 시기 북한경제는 전후복구라는 특수한 시대적 상황과 더불어 구소련, 중국 등 사회주의 국가들의 대규모 원조와 천리마 운동 등 광범위

---

[48] 백과사전출판사, 『조선대백과사전 1』, (평양: 백과사전출판사, 1995), p. 571.

[49] 백과사전출판사, 『조선대백과사전 8』, (평양: 백과사전출판사, 1999), p. 12.

[50] 이경환 외, 『한국광업백년사』, (한국광업협회: 서울, 2012), p. 408.

[51] 한국민족문화대백과사전, <https://encykorea.aks.ac.kr>.

[52] 한국민족문화대백과사전, <https://encykorea.aks.ac.kr>.

[53] 김일성, "모든 것을 전후인민경제복구발전을 위하여", 『김일성저작집 8』, (평양: 조선로동당출판사, 1986), p. 13.

[54] 인민경제발전 5개년 계획은 1957년부터 1961년까지 진행될 예정이었으나 계획 기간을 앞당겨 조기 달성하여 1960년 종료되었으며, 1961년부터 1차 7개년계획이 진행되었다. 북한은 전후복구 3개년 계획을 통해 전쟁 이전 수준에 도달하였으며, 5개년 계획 기간의 목표는 공업화 기초 구축과 식의주문제를 기본적으로 해결하는 것이었다.

한 대중동원체계에 힘입어 큰 성과를 거두었다.[55]

1961년부터 진행된 '1차 7개년 계획'(1961~1970년)[56] 기간에는 단천지역의 광업에 대한 투자가 본격화되었다. 1961년 김일성 주석은 단천을 방문해 '룡양광산'과 '단천마그네샤공장', '검덕광산'을 현지지도하며 생산을 확대하기 위한 과제를 제시했다. '룡양광산'과 '단천마그네샤공장'에는 마그네사이트 광석과 '마그네샤크링카(마그네시아 클링커, magnesia clinker)'[57]의 증산을 위한 투자와 설비 현대화 등을 지시하였고, 특별히 '마그네샤크링카'는 금덩이와 같은 귀중한 외화원천이라며 생산량 확대를 당부했다.[58] 검덕광산은 김일성 주석 방문 이후 '고속굴진운동'을 진행해 여러 갱도가 새롭게 건설되었고, 1967년에는 제2 선광장이 완공되었다.[59] 1963년 12월 26일에는 단천지역 광물 생산확대를 과학기술적으로 뒷받침하기 위해 '단천광업연구소'가 설립되었으며[60], 1967년 2월 8일에는 마그네사이트를 활용한 내화물을 전문으로 연구하는 '내화물연구소'도 설립되었다.[61]

- 북한의 수출 증대 정책과 신단천 건설

1960년대 말까지 북한은 대외무역을 최소한의 범위와 규모로 제한하며 구소련 중국

---

[55] 양문수, "북한의 경제발전전략 70년의 회고와 향후 전망", 「통일정책연구」, 제24권 2호, 2015, pp. 35~36.

[56] 위의 논문, p. 36에 따르면 1차 7개년 인민경제계획은 1961년부터 1967년까지 진행될 예정이었으나 1966년 계획을 3년 연장하기로 결정했다. 기간의 연장에도 불구하고 당초 계획목표는 전반적으로 미달된 상태에서 종료되었다.

[57] 부산일보, 2016.11.20, "북한수출 '백금이 효자'", <https://www.busan.com/view/busan.view.php?code=20001111000042>에 따르면 마그네시아 클링커는 마그네사이트 등을 섭씨 1,500캘 이상의 온도에서 구운 덩어리로 고열에서 견디는 내화성이 좋아 우주항공산업의 필수적 소재로 알려져 있으며 시멘트, 고무, 도자기 공업 등에도 널리 사용되고 있다.

[58] 백과사전출판사, 『조선대백과사전 6』, (평양: 백과사전출판사, 1998), p. 16.

[59] 백과사전출판사, 『조선대백과사전 1』, (평양: 백과사전출판사, 1995), p. 572.

[60] 조선중앙통신, 2013.12.25, "단천광업연구소 창립 50돐을 기념".

[61] 조선중앙통신, 2017.2.7, "단천지구광업총국 내화물연구소 창립 50돐을 기념".

을 중심으로 사회주의 국가들과 무역을 진행했으나, 1970년대에 들어 일본, 프랑스, 영국, 독일 등 서방세계와의 무역을 확대했다.[62] 하지만 서방세계와의 무역확대 정책은 무역수지 적자와 대외채무 증가라는 문제를 불러일으켰고, 북한은 외화 난에 허덕이게 되었다.[63] 이에 1970년대 후반부터 북한은 외채문제 해결을 위해 대외무역의 중요성을 강조하며 수출 증대에 매진하게 된다.[64]

이때 북한의 수출과 외화 확보에서 단천은 막중한 역할을 수행하였다. 이는 1979년 김일성 주석이 "단천은 나라의 외화문제 해결에 중요한 역할을 수행하고 있다"며, "유색금속과 마그네샤크링카를 많이 생산해 팔아야 한다"고 발언한 것에서 확인할 수 있다.[65] 1989년에는 단천이 '북한 경제 발전의 생명선[66]'이라며 생산 능력 확대를 강조하기도 하였고, 1983년 단천 현지지도 과정에서 "단천은 북한 외화수입의 63%를 차지한다"고도 하였다. 김일성 주석의 표현 그대로 단천은 북한 경제의 생명선이었다고 할 수 있다.

이에 따라 단천 지역의 광산과 기업에 대한 생산 독려와 투자도 지속적으로 진행되었다. 1974년 신년사에서 김일성 주석은 "빨리 늘어나는 유색금속광물을 제때 처리하기

---

[62]   양문수, 앞의 논문, p. 42에 따르면 서방세계와의 무역은 1974년 피크에 달해 자본주의국가들로부터의 수입이 전체 무역의 53.7%를 기록하기에 이른다.

[63]   위의 논문, pp. 42~43.

[64]   임강택, 『북한 대외무역의 특성과 무역정책 변화전망』, (서울: 민족통일연구원, 1998), p. 12.

[65]   김일성, "함경남도 도당위원회와 중요 공장, 기업소 당위원회 앞에 나서는 중심과업에 대하여(1979.6.4.)", 『김일성저작집 34권』 (평양: 조선로동당출판사, 1987), p. 110의 전체 발언은 다음과 같다. "단천지구광업련합기업소는 나라의 외화문제를 푸는 데서 매우 중요한 자리를 차지하고 있습니다. 우리가 세멘트를 많이 생산하여 팔고 있지만 그것만 가지고는 나라의 외화문제를 풀지 못합니다. 외화를 많이 벌자면 세멘트 생산을 늘리는 것과 함께 유색금속과 마그네새크링카를 많이 생산하여 팔아야 합니다."

[66]   김일성, "함경남도의 경제사업에서 전환을 가져올 데 대하여(1989.8.24~26)", 『김일성저작집 42』, (평양: 조선로동당출판사, 1995), p. 50의 전체 발언은 다음과 같다. "단천지구는 우리 나라의 대규모유색금속생산기지이며 마그네샤크링카생산기지입니다. 단천지구의 광업을 발전시켜야 외화를 많이 벌 수 있으며 나라나라의 경제를 빨리 발전시킬 수 있습니다. 단천지구는 우리 나라의 경제발전에서 생명선이라고 말할 수 있습니다. 오늘 단천지구광업련합공업성과 단천시당위원회 앞에 나서는 중요한 과업은 첫째로 생산을 정상화하는 것이며, 둘째로 생산능력을 늘리기 위한 기본건설을 계획적으로 추진하는 것이며, 셋째로 인민들의 생활수준을 높이는 것입니다."

위하여 유색야금공장들에서 설비이용률을 더욱 높이며 단천지구에 현대적인 대규모의 유색야금기지를 새로 창설할 것"을 지시했다.[67] 하지만 단천제련소는 1976년에 착공해 1984년 7월 1일부터 시운전을 거쳐 1985년에야 생산을 시작하였다.[68]

1975년부터는 검덕광산의 지하 갱도로부터 선광장까지 9,000여 미터에 이르는 장거리 '벨트콘베아 수송선' 설치 공사가 시작되었고, 1980년 7월 완공되었다.[69] 룡양광산 갱도증설, 단천마그네샤 공장 확장공사도 1970년대에 진행되었다.

단천지역 광산 및 기업들의 생산확대를 위해 노동력의 확보도 중요한 과제로 대두되었는데, 이때 제대군인들이 대규모로 투입되었다. 하지만 이들에게 주거시설을 제대로 보장하지 못해 문제가 제기되었으며[70], 1982년 김일성 주석의 지시로 신단천 건설이 추진되었다.[71] 이와 같은 상황에서 단천의 인구는 급격하게 증가하여 1982년에는 북한의 10대 도시에 이름을 올리게 되었고, 1982년 8월, 단천시로 승격되었다.

단천

---

67   김일성, "신년사", 『김일성저작집 29』, (평양: 조선로동당출판사, 1985), p. 6.

68   백과사전출판사, 『조선대백과사전 6』, (평양: 백과사전출판사, 1998), p. 19.

69   백과사전출판사, 『조선대백과사전 1』, (평양: 백과사전출판사, 1995), p. 572.

70   로동신문, 1982.10.2,"위대한 수령 김일성동지의 현지교시를 높이 받들고 신단천 건설을 힘있게 다그치자".

71   양문수, 앞의 논문, p. 42에 따르면 서방세계와의 무역은 1974년 피크에 달해 자본주의국가들로부터의 수입이 전
김일성, "신년사", 『김일성저작집 29』, (평양: 조선로동당출판사, 1985), p. 6.

	1925	1935	1940	1967	1972	1980	1982	1987	1993	2008
1	평양	평양	평양 (286)	평양 (1,555)	평양 (1,847)	평양 (1,907)	평양 (1,907)	평양 (2,355)	평양 (2,741)	평양 (3,225)
2	원산	개성	청진 (198)	함흥 (424)	함흥 (498)	함흥 (594)	함흥 (613)	남포 (715)	남포 (731)	함흥 (769)
3	진남포	원산	원산 (79)	원산 (226)	청진 (407)	청진 (509)	청진 (531)	함흥 (701)	함흥 (710)	청진 (668)
4	청진	함흥	개성 (72)	청진 (226)	개성 (326)	신의주 (271)	남포	청진 (520)	청진 (582)	남포 (367)
5	신의주	진남포	함흥 (75)	신의주 (170)	신의주 (272)	원산 (233)	신의주 (276)	순천 (356)	개성 (334)	원산 (363)
6		청진	진남포 (69)	강계 (170)	원산 (217)	평성 (199)	단천 (259)	개성 (331)	신의주 (326)	신의주 (359)
7		신의주	해주,김책 (62)	개성,남포 (141)	남포,해주,강계 (163)	강계 (194)	원산 (242)	신의주 (289)	원산 (300)	단천 (346)
8			신의주 (61)	해주,김책 (113)	김책 (136)	해주 (182)	평성 (212)	단천 (284)	평성 (273)	개천 (320)
9			나진 (38)	사리원,혜산,송림 (85)	평성,구성 (109)	사리원 (174)	강계 (198)	원산 (274)	사리원 (254)	개성,사리원 (308)
10			사리원 (35)	나진 (57)	사리원 (85)	김책 (168)	사리원 (187)	평성 (239)	해주 (229)	순천 (297)
11			강계 (26)	평성,구성 (28)	신포,송림 (81)	개성 (107)	해주 (184)	사리원 (221)	강계 (223)	평성 (284)
12			혜산 (16)		나진 (54)		김책 (172)	강계 (211)	혜산 (178)	해주 (273)
13							개성 (112)	해주 (195)		강계 (252)

표 2. 북한 도시의 인구순위 (1925~2008)
©홍민, "북한연구에서 '공간' 이해와 도시사의 가능성," 『사회주의 도시와 북한: 도시사와 연구방법』 (파주: 한울, 2013), p. 119.

김정은 시대, 사상초유의 산악협곡도시 건설 계획

자료 3. 김정은 위원장의 공개서한 보도 ⓒ로동신문, 2023.9.6.

2020년 9월 3일, 태풍 마이삭이 부산을 스치고 한반도 동해를 타고 북상하였다. 마이삭은 중심기압 950hpa, 평균 풍속 44m/s 의 매우 강한 태풍으로 북한의 함경도에 큰 피해를 남겼다. 북한 언론 보도에 따르면 함경도 해안지대 1,000여 세대의 살림집이 파괴되었고, 단천의 광산지역에는 2,000여 세대의 살림집과 수십 동의 공공건물이 파괴되거나 침수되었다. 심지어 59개의 다리가 끊어지고, 6만m의 도로와 3,500여m의 철길이 유실되어 교통이 완전히 마비되는 상황이 되었다고 한다. 김정은 위원장은 9월 5일 함경남도에 내려가 피해 상황을 직접 확인하였고, 당중앙위원회 정무국 확대회의를 소집해 피해복구 대책을 지시했다. 또한, 평양의 당원들에게 함경도의 피해복구 전투에 참여할 것을 호소하는 공개서한을 발송하였다.[72] 9월 8일에는 당 중앙군사위원회 확대회

---

[72]   로동신문, 2023.9.6.,
"경애하는 최고령도자 김정은동지께서 수도 평양의 전체 당원들에게 공개서한을 보내시였다".

의를 소집하고 단천 검덕지구 피해복구를 위해 국가적 비상대책을 수립해야 한다며 인민군에 과업을 하달하였는데, 연말까지 모든 피해를 100% 복구하라는 명령이었다.[73]

2020년 10월에는 직접 검덕지구를 방문해 피해복구 공사에 동원된 군인들을 격려하고 현장을 둘러보았다. 이날 김정은 위원장은 검덕지구의 살림집 현황을 보고는 "검덕지구가 인민경제의 중요명맥이라고 중시한다고는 하였지만 실지 검덕지구 인민들의 살림살이에 대해 응당한 관심을 돌리지 못하여 이렇게 뒤떨어진 생활환경 속에서 살게 한 데 대하여 심각히 자책해야 한다"며 피해를 입은 주택만 복구하는 것은 "정말 량심히 허락지 않을 것 같다"고 검덕지구에 "현대적인 살림집들을 건설하여 국가적인 본보기 산간도시, 세상에 없는 광산도시, 모든 사람들이 부러워할 사상초유의 산악협곡도시"로 만들겠다고 밝혔다.[74]

2021년 1월 진행된 조선로동당 제8차대회(2021.1.5.~12)에서 김정은 위원장은 '국가경제발전 5개년계획'의 주요 내용을 설명하며 건설부문에서 "굴지의 유색광물생산기지이며 로동계급의 대부대가 살고 있는 검덕지구에 2만 5,000세대의 살림집을 건설하여 세상에 없는 광산도시를 일떠세워야 한다"고 과제를 제시했다.[75] 그 결과 2021년 12월 29일에는 새로 건설된 살림집 입사모임이 진행되었다. 북한 로동신문은 김덕지구에 "편리성, 미학성의 원칙이 구현된 문화주택들이 일떠섬으로써 지방이 변하는 새시대의 선경이 또다시 펼쳐지게 되었다"고 평가했다.

73 로동신문, 2020.9.9., "조선로동당 중앙군사위원회 제7기 제6차확대회의 소집".

74 로동신문, 2020.10.14.,
"경애하는 최고령도자 김정은동지께서 함경남도 검덕지구 피해복구현장을 현지지도하시였다".

75 로동신문, 2021.1.9., "조선로동당 제8차대회에서 하신 경애하는 김정은동지의 보고에 대하여".`

마치며

2007년 노무현 대통령과 김정일 국방위원장은 10.4선언(공식명칭: 남북관계 발전과 평화번영을 위한 선언) 5항에서 경제협력을 위한 투자를 장려하고 기반시설 확충과 자원개발을 적극 추진하기로 합의하였다. 이에 따라 2007년 7월, 10월, 12월 3차례에 걸쳐 단천지역 3개 광산(검덕아연광산, 룡양마그네사이트광산, 대흥마그네사이트광산)에 대한 남북공동조사가 진행되었다. 북한의 광물자원에 대한 보도와 지하자원 협력을 통한 경제적 이익이 심심치 않게 거론되었다. 하지만 이후 구체적인 협력사업으로 현실화되지 못했고, 우리는 여전히 북한의 광물자원과 이를 통한 남북협력을 모색하고 있다. 물론 2023년 현재의 남북관계 상황에서는 아득한 이야기라 할 수 있다.

자료 4. 단천시 검덕지구에 새로 건설된 살림집 ©로동신문, 2020.11.27.

북한의 광물자원 개발에 대한 비관적인 전망도 존재하는 것이 사실이다. 실제 매장량과 북한의 열악한 기반시설 등을 반영하면 경제성이 높지 않다는 의견이다. 하지만 분명한 것은 과거에도 현재에도 단천은 북한 경제의 핵심 지역 중 하나라는 것이다. 단천을 두고 김일성 주석은 "북한 경제발전의 생명선", 김정은 위원장은 "인민경제의 중요 명맥"이라고 지칭했다. 만약 북한의 경제가 회복되는 미래가 온다면, 이는 필시 단천의 지하자원 개발의 결과가 될 것이다. 물론 지금은 유엔의 대북제재로 북한 광물자원에 대한 투자가 불가능하다. 하지만 언젠가는 누군가가 어떤 방식으로든 할 수밖에 없는 일이라 생각한다. 그 상대가 남한일 수도 있고 아닐 수도 있다. 어쩌면 북한에게는 상대를 가릴 여유가 없을지도 모르는 일이다. 다만 한반도의 자원이 침략국의 전쟁 준비에 이용되었던 과거를 거울 삼아 제3국의 이익으로 돌아가는 미래가 오지 않기를 간절히 소망한다.

이상으로 졸고를 마무리하려 한다. 몇 가지 역사적 사건과 키워드로 단천을 설명했으나 단천에 대한 충분하고 입체적인 설명이 되지 못할 것이라 생각한다. 새로운 친구를 소개할 때 키는 어느 정도이고 머리 모양은 어떻다는 식으로 그 친구의 특징과 장점을 중심으로 간략하게 설명한 것과 다름없는, 단천에 대한 짧은 소개로 이해해 주길 바란다.

참고문헌

단행본

고승희. 『조선후기 함경도 상업연구』. (서울; 국학자료원, 2003).

백과사전출판사. 『조선대백과사전 1』. (평양: 백과사전출판사, 1995).

　　　　　　. 『조선대백과사전 6』. (평양: 백과사전출판사, 1998).

　　　　　　. 『조선대백과사전 8』. (평양: 백과사전출판사, 1999).

사회과학원 력사연구소. 『력사사전2』. (평양: 과학백과사전종합출판사, 2000).

이경환 외. 『한국광업백년사』. (한국광업협회: 서울, 2012).

임강택. 『북한 대외무역의 특성과 무역정책 변화전망』. (서울: 민족통일연구원, 1998).

정진호. 『여명과 혁명, 그리고 운명』. (포항: 도서출판 울독, 2021).

추경국 외. 『국가기록원 일제문서해제 –광업·미곡편-』. (국가기록원: 대전, 2013).

논문

김성용 외. "일제강점기 일본인 지질학자 다테이와 이와오의 한반도 지질연구 성과고찰". 「자원환경지질」. 제48권 제5호, 2015.

김일성. "모든 것을 전후인민경제복구발전을 위하여". 『김일성저작집 8』. (평양: 조선로동당출판사, 1986).

　　　　. "함경남도 도당위원회와 중요 공장, 기업소 당위원회 앞에 나서는 중심과업에 대하여(1979.6.4.)". 『김일성저작집 34권』. (평양: 조선로동당출판사, 1987).

　　　　. "함경남도의 경제사업에서 전환을 가져올 데 대하여(1989.8.24.~26)". 『김일성저작집 42』. (평양: 조선로동당출판사, 1995).

　　　　. "신년사". 『김일성저작집 29』. (평양: 조선로동당출판사, 1985).

반병률. "이동휘-선구적 민족혁명가·공산주의운동가". 「한국사 시민강좌」. 제47집, 2010.

박득준. "서북학회와 그 애국문화활동에 대하여". 「력사과학」, 1986년 2호.

서태원. "강화지방대·강화진위대연구(1896~1907)". 「한국사연구」, 제168호, 2015.

이준식. "단천 삼림조합 반대운동의 전개 과정과 성격". 「한국사회사연구회 논문집」 제28집, 1991년.

양문수. "북한의 경제발전전략 70년의 회고와 향후 전망". 「통일정책연구」. 제24권 2호, 2015.

원병호 외. "한반도 근대 지질·자원 조사 전담 기구의 출현 및 발달사". 「지질학회지」. 제53권 제6호, 2017년 12월.

홍민. "북한연구에서 '공간' 이해와 도시사의 가능성". 『사회주의 도시와 북한: 도시사와 연구방법』. (파주: 한울, 2013).

언론보도

로동신문. 2023.9.6. "경애하는 최고령도자 김정은동지께서 수도 평양의 전체 당원들에게 공개서한을 보내시였다".

로동신문. 2020.9.9. "조선로동당 중앙군사위원회 제7기 제6차확대회의 소집".

로동신문. 2020.10.14. "경애하는 최고령도자 김정은동지께서 함경남도 검덕지구 피해복구현장을 현지지도하시였다".

로동신문. 2021.1.9. "조선로동당 제8차대회에서 하신 경애하는 김정은동지의 보고에 대하여".

로동신문, 1982.10.2, "위대한 수령 김일성동지의 현지교시를 높이 받들고 신단천 건설을 힘있게 다그치자".

부산일보. 2016.11.20. "북한수출 '백금이 효자'"

조선일보. 2019.2.20. "[박종인의 땅의 역사153] 조선은 은을 버렸고 일본은 은을 손에 쥐었다".

조선중앙통신. 2013.12.25. "단천광업연구소 창립 50돐을 기념".

조선중앙통신. 2017.2.7. "단천지구광업총국 내화물연구소 창립 50돐을 기념".

중앙일보. 2018.11.11. "[유성운의 역사정치] 재주는 조선이 넘고 돈은 일본이 벌었다 … 통한의 '연은술'".

인터넷 사이트

국사편찬위원회 조선왕조실록, <https://sillok.history.go.kr>

북한지역정보넷, <http://www.cybernk.net>

우리역사넷, <http://contents.history.go.kr>.

한국민족문화대박과사전, <https://encykorea.aks.ac.kr>.

한국역사연구회, <http://www.koreanhistory.org>.

여섯 번째 도시,

강릉

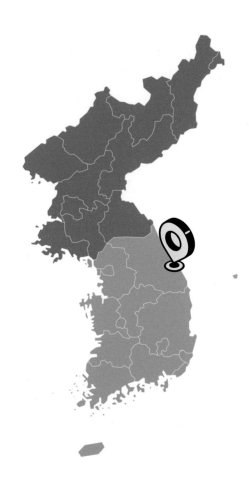

강릉　Gangneung

위치	강원특별자치도 영동지역 중앙
인구*	215,603명 (2020년 기준)
면적	1,040.38 km²
기후	온난한 기후, 여름철 강수량이 많음
GRDP**	63,214억 8,500만원

* 강릉시청 홈페이지
** 국가통계포털 KOSIS, "강원특별자치도 경제활동별 지역내총생산", 2021년 기준

산, 호수, 바다가 공존하는
영동의 중심 강릉

박현제

강릉원주대학교 남북바다자원교류원 원장

백두대간의 동쪽, 영동의 중심지역에 위치한 강릉은 동서방향으로 43.5㎞, 남북방향
으로는 45.9㎞에 달하며, 동해와 연접한 해안선 길이는 73.72㎞에 이르는, 강원도의
대표적인 해양도시이다. 인구는 약 21만명으로, 원주와 춘천에 이어 강원특별자치도
에서 세 번째로 큰 도시이며, 행정구역은 9동 1읍 7면으로 이루어져 있다. 강릉 지역
에 사람이 살기 시작한 시기는 선사시대 유적지를 통해 확인할 수 있고, 그 이후에도
다양한 역사적인 기록과 문화재를 살펴보면 강릉이 역사와 문화가 깊은 예향(藝鄕)의
도시임을 알 수 있다. 또한, 강릉의 지리적인 특성을 보면 남북으로 뻗어 있는 태백산
맥의 동쪽에 위치하고, 산으로부터 급격한 경사를 이루며, 동해로 흐르는 하천을 통
해 남북으로 분지형 시가지를 형성하고 있다. 이러한 특성은 강릉에 산, 호수(석호),
바다가 공존하는 천혜의 자연경관을 안겨주었고, 현재 우리나라의 대표적인 관광도
시로 성장하게 했다. 지금부터 역사와 문화를 곁들여 강릉의 산, 호수, 그리고 바다에
대한 이야기를 해보고자 한다.

강릉의 역사와 문화 그리고 현재

강릉 지역의 지명은 강릉의 오랜 역사와 함께 많은 변천사를 거쳐왔다. 이전 기록을 살펴보면, 고구려에서는 하서량(河西良) 혹은 하슬라(何瑟羅)라고, 신라 경덕왕 16년(757)에는 명주(溟州)라고 하였다. 이후 동원경(東原京)과 하서부(何西府)라 불리다가 고려 원종 원년(1260)에는 경흥도호부(慶興都護府)로 승격되었고, 충렬왕 34년(1308)에 드디어 지금의 명칭인 강릉부로 불리게 되었다. 다음으로 조선시대 초기 태조 2년(1393)에는 강릉대도호부(江陵大都護府)라 하였다가 1895년 갑오개혁 때 강릉군이 되었고 (한국지명유래집 중부편 지명, 2008), 최종적으로 1995년에 강릉시와 명주군이 통합하면서 현재의 강릉시로 불리게 된 것이다.

이러한 지명의 변천사와 함께 강릉에는 선사시대부터 조선시대까지 우수한 문화 사적지와 문화재가 곳곳에 남겨져 있다. 시대별로 대표적인 사적지를 살펴보면, 강릉 초당동 유적에서는 신석기 시대 중기 토기가 다수 출토되었고, 청동기와 철기시대 유물이 안인리와 강문동 유적지에서 발굴되기도 하였다. 대표적인 사찰터로는 통일신라 시대의 사적인 굴산사지가 유명한데, 굴산사지는 오늘날 강릉단오제의 주신(主神)으로 모셔지고 있는 범일국사가 창건한 사굴산문의 본산으로서, 그 역사적 위상과 가치가 매우 높다. 현재는 굴산사지의 흔적으로 당간지주가 남아있는데, 이때 절 입구에 당(幢)이라는 깃발을 달아두는 장대를 당간(幢竿)이라 하며, 이 당간을 양쪽에서 지탱해 주는 두 돌기둥을 당간지주라 한다. 굴산사지 당간지주는 현재 우리나라에서 가장 큰 당간지주로 알려져 있어, 당시 절의 크기를 짐작할 수 있는 근거가 되기도 한다.

고려시대와 조선시대의 대표 사적지로는 강릉대도호부 관아가 강릉 시내에 복원되어 현재 그 위용을 자랑하고 있다. 강릉대호부는 중앙의 관리들이 강릉에 방문했을 때 머물던 건물터이며, 현재는 사적 제388호로 지정되어 있다. 대도호부 내에는 강릉의 대표적인 문화재, 국보 제51호로 지정된 객사의 문인 임영관 삼문이 여전히 존재하는데, 고려 태조 때에 세워진 목조건물로 웅장한 건축미를 자랑하면서도 동시에 아름답고 섬세한 솜씨로 현재 고려 시대의 대표적인 건축물로 인정받고 있다. 이러한 강릉시의 수많은 문화유산이 그 가치를 인정받아, 2024년 강릉시는 기준 국가 지정 문화재 33점, 도 지정 문화재 91점 등 총 124점의 문화재를 보유하고 있다.

강릉

초당 신석기 유적지

굴산사지 당간지주

강릉대도호부 관아

임영관 삼문

자료 2. 시대별 강릉의 대표적인 사적지와 문화재
　　　ⓒ한국향토문화 전자대전, https://gangneung.grandculture.net/gangneung/toc?search=TT002

이 외에도 강릉의 문화와 인물을 대표하고 관광지로도 유명한 사적지를 몇몇 찾아볼 수 있다. 그중에서도 가장 유명한 곳은 오죽헌(烏竹軒)이다. 오죽헌은 조선시대의 대표적인 유학자인 율곡(栗谷) 이이(李珥, 1536~1584)와 그의 어머니인 신사임당이 태어난 집이자 몽룡실(夢龍室)이 있는 별당 건물이다. 1963년에 대한민국 보물로 지정되었으며, 가장 오래된 우리나라 주택 중 하나이다. 검은 대나무가 집 주변을 둘러싸고 있어 이름이 붙여졌고, 조선 중기 사대부 주택의 별당의 모습을 잘 살펴볼 수 있는 곳이다. 오죽헌 내에는 현재 강릉의 역사를 한눈에 볼 수 있는 강릉시립박물관과 세계 최초 모자(母子) 화폐인물의 주인공인 신사임당과 율곡을 기념하는 화폐전시관이 건립되어 있어 강릉을 대표하는 여행지로 잘 알려져 있다.

율곡과 신사임당 다음으로 강릉을 대표하는 인물에 조선시대 최초의 한글 소설 홍길동전을 지은 허균과 최고의 여류 문인으로 인정받고 있는 그의 누이 허난설헌을 빼놓을 수 없다. 이 두 남매를 기념하기 위해서 허난설헌 생가터에 허균·허난설헌 문학공원이 조성되어 있다. 허난설헌 생가터는 초당동 고택이라는 이름으로 허난설헌의 부친 허엽의 별장이 있던 곳이다. 고택 대문을 들어서면 널찍한 사랑 마당이 있고, 그 안에 네모난 구조의 본채가 서있다. 본채는 두 개의 대문을 기준으로 안채와 사랑채로 나뉘는데, 곳곳에 난설헌의 시가 남겨져 있다. 허균·허난설헌 기념 공원에서는 매년 봄가을에 교산문화제와 난설헌 문화제 등의 행사가 개최되고 있다.

오죽헌

모자 화폐전시관

허난설헌 생가터

선교장

자료 3. 강릉을 대표하는 인물과 관련된 문화재이자 관광지
©한국관광공사,
https://knto.or.kr/index

다음으로는 조선시대 사대부의 대표 가옥이자 전통문화를 간직한 중요민속자료 제5호
인 선교장(船橋莊)이 있다. 선교장은 99칸의 전형적인 사대부가의 상류주택으로 강릉
지방의 명문인 '이내번'이 처음으로 살기 시작하여 후손들이 대대로 거주하고 있는 곳이
다. 열화당 안채 동별당 그리고 활래정 등으로 구성되어 있다. 선교장은 조선 후기의 건
물뿐만 아니라 주거생활과 문화에 대해서도 함께 연구할 수 있는 곳이며, 주변에 송림
이 우거져 있고 낮은 동산이 병풍처럼 자리잡고 있어 고즈넉하고 평화로운 분위기를 자
아내는 강릉시의 대표적인 관광지이다.

자료 4.　강릉의 향토문화 강릉농악과 강릉단오제
　　　　강릉농악 모습: ⓒ강릉농악 보존회
　　　　단오제전수교육관: ⓒ한국관광공사
　　　　강릉단오제 포스터: ⓒ강릉단오제,
　　　　https://danojefestival.or.kr/

이어서 강릉농악(江陵農樂)과 강릉단오제(江陵端午祭)는 강릉의 향토문화의 대표 주
자이다. 강릉농악은 태백산맥 동쪽에 전승되어 오는 대표적인 영동농악 중의 하나로,
농경생활을 흉내내어 재현하는 농사풀이가 포함되어 있어 농사풀이농악이라고도 한다.
유래에 관한 정확한 기록은 없고, 농경생활을 시작하면서부터 발생한 것으로 추측된다.
강릉농악은 정월 대보름을 전후하여 3~4일간 농악대가 집집마다 다니면서 농악과 고
사를 하는 지신밟기, 마을의 공동 기금을 걷기 위해 걸립패로 꾸며 농악을 하는 걸립농
악, 모심기와 김매기 등을 할 때 하는 김매기농악, 김매기가 끝난 후 질 먹을 때 하는 질
먹기, 건립굿이나 봄철 화전놀이 때 큰 마당에서 벌이는 마당굿으로 구성되어 있다. 농

사의 고달픔을 잊고 서로의 화합과 마을의 단합을 도모하는 중요한 역할을 담당하였다고 한다 (출처: 국가유산청). 한편 강릉단오제는 단오를 전후하여 열리는 국내최대의 단오축제이자 강릉의 향토 제례 의식이다. 지역민들이 신에게 안녕 풍요 다산을 기원하는 공동체 의례로서 우리나라 단오의 특성을 잘 보여주는 대표적인 민속 축제로 알려져 있는 만큼 중요무형문화재 제13호로 지정되어 있으며, 그 독창성과 예술성을 인정받아 2005년에는 유네스코 인류무형문화유산에 등재되었다. 강릉시는 강릉단오제 전수교육관을 건립하여 지역을 대표하는 축제로 향토문화를 활성화하고 유지하고자 많은 노력을 기울이고 있다.

자료 5. 2018년 평창동계올림픽 로고와 강릉커피축제 포스터
©올림픽 웹사이트, https://olympics.com/ko/olympic-games/pyeongchang-2018
©강릉커피축제 웹사이트, https://www.coffeefestival.net/

강릉의 현재를 대표하는 행사와 문화에는 동계올림픽과 커피축제를 꼽을 수 있다. 우선 전 국민 거의 대부분이 알고 있듯, 2018년 평창동계올림픽대회 중 빙상 종목은 강릉 올림픽 파크 일원에 조성된 빙상 경기장에서 개최되었다. 이후로 강릉은 동계 스포츠 국내외 대회가 지속적으로 열리는 동계 스포츠 종목의 메카로 발전하였는데, 특히 2024년에는 세계 청소년 동계올림픽이 개최되어 성황리에 마무리 되기도 하였다.
한편 강릉은 국내 대표 커피도시로, 커피 축제를 최초로 개최한 곳으로도 잘 알려져 있다. 강릉이 이렇게 커피로 유명해진 것은 1세대 바리스타인 박이추 커피 명장 덕분이다. 커피 박물관, 커피 농장, 안목 커피 거리, 커피 공장, 바리스타 아카데미 등 커피와 관련된 다양한 콘텐츠를 구축하고 있을 뿐만 아니라, 현재 강릉시내에 500개가 넘는 커피전문점이 성업하고 있으며, 이중 대부분이 직접 로스팅을 하는 로스터리 카페이다. 명실상부한 커피의 고장이라고 할 수 있겠다. 이와 같은 커피 문화는 역사적으로도 거슬러 올라갈 수 있는데, 강릉지역은 1,000년 전 신라 화랑들이 차를 달여 마신 유일한 차 유적지 한송정(寒松亭)이 있는 곳으로, 예부터 차를 즐겨 마시는 고장인 것으로 알려져 있다. 지금도 다른 지역에 비해 다도 인구가 많은데, 이는 일찍부터 커피 문화가 발달할 수 있었던 이유 중 하나로 생각되며, 국내의 유명한 스페셜티 커피점들의 탄생지가 되기도 하였다.

이러한 문화관광도시로서의 강점 덕분에 강릉은 매년 국내외 관광객들이 즐겨 찾는 도시로 성장하게 되었고, 이를 바탕으로 부산 전주 목포 안동과 함께 도시관광의 선도모델 육성을 위한 관광거점도시로 선정되기도 하였다.

자료 6. 강릉을 대표하는 스페셜티 커피전문점

강릉의 지리적 특성: 산, 호수(석호), 그리고 바다

강릉의 산지

강릉의 서쪽에는 백두대간 능선(태백산지 능선)이 쭉 뻗어있고, 동쪽은 동해와 접하고 있다. 이와 같이 강릉 지역은 동서 간의 고도 차이가 매우 큰 편인데, 강릉 지역 서편의 능선은 고도가 매우 높을 뿐만 아니라, 남북 방향으로 길고 연속적으로 뻗어있다. 이와 같은 특성으로 인해 강릉에는 양간지풍(襄杆之風)이라 불리는 바람이 형성된다. 양간지풍은 봄철 이동성 고기압에 의해 영서지방에서 영동지방으로 부는 서풍으로 국지풍의 한 종류로서, '강원도 영동지방의 양양과 간성 사이에서 부는 바람', 혹은 '양양과 강릉 사이에서 부는 바람'이라는 뜻이다 (출처: 두산백과). 양양 지역에서는 '불을 몰고 온다'는 의미에서 화풍(火風)이라고도 하는데, 실제로 최근 몇 년간 강릉을 포함한 영동지방에 지속적으로 큰 산불이 발생하여 그 피해 규모가 매우 컸다. 또한 겨울에는 태백산맥이 해상에서 불어오는 바람을 강제로 상승시켜 눈구름을 발달시키기에, 다른 지방에 비해 더 강력한 대설현상이 나타나기도 한다.

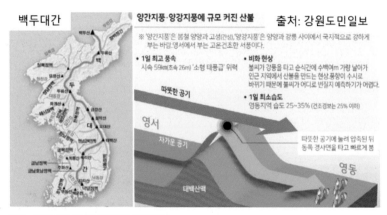

자료 7. 강릉의 지리적 특성과 양간지풍에 의한 산불발화 원인
©두산EnCyber백과사전
©강원도민일보, 2023.04.12,
https://www.kado.net/news/articleView.html?idxno=1178083

강릉 지역에 위치하고 있는 산 중에서 가장 대표적인 산은 오대산(五臺山)이라고 할 수 있다. 오대산은 강원도 강릉시 홍천군 평창군에 걸쳐 있으며, 태백산맥 중심부에서 서쪽으로 길게 뻗어나가는 차령산맥의 첫머리에 우뚝 솟은, 높이 약 1,565m의 전형적인 토산이다. 산의 정상은 비로봉(毘盧峯)이며, 크게 사찰들로 구성된 평창 오대산지구와

노인봉(老人峰: 1,338m) 일대의 강릉 소금강지구로 나뉜다. 1975년에 국립공원으로 지정되었고, 특히 소금강은 1970년 우리나라 명승 제1호로 지정된 계곡으로, 금강산을 축소해 놓은 풍경으로 유명하여 수많은 관광객과 등산객이 찾고 있다.

오대산과 함께 강릉의 산지 지형으로 잘 알려진 곳은 대관령(大關嶺)이다. 대관령은 태백산맥에 위치하며 평창군과 강릉시를 잇는 큰 고개 및 그 일대를 지칭한다. 대관령이라는 명칭이 처음 통용되기 시작한 때는 16세기경인데, 12세기 고려 시인 김극기가 이 지역을 '대관(大關)'이라 부른 바도 있다. 여기서 크다는 '대(大)'는 큰 고개를 가리키며, '관(關)'이라 함은 중요한 경계적 요새(要塞)로서 영의 동서를 가르는 출입구임을 말하는 것이다. 둘을 합쳐보면 '험난한 요새 관문' 정도로 의역할 수 있겠다 (출처: 두산백과). 대관령 일대는 황병산 선자령 발왕산 등에 둘러싸인 분지로 고위평탄면 지형을 이루어서 우리나라에서는 보기 드문 넓은 고원이 나타나며, 한국에서 가장 먼저 서리가 내리는 지역으로 유명하다. 고랭지 채소 및 씨감자의 주산지이자 목축업도 발달해 있으며, 연중 바람이 강하여 대규모 풍력발전 단지가 들어서 있다. 그리고 동물복지와 산림보존에 특화된 대규모 양떼목장이 있어 관광객의 많은 관심을 모으고 있다.

강릉

오대산 소금강　　대관령　　양떼목장

자료 8.　오대산 비로봉과 소금강 그리고 대관령과 양떼목장 전경
　　　ⓒ한국관광공사

대관령과 함께 방송을 통하여 간간이 소개된 안반데기 또한 관광객이 많이 찾는 곳으로 유명하다. 안반데기 마을은 1965년부터 산을 깎아 개간하여 화전민들이 정착하며 형성된 것으로 알려져 있다. 해발 1,100m의 고산지대로, 떡메로 떡을 치는 안반처럼 우묵

하면서도 널찍한 지형이어서 이와 같은 이름으로 불리게 되었으며, 배추밭이 산 전체를 덮고 있어 한때 척박했던 땅이 풍요로운 밭으로 바뀐 것을 확인할 수 있다.

- 강릉의 하구와 석호 <바다와 하천의 상호작용>

강릉에는 동해로 흘러나가는 크고 작은 하천들이 있는데, 바다와 하천이 만날 때 두 물이 섞이는 해역인 하구가 형성된다. 강릉의 대표적인 하천인 남대천과 연곡천이 바다와 만나는 경계에서 이러한 하구를 확인할 수 있다. 하구의 공간적인 범위는 하천의 계절적인 유량과 조류(潮流)에 따라, 하류에서 연안역까지 역동적으로 변한다. 하천의 역동성은 여름철에 뚜렷하게 나타나는데, 장마 때 높은 강수량과 이에 따른 유량 증가는 강릉 앞바다 방향으로 흘러 나가는 탁한 민물의 영향력을 높이고, 반대로 강한 조류로 바닷물이 경포호수까지 밀고 올라올 때면 맑고 투명한 강릉 앞바다의 하구를 확인할 수 있다. 이러한 특성은 생태계에도 영향을 미치는데, 대표적인 회유성 어종 연어가 강릉 연곡천의 하구에서 하천까지 거슬러 올라오는 것을 예로 들 수 있다.

사진 1. 동해안에서 바라본 연곡천
©오마이뉴스, 2023.05.27, https://www.ohmynews.com/NWS_Web/View/img_pg.aspx?CNTN_CD=IE003156247

석호(潟湖)는 하나의 지리적 특성으로 사주섬이나 산호초에 의해 외해의 큰 수괴와 분리된 얕은 수역을 말한다. 크게 연안석호(coastal lagoons)와 환초석호(atoll lagoons)로 구분할 수 있다. 석호는 해안에서 연안류나 파랑에 의해 퇴적물이 이동하고 퇴적되면서, 만이었던 곳의 입구가 막혀 바다와 분리되어 형성된다. 석호는 해안의 퇴적물이 사질(모래가 많이 포함된 토양)이나 역질(자갈이 많이 포함된 토양)로 구성된 곳에서 주로 발달하는데, 수리학적으로 하구의 수괴와 연안석호는 여러 공통점을 보이기 때문에 명확하게 구분 짓기 어렵다. 석호는 전 세계 해안에서 흔하게 관찰되는 연안의 지형이며, 자연적으로 형성되는 석호와 거주용 관광용 혹은 환경공학적으로 폐수를 관리하기 위해 인위적으로 만들어진 인공석호 둘 다 존재한다.

강릉을 비롯한 동해 연안의 석호는 6천년 전에 형성된 것으로 알려져 있으며, 이는 우리나라에서 희소성 있는 지리적 특성이다. 강원도에는 15개 이상의 석호가 존재하는 것으로 알려져 있는데, 이 중 강릉에는 경포호, 순포호, 매호, 향호 등이 동해 연안을 따라 자리잡고 있다. 강릉 지역의 석호는 화강암 분포지에 주로 형성되어 있으며, 지반이 융기하며 곡지로 변하게 된 것으로 추정된다. 강릉 내 큰 규모의 하천(강릉의 남대천, 연곡면 연곡천, 사천면 사천)에는 석호가 분포하지 않고, 주로 작은 규모의 하천의 하류에서 석호가 발견되는 특징을 확인할 수 있다. 이는 많은 양의 물이 흐르는 큰 규모의 하천에서는 상대적으로 많은 양의 토사가 운반되어 곡지의 저습지가 빠르게 매립되기 때문이다. 근대에 들어 석호와 이를 둘러싼 습지는 비교적 불필요한 땅이라는 인식하에 개간되거나, 주변 개발을 통해 자연적인 형태를 벗어나 인간활동의 영향을 지속적으로 받았다.

흥미롭게도 강릉 내 석호는 현재의 형태를 보이기까지 각각 다른 환경변화를 겪었다. 먼저 동해의 대표적인 석호, 경포호는 수면이 거울과 같이 맑다고 하여 붙여진 이름으로 현호 혹은 군자호라고 불리기도 하였다. 과거 송강 정철은 관동별곡에서 경포호와 그 주변 경치를 보며 풍류를 즐기기 위해 만들어진 경포대를 강원 영동지방 팔경 중 가장 뛰어난 경치, 즉 제일경으로 꼽았다. 경포호 가장자리의 평균 수심은 2~3m이며 중심부는 상대적으로 낮은 1m이다. 경지를 확보하기 위해 호수의 얕은 부분을 인위적으로 매립하여 면적이 감소하였다고 한다. 더불어 1960년 경포호의 면적이 좁아지는 것을 막기 위해 호수로 유입되던 경포천과 안현천의 흐름을 인위적으로 동해로 직접 흐르도록 조정하였으며, 그 결과 경포호로의 담수 유입량이 줄었다. 그와 동시에 해수 유입량을 조절하던 보를 철거함으로써 해수 유입량이 증가하여 인간활동에 의한 지형적 변화와 그에 따른 환경 변화를 겪었다 (출처: 디지털강릉문화대전).

● 석호의 생성과 천이

• 석호의 생성과정

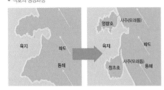

석호의 형성과 발달은 해면 상승과 밀접한 관계를 맺고 있다. 해면 상승기에 연안류를 따라 이동하던 모래가 하천의 하구부에 퇴적되어 사주 또는 사취를 형성하게 된다. 이후 해면이 안정화되어 사주가 확장되어 석호가 형성되며 석호에 유입되는 하천에 의해 퇴적물이 운반퇴적되어 호성삼각주를 형성하게 된다. 이후 해면의 움직임이 없이 안정되면 지속적인 퇴적물 공급이 이루어져 석호는 매적된다.

• 석호의 천이과정

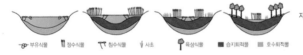

⟿ 부유식물 ⫙ 정수식물 ⫚ 침수식물 ↓ 사초 ♣ 육상식물 ■ 습지퇴적물 ■ 호성퇴적물

자료 9. 석호의 생성과 천이과정
ⓒ원주지방환경청,
https://www.me.go.kr/wonju/
web/index.do?menuId=7121

최근에 들어서야 석호는 어류생태학적, 조류생태학적 가치를 인정받고 있다. 그 예로 강릉 북부 주문진에 위치한 반폐쇄성 석호인 '향호'를 들 수 있다. 산에서 동해로 흐르는 물은 계곡의 하류를 따라 향호로 유입되고 1년 이상 체류하며 다양한 환경 및 수질 변화를 겪는다. 이러한 환경은 바닷물과 민물이 섞이는 독특한 환경을 조성하여 잉어·붕어·장어·숭어 등 다양한 어종이 혼재하는 독특한 생태계를 이루도록 했다. 그러나 동해바다를 등지는 방향에 농경지가 조성되어 있어 염수에 의한 농작물 피해를 막고자 향호에 수문을 설치하였으며, 바닥에서 장기간 규사를 채취하였다는 기록이 남아있으나 현재는 모두 중단된 상태이다. 그 뛰어난 경치를 감상하기 위해 세워져 있던 정자들도 철거되었다. 과거

에는 강릉시로부터 뛰어난 경치와 생태학적 중요성을 인정받았던 향호가, 이제는 더 나아가 공식적인 지방정원, 국가정원으로 조성하고자 하는 변화의 흐름을 맞고 있다.

이러한 자연물의 생태학적 가치를 인정하는 흐름은 강릉의 순포습지에도 이어졌다. 강릉의 5대 석호 중 하나였던 순포호는 1920년대까지만 해도 상당한 규모(약 89,000 m²)의 호수였으나 농경지로 개간된 이후 민물의 유입이 인위적으로 조절되어 2000년대 초반까지 꾸준히 면적이 감소하였고, 결국 습지로서의 가치를 잃은 상태였다. 그러나 2011년 8월부터 복원을 시작하여 습지 면적을 지속적으로 확대하고 편의시설을 설치하는 공사를 거쳐 2018년 7월에 복원사업을 마쳤다. 이후 꾸준한 관리와 모니터링 결과, 순포호는 멸종위기 및 천연기념물 동식물의 서식지로서의 명성을 회복하여 생태하천복원의 대표적인 사례로 여겨진다.

사진 2. 강릉 주문진 향호의 사계절 풍경

갯터짐 현상은 석호에 거센 파도가 일거나 조차가 큰 시기에 바닷물이 석호로 들어오는 현상을 말한다. 이때 바닷물과 민물이 만나면 해양생태계, 담수생태계와는 또 다른 염수생태계가 형성되고, 이는 석호 내의 플랑크톤부터 어류에까지 영향을 미친다. 특히 석호가 긴 시간동안 지속적인 퇴적물 유입으로 인해 자연적으로 매립되는 환경임을 고려하면, 이따금씩 발생하는 갯터짐 현상으로 인해 형성된 다양한 생태계적 특성을 두 눈으로 관찰할 수 있는 것은 분명 강릉에서 만끽할 수 있는 특별한 경험임이 틀림없다.

석호에서 발견되는 생물이 지역전통음식으로 발전하기도 했다. 예로부터 강릉연안의 석호와 주변 습지에서 서식한 것으로 알려진 부새우는 곤쟁이류 생물로, 동해안 지역의 토종 먹거리로 알려져 있다. 부새우의 명칭은 동해안 석호 물 표면에 둥둥 떠다니는 습성 때문에 뜰 '부(浮)'자를 쓴 것에서 그 유래를 찾을 수 있다.

사진 3.   강릉 주문진 항호의
갯터짐 현상

- 강릉의 바다 <동해 해양수산자원 및 여러 바다지형과 환경>

강릉은 강원특별자치도의 대표적인 해양수산도시라 할 수 있다. 강원특별자치도 해안선의 18.3%에 해당하는 73.7km의 헤안선에서 300가구 이상의 어가구, 800명 이상의 어업인구가 연안자망, 연안복합, 연안통발, 근해 채낚기 등에 대한 어업허가를 받고 수산업에 종사하고 있다 (출처: 강릉시청 수산현황자료). 주요 어획종은 오징어, 도루묵, 양미리 등이며 현재는 전반적인 감소 추세를 보인다. 현재는 수산자원의 보호 및 어획물의 지속적 생산을 위해 총허용어획량(TAC)을 지정하는 등 여러 노력을 기울이고 있다.

주문진 수산시장은 강릉에서 어획한 수산물들을 거래하는 동해의 대표적인 수산시장이다. 오징어잡이로 유명한 주문진항을 끼고 1936년부터 형성된 재래시장으로서 종합시장, 건어물시장, 회 센터 등을 포함한 다양한 형태의 상가와 연계된 동해안 최대 규모의 어시장이다. 국내 및 해외관광객이 자주 찾는 명소이기도 하다.

강릉의 바다는 다양한 먹거리뿐만 아니라 여러 수중 체험의 장을 제공해준다. 그중에서도 해중공원은 강원도 강릉시 안현동 사근진 해변 일원에 조성된 국내 최대의 수중 공원이다. 해변으로부터 약 2km 떨어진 수심 7~30m의 해중공원은 양호한 수중시야 조건에서 강릉의 문화, 역사를 전시하고 동해연안의 다양한 암반 지형과 해양생물을 직접 볼 수 있는 경험을 제공한다.

경포해수욕장은 1982년 도립공원으로 지정된 동해안 최대의 해수욕장이다. 1km 이상 쭉 이어진 백사장에 완만한 경사와 더불어 깨끗한 수질과 모래로 이루어져, 관광객들에게 수려한 자연경관을 선사한다. 백사장 앞에는 돌섬이 있는데, 이는 과거에 관광객들

이 수영과 다이빙을 즐길 수 있었던 장소이다. 그 돌섬을 등지고 해송림이 4km가량 쭉 펼쳐져 있으며, 이를 사이에 두고 경포호와 경포대까지 불과 1km 거리에 있어 산 숲 바다 호수를 함께 볼 수 있는 '진풍경'을 자랑한다.

강릉의 해안단구 절경을 걸어서 감상할 수 있는 곳으로는 바다부채길이 있다. 정동진의 정동심곡바다부채길은 한양의 정동쪽에 있다는 것에서 유래한 '정동진'에 깊은 골짜기 마을이라는 뜻의 '심곡'과 해안단구의 지형모양인 '부채모양'을 합쳐, 정동진의 역사와 지형을 모두 반영한 이름의 길이 탄생하였다. 천연기념물 제 437호로 지정된 이곳은 200~250만년전부터 진행된 주변 지반의 융기와 해수면의 하강에 의해 발생한 동해의 지각변동을 육안으로 확인할 수 있는 국내 유일의 해안단구이다. 삼 면으로 분류되는 이 해안단구는 한반도 지반의 융기속도를 추정하는 근거가 되고 있다 (출처: 민족문화대백과사전).

사진 6. 강릉 정동바다부채길
©강릉관광개발공사, https://gtdc.or.kr/

사진 7. 안인사구
©오마이뉴스, 2023.02.07, https://www.ohmynews.com/
NWS_Web/View/at_pg.aspx?CNTN_CD=A0002899212

강릉 바다와 인접한 또다른 지형으로는 강릉시 강동면 하시동리에 있는 안인 해안사구가 있다. 사구는 바다에서 육지로 바람이 불어 모래가 이동하다가 식물 등 장애물에 걸려 퇴적되어 형성되는 지형이다. 안인사구는 국내에서 약 2,400년 전에 형성된 것으로 추정되어, 우리나라에서 가장 오래된 사구로 여겨진다. 동해 연안에서 사구는 육지와 바다 사이의 해안을 보호하고 지하수를 저장하는 역할을 한다. 생태환경보전지역이기도 한 안인사구는 해당화 갯방풍 등 여러 염생식물의 서식지로, 사구만의 특별한 생태계를 유지하고 있었다. 그러나 최근 안인사구는 다양한 인간활동에 의한 연안환경 변화로 모래 유실과 침식작용이 심각하게 발생하였고, 그 결과 사구가 모래절벽화되는 등, 심각한 연안침식을 겪고 있다.

강릉은 크고 작은 하천들을 제외하고는 서해나 남해와 같이 바다로 흘러 들어가는 큰 강이 없다. 따라서 해양학적인 특징을 결정하는 주요 요인은 우리나라 주변을 흐르는 두 가지 주요 해류(바다의 흐름), 즉 동한난류(東韓暖流, East Korea Warm Current)와 북한한류(北韓寒流, North Korean Cold Current)로 여겨진다. 동한난류는 대마난류가 대한해협에서 갈라져 나와 우리나라 동해안을 타고 북상하는 비교적 따뜻한 해류로, 우리나라 동해 연안의 전반적인 물리구조를 조절하는 조절자 역할을 한다. 반면 북한한류는 원산만 부근에서 기원해 북한 동쪽을 따라 남하하는 비교적 차가운 물의 흐름으로 연안표층을 따라 강릉 연안까지 그 영향을 미치는 것으로 알려져 있다. 두 해류는 위도상 양양·강릉부근에서 만나는데, 이때 상대적으로 차갑고 밀도가 높은 북한한류는 동한난류 아래로 침강하게 된다. 그리고 북한한류는 해안선에서 10km 이내의 연안역에서 남하하여 강릉 앞바다 표층까지 영향을 미치기 때문에, 강릉 앞바다에는 연안환경을 조절하는 두 해류가 공존하게 된다. 이렇게 해양학적으로 독특한 환경을 볼 수 있어, 전선역을 연구할 수 있는 해역이 조성되고, 이러한 전선역은 난류성 어종과 한류성 어종이 모두 나타나며 흔히 조경수역으로 알려져 있다.

북한한류에 의해 강릉 앞바다에 형성되는 차가운 물덩어리는 바닷물의 특성에 영향을 미칠 뿐만 아니라, 강릉 연안의 기상현상을 조절하기도 한다. 해무는 예로부터 겨울이 지나고 봄·여름이 되면 강릉을 포함한 동해 연안 전체에 걸쳐 발생하는 안개를 말하는데, 따뜻한 공기가 차가운 바닷물 위를 지나갈 때 해수면 위에 작은 물방울들이 형성되며 발생한다고 알려져 있다. 연안을 따라 내려오는 북한한류의 특성을 고려해보면, 상대적으로 차가운 수괴(물 덩어리)를 형성한 강릉 앞바다에 수증기를 가득 머금은 봄·여름철의 대기가 지나갈 때 기온과 수온의 차이가 크게 벌어져 강릉 앞바다에 짙은 해무를 발생시키는 것이라고 설명할 수 있다.

사진 8.　강릉에 발생한 짙은 해무
©서울신문, 2022.06.22,
https://en.seoul.co.kr/news/newsView.
php?id=20220622800003

또한 두 해류가 만나는 전선역인 강릉 앞바다에서는 작은 크기의 플랑크톤도 그 영향을 받는다. 해양 생태계의 기저를 이루는 식물플랑크톤의 경우 규조류(diatoms)가 우리나라 바다 전반에 걸쳐 분포하는데, 강릉 앞바다에서는 한류성 규조류와 난류성 규조류가 혼재되어 나타나는 군집구조 구성을 발견할 수 있다. 각각 주요 한류성 식물플랑크톤으로는 Chatoceros convolutes가 있으며, 주요 난류성 식물플랑크톤에는 Chatoceros curvisetus가 있다. 강릉 앞바다에는 해양 생태계에서 일차소비자 역할을 수행하는 동물플랑크톤 역시 한류성과 난류성 모두 나타난다. 주요 한류성 동물플랑크톤으로는 요각류에 속하는 Neocalanus cristatus가 있으며 난류성 동물플랑크톤으로는 Mesocalanus tenuicornis가 현미경 관찰을 통해 발견된 바 있다 (박 등, 1991[1]; 임 등, 2015[2]).

[1]　박주석, 이삼석, 강영실, 허성회 (1991) 한국 동해 중부 해역의 지표성 요각류 및 모악류의 분포와 수괴 특성, 한국수산과학회지 24권 3호

[2]　임동훈, 위진희, 서해립 (2015) Evidence for ontogenetic feeding strategies in four calanoid copepods in the East Sea (Japan Sea) in summer, revealed by stable isotope analysis, Ocean Science Journal. 50권

한편 동해바다는 최근 해수온 상승으로 인해 급격한 환경 변화를 겪고 있는 것으로 알려져 있다. 강릉 앞바다의 주요 어획종인 오징어의 어획량은 감소하는 추세를 보이거나 혹은 남해나 서해로 서식지를 옮긴 데 반해, 방어나 참치 같은 아열대 어종의 어획량이 증가하는 현상을 확인할 수 있다. 주문진이 동해안 최대 규모의 수산시장임을 생각해볼 때, 강릉은 동해에서 발생하는 해양환경 변화와 그로부터 단계적으로 발맞추어 변화하는 해양생태계의 반응을 즉각적으로 체감할 수 있는 '기후 및 생태 변화의 장'이라고 말할 수 있다.

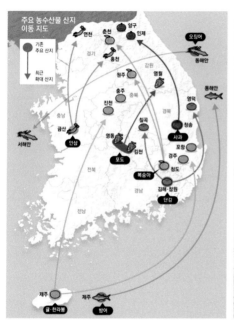

자료 10. 우리나라 주요 농수산물 산지 이동지도
©동아일보, 2024.02.17, https://www.donga.com/news/Economy/
article/all/20240216/123556625/1

자료 11. 강릉 주문진에서 잡힌 초대형 참치
©KBS뉴스, 2023.06.16, https://news.kbs.co.kr/news/pc/
view/view.do?ncd=7701402

강릉의 미래

지금까지 살펴본 강릉은 천혜의 자연경관과 풍부한 역사문화적 유산을 자랑하는 도시로, 이러한 강점을 바탕으로 미래에도 지속적인 발전을 기대할 수 있다. 강릉의 미래 전망은 몇 가지 주요 측면에서 긍정적으로 평가된다.

우선 강릉은 지리적으로 동해와 백두대간을 품고 있어 산 호수 바다의 조화로운 자연경관을 자랑한다. 이러한 천혜의 자연환경은 관광객들에게 큰 매력으로 가닿을 것이다. 특히 경포대, 주문진 수산시장, 정동진과 같은 명소들은 이미 많은 관광객을 끌어들이고 있으며, 향후에도 방문객을 지속적으로 유치할 수 있을 것이다. 또한 강릉 커피 축제와 같은 특색 있는 문화 행사들은 강릉의 매력을 한층 더 높이 끌어올려준다.

무엇보다도 지난 2018년 평창동계올림픽에서 강릉은 빙상 종목의 주요 개최지로서 큰 주목을 받았다. 이는 강릉이 동계 스포츠의 중심지로 자리매김하는 계기가 되었으며, 향후 국제 대회와 행사를 유치할 가능성을 높였다. 이러한 행사 개최는 강릉의 경제 활성화와 글로벌 인지도 향상에 기여할 것으로 생각된다. 또한, 강릉이 가진 문화도시적 입지의 발전가능성은 오죽헌, 선교장, 허균·허난설헌 기념 공원 등 다양한 문화유산에 대한 적절한 보존과, 관광 자원으로의 활용 전략 유무에 달려있을 것이다. 특히, 강릉단오제와 같은 전통 축제는 유네스코 인류무형문화유산으로 등재되어 있어, 이를 통해 지역 문화의 독창성과 우수성을 알릴 수 있는 좋은 예시가 될 수 있다.

또한 강릉은 석호와 하구, 해안선 등 다양한 생태 환경을 보유하고 있다. 이러한 자연환경을 보호하고 지속가능한 방식으로 발전시키는 것은 강릉의 미래를 위해 중요한 과제이다. 특히 경포호와 같은 석호의 생태적 가치를 보존하면서도 동시에 관광 자원으로 활용하는 방안이 필요하다. 더불어 기후 변화에 대응하고 해양 생태계를 보호하기 위한 다양한 노력이 요구된다.

현재 강릉의 경제는 주로 관광과 수산업에 의존하고 있지만, 향후에는 경제 구조의 다변화가 필요할 것이라고 본다. 이를 위해서는 첨단 기술 산업과 창업 생태계를 조성하고, 지역 특산물을 활용한 6차 산업을 육성하는 등의 전략이 필요하다. 예를 들어, 강릉의 풍부한 해양 자원을 활용한 해양 바이오 산업이나, 커피 문화를 기반으로 한 다양한 산업군을 개발할 수 있을 것이다.

결론적으로, 강릉은 자연경관, 역사와 문화, 스포츠와 관광 등 다양한 자원을 바탕으로 지속가능한 발전을 이루어 나갈 가능성이 크다. 이러한 강점을 잘 활용하고 보존하는 노력이 지속된다면, 강릉은 앞으로도 많은 사람들에게 사랑받는 도시로 계속해서 성장할 것이다.

강릉

일곱 번째 도시,

원산

원산 Wonsan

위치	강원도(북한) 동해안
인구*	363,000명 (2024년 기준)
면적	314.4 km²
기후	해양성 기후, 온화한 겨울과 많은 강수량
GRDP**	-

* https://kosis.kr/statHtml/statHtml.do?orgId=101&tblId=DT_1ZGA281&conn_path=I2

세계를 향한
해양문화도시 원산

이찬우
일본경제연구센터 특임연구원

한반도 동해안의 도시 중에서 가장 먼저 근대시대의 문에 들어선 곳은 원산이다. 조선정부는 1876년 일본과 강화도조약을 맺어 개항시대에 들어서면서 부산을 먼저 개항하였고, 4년 후인 1880년에 두 번째로 원산을 개항했다. 원산은 근대시대에 한반도가 식민지로 되는 평지풍파를 겪으면서, 동해안 물류와 해양연결의 중심지로서 식민지 공업도시로 변화해갔다. 그리고 해방 후에는 남북분단과 전쟁, 사회주의화와 경제위기를 겪어내면서 현재에 이르고 있다.

그러나 우리 민족의 주체성 관점에서 보면, 원산은 개항 시대인1883년 조선최초의 근대적 교육기관인 원산학사를 원산 현지 사람들의 모금으로 만든 곳이며, 식민지 공업화를 통해 성장한 노동계급이 1929년에 총파업을 한 곳이기도 하다. 그리고 6.25전쟁을 거친 후, 폐허 위에서 원산시민들이 자립정신으로 경제를 일군 협동조합들의 역사가 있다.

북한 정부는 원산을 교육, 수산, 무역과 국제교류 그리고 국방의 중심지로 만들었다. 1968년 1월에는 원산 앞바다에서 미국의 정보수집 군함 푸에블로호가 북한해군에 붙

잡히는 사건이 있었고, 최근에는 미사일 발사실험이 있기도 했다. 한편으로 원산 갈마반도에는 북한 제2의 공항인 원산갈마국제공항이 현대화되었고, 명사십리 해변가에는 대규모 해안관광단지 건설이 진행되었다.

남북한의 분단이 고착화되면서 동해안 도시들의 남북 간 연계가 차단되고, 동해가 둘로 나뉘어 버린 현 상황은 한반도의 미래를 생각할 때 극복해야 할 과제이다. 나아가 한반도를 넘어 동북아시아 전체를 시야에 넣어보면 동해는 하나의 경제권을 형성할 수 있는 지중해와 같은 내해(內海) 역할을 할 수 있다. 이러한 비전을 꿈꾸는 "한동해 새 시대"를 생각해볼 때 원산은 핵심적인 허브이다. 원산이 한반도와 동북아의 한동해 핵심 항구도시로 변모하기를 기대하면서, 원산의 과거와 현재 그리고 미래를 생각해보고자 한다.

원산의 시작 <조선왕조의 뿌리>

원산에 사람이 살았던 기원은 출토된 유물들로 보아 신석기, 청동기 시대로 거슬러 올라간다. '원산(元山)' 의 지명이 기록된 것은 삼국시대부터다. 고구려와 신라시대에는 물(買)과 산(尸)이 있는 고을이라는 뜻에서 매시달(買尸達)이라고 불렸다. 고려시대에는 지형이 마늘처럼 둥글게 생긴 산(삼봉산)을 끼고 있다는 뜻에서 원산(圓山)으로 불렸는데, 이것이 후에 지금의 원산(元山)이 되었다고 한다. 삼국시대에 매시달이라 부른 데서 알 수 있듯이, 원산은 지리적으로 '물과 산이 만나는 곳'이다. 이를 현대적으로 해석하면, 대륙과 해양이 만나는 곳, 물자와 사람이 떠나고 들어오고 만나는 곳, 더 나아가 대륙문화와 해양문화가 역동적으로 섞이는 곳이라고 할 수 있겠다. 또한 원산은 경계이기도 했다. 통일신라시대 원산지역에는 신라와 발해의 국경 관문인 탄항관문(炭項關門)이 있었다. 고려시대엔 고려와 원나라가 번갈아 주인이 되었다가 공민왕이 영토로 되찾은 바 있다.

원산이 역사에서 중요하게 등장한 때는 조선왕조를 개창한 이성계 가문이 등장한 무렵이다. 이성계의 4대조(고조부)인 목조 이안사는 전라도 전주에서 강원도 삼척을 거쳐 안변과 영흥 사이에 있던 덕원(지금의 원산+문천) 지역으로 이주했고, 3대조(증조부)인 익조 이행리는 덕원 용주리(지금의 원산 적전천 지역)에서 태어났다. 이성계의 조상들은 두만강 하류지역인 경흥으로 활동무대를 옮겼다가 다시 원산, 함흥으로 이전하였는데, 이 동해안 지역들이 이성계의 정치적·군사적인 기반이 되었다. 3대조 이행리부터 2대조(조부)인 도조 이춘, 1대조(부친)인 환조 이자춘, 그리고 태조 이성계 본인의 부인들은 모두 원산 부근의 영흥 또는 안변 출신이었다. 이행리의 둘째 부인은 안변 최씨, 이춘의 둘째 부인은 영흥 조씨, 이자춘의 첫 부인은 영흥 최씨이며, 이성계의 첫 부인인 신의왕후는 안변 한씨이다. 영흥과 안변은 고려시대에 동해안 중심지였고 큰 하천과 평야가 있어 농업을 중심으로 인구가 많았다. 이처럼 지방 호족과 혼인관계를 맺은 것이 이성계의 조선왕조 건국의 배경이 되었다고 할 수 있다.

그런데 정작 원산은 당시 그리 주목받지 못했다. 큰 강이 없어 평야가 넓지 못하였고, 농업인구가 많지 않았기 때문이다. 조선시대에 중시된 것은 농사와 백성의 정주(定住)였기에, 원산은 조선왕조 시대 말까지 함경도의 조그마한 어촌인 원산진(元山津)으로 존재했다.

자료 1. 이성계 가문과 원산지역
©구글어스에 필자 작성

원산의 근대 <지배와 수탈의 통로, 일본적 산업개발, 피지배를 넘어선 근대>

1875년, 일본 해군 군함 운요호(雲揚號)가 부산에서부터 원산, 영흥에 이르는 동해안 해로를 측량한 후 서해에서 강화도 사건을 일으켰다. 그 결과로 1876년, 조선은 일본과 불평등 조약인 강화도 조약을 맺었고 부산과 원산 그리고 인천을 개항하였다. 원산이 선정된 것은 부산항과 더불어 가장 좋은 항만조건을 갖춘 영흥만이 있었을 뿐만 아니라, 일본 입장에서 러시아의 남하를 저지할 수 있는 지정학적 위치였기 때문이다.

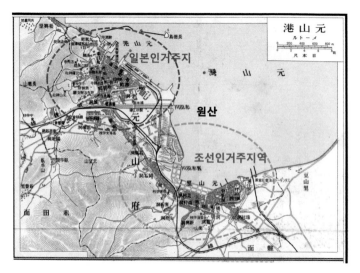

자료 2. 일제 강점기 원산부 지도
　　　　©일본 가나가와대학 비문자자료 연구센터

원산에는 개항과 동시에 항 부근에 일본인 거류지가 설치되었다. 조선인이 원래 거주하던 지역은 원산리 부근에 있어 일본인 거주지역과 조선인 거주지역은 구분되었고, 두 거주지역 사이에 원산역이 위치했다. 이후 일제강점기 말까지 두 지역은 사회적 문화적 교류가 거의 없었다.

원산은 서울과 전신이 연결되었고, 일본체신회사의 선박편이 원산항에서 일본의 나가

사키와 고베, 중국의 홍콩과 상해, 천진 그리고 러시아의 블라디보스토크와 왕래하기 시작했다. 원산은 동해안의 무역항으로서 조선의 쌀, 콩, 소가죽, 수산물, 인삼, 금 등을 면직물, 성냥, 양초 등과 같은 개화 물품과 교역하는 장소가 되었다. 그러나 면직물을 수입하게 되면서 전통 수공업인 면직업이 붕괴해 가기 시작했다. 도자기, 유기, 철기, 종이 등 자연경제에 기초한 조선 수공업이 쇠퇴했고, 곡물의 유출로 물가가 급등했다. 1889년에서 1893년의 원산방곡령(元山防穀令) 사건은 이런 배경에서 발생했다.

일본이 군사적으로 중요시 여겼던 원산은 청일전쟁이 벌어진 1894년, 일본군의 상륙지가 되기도 했다. 일본군은 평양에 주둔한 청국군을 공격하기 위해 인천에 상륙하여 서울을 점령하였고, 북진함과 동시에 동해를 가로질러 원산을 통해 평양으로 진입했다. 1904~1905년 러일전쟁에서도 원산은 일본군이 상륙하여 러시아로 진격하는 루트로 사용되었다. 뒤이어 1910년 일본은 대한제국을 병합하고 한반도에 대한 식민지 경영에 본격 착수했다. 일본에 부족하고 조선에 상대적으로 풍부했던 자원 다섯 가지: 무연탄 금 철광 곡물 소(가죽)는 일본경제와 군수산업의 발전을 위해 개발하고 수탈해야 할 주요 품목이었다. 원산을 비롯한 동해안 지역은 위 자원들이 풍부한 생산지대였기 때문에 일본은 한반도 북부의 동해안 지역에 중화학공업을 중심으로 철도 전력 항만 등 인프라 개발을 진행하였다.

원산항은 1882년 일본 오쿠라구미(大倉組)가 원산 춘일정(春日町) 해안에 소규모로 부두를 축조하였고, 뒤이어 1884년 세관을 설치하면서 국제해운도 시작되었다. 철도로는 1914년 서울과 원산을 잇는 경원선이 개통되었고, 원산을 기점으로 동해 북부지역을 연결하는 함경선과 평양을 연결하는 평원선 등이 개통되면서, 원산은 육로와 해상교통의 요지로 성장하였다. 지형적으로 서울과 원산 사이에는 추가령 구조곡이라는 저지대 통로가 있어 경원선이 1914년에 개통된 데 비해, 평양과 원산 사이에는 산맥이 가로막혀 평원선이 약 30년 후인 1941년에야 개통되었기 때문에 원산은 평양보다는 서울에 더 가까웠다. 그리고 온화한 기후와 더불어 해산물 그리고 명사십리, 송도유원지 같은 휴양지에 금강산도 지척이라 선망의 도시가 되었다.

중화학공업분야로는 일본강관이 원산 북방의 문천지역에 제철소를 건설하였고 스미토모 광업도 금 은 구리 납을 제련하는 제련소를 건설하였다. 이 원산제련소는 해방 후의 문평제련소로서 북한의 납, 아연 제련의 중심지가 된다. 로열 더치 셸과 일본석유의 정유소도 원산에 들어섰다.

이처럼 일본제국주의가 서구제국주의와 상이했던 점은 농산물과 광물의 수탈만을 하는 것이 아니라 항만, 철도, 전력 등 인프라를 개발하는 것과 동시에 자원개발형 산업건설을 통해서 종주국인 일본과 식민지 간의 수직적 경제통합을 추구하는 방식이었다고 할 수 있다. 원산은 그 대표적인 장소였다.

그러나 한반도의 근대역사가 식민지 수탈의 역사만은 아니었다. 원산도 마찬가지이다. 조선사람 자신들의 힘으로 전통사회를 넘어서 근대사회를 일구려 했던 노력이 있었고, 제국주의에 저항하는 조직적인 독립운동이 있었다. 이런 움직임들이 독립운동의 기반이 되고 해방 후 사회건설의 토대가 되었다.

1907년 안중근 의병장은 애국계몽운동 활동을 하던 평안도 남포를 떠나, 항일 전쟁을 위해 러시아 연해주로 향했는데, 그 길이 남포-한성(서울)-부산-원산-(선박 준창호俊昌號 이용)-청진-간도-연해주였다. 그렇게 원산항에서 바닷길로 블라디보스토크에 바로 가려던 안중근은 여권 발급을 받지 못해 청진에 내려 간도를 거쳐 육로로 러시아에 들어갔다. 이 길을 <안중근의 길>이라고 부르고 싶다. 한편 당시 상선 준창호는 함경도 출신 최봉준(1859~1917)이 러시아에서 경영하던 선박이었다. 그는 블라디보스토크에서 조선-러시아 사이의 국제 소장사 사업(러시아 해군에 소고기 납품)으로 성공하여, 블라디보스토크와 원산항 사이에 상선을 띄웠고, 1908년에는 자신이 발간한 항일민족신문인 해조신문(海朝新聞)을 원산항을 통해 서울 평양 등에 배급하기도 하였다. 이처럼 원산항은 민족운동의 통로이기도 했다.

또한 원산 남산동에는 1883년 8월 근대적 의미의 교육을 실시하는 학교가 설립되었다. 특별히 원산주민들의 자발적인 운동을 통한 출자와 정부 관리들의 협력으로 세워진, 이름하여 원산학사(元山學舍)였다. 초중등과정의 문예반 50명과 무예반 200명 정원으로 편성되었는데, 무예반을 설치한 것은 원산에 들어온 일본인들이 조선인을 멸시하고 도발하는 일이 빈번해지면서 자위력을 갖추고자 했기 때문이다. 문무 공통과목으로 산수 물리 기계기술 농업 양잠 광업 등을 가르쳤다. 그리고 일본어와 같은 외국어와 국제법, 세계지리도 가르쳤다. 특수과목으로서 문예반은 실학자들의 유학을, 무예반은 병서(兵書)를 가르쳤다. 과목 내용 중에는 서당을 개량한 측면도 있고 근대문명의 지식을 가르치는 내용도 있어 당시의 시대 상황을 반영했다고 할 수 있다. 시기적으로 1885년 7월에 서울에서 미국 선교사 아펜젤러가 세운 배재학당보다 2년 더 빨라, 조선 최초의 근대 학교로 불린다.

원산학사 설립은 밀려오는 근대 문명 앞에서 우리 민족 스스로가 적극적으로 대응한 교육 운동이며, 그것도 민간이 주동하고 개화파 관리들이 협력하여 만들었다는 데서 큰 의의가 있다. 일본의 침탈에 직면한 원산에서 전통적인 서당교육을 계승하면서도 근대 학교로 발전시킨 점은 지혜로웠다.

사진 1. 원산학사
출처불명, 한국역사문화신문에서 재인용

원산은 근대시대를 연 평민들의 세상이었다. 그래서 토박이 인구보다 타지 출신들이 더 많고 개방적인 곳이었다. 종교 인구 측면에서 해방전후 시기 원산은 평양과 더불어 기독교 신자들이 많은 지역이었다. 특히 천주교는 당시 동북아시아에서 가장 큰 베네딕도회 수도원이었던 덕원수도원과 부설 덕원신학교가 있었다. 기독교 선교도 활발해지면서 보광중학교 루씨여학교 등 기독교 계통의 학교들이 많이 생기기도 했다.

특히 캐나다 출신 기독교 선교사들의 활약이 두드러졌다. 원산에 처음 교회를 개척한 선교사는 토론토 대학 문학부를 졸업한 게일 선교사(James Gale)였다. 그는 캐나다 YMCA 파송으로 1888년 조선땅을 처음 밟은 후, 부산과 황해도 소래를 거쳐 1893년 원산에 들어와 광석동 교회를 개척하였다. 이어서 1896년 조선에 침례교를 최초로 도입한 펜윅을 비롯하여 많은 캐나다 선교사가 들어와 원산에 정착했다. 아펜젤러 선교사가 1898년에 제안한 한반도 선교지 분할배분 정책으로 캐나다 선교사가 함경도 지역을 맡게 되면서, 당시 함경도 소속이었던 원산은 캐나다 선교사의 선교지역이 되었다. 푸트 선교사는 1899년 원산에 들어와 중앙교회와 보광학교(보광중학교)를 세웠다. 로버트 하디(Robert Alexander Hardie) 선교사는 1903년 원산 신앙부흥운동의 주역으로 유명하다. 그는 토론토의대 YMCA로부터 1890년에 의료 선교사로 임명되어 원산에 들어왔다. 하디 선교사는 엘리트 의식으로 조선인들을 내려다보는 자신의 모습을 발견하고 깊은 회개를 하게 되었는데, 그 회개운동이 전국으로 퍼지면서 1907년 평양대부흥으로 발전하였다. 이처럼 원산의 근대화에 캐나다 선교사들이 큰 영향을 미쳤다고 할 수 있다.

노동자들의 운동으로는 1929년 "원산 총파업"이 잘 알려져 있다. 원산의 부두 운수 노동자들이 1921년에 조직한 원산 노동회가 1925년에 운송 인쇄 제화 양복 등 직업별 노동 조직체들의 연합조직인 원산노동연합회(원산노련)로 발전한 것이 기반이 되었다. 원산 총파업의 첫 도화선은 1928년 영국인이 경영하는 석유회사에서 일어난 사건이었다. 이 회사의 일본인 감독이 조선인 노동자들을 구타하였고, 이에 분개한 200여 명의 노동자들은 일본인 감독의 철직 및 임금인상 그리고 단체계약의 체결 등의 요구 조건을 제기하며 파업에 들어갔다. 회사는 이를 무시했지만 포기하지 않고 1929년 1월14일에 다시 파업에 들어갔는데, 이번에는 지배인 파면, 단체계약권 확립, 8시간 노동제 실시 등 더 적극적인 요구를 제기했다. 여기에 뒤이어 당시 원산에서 가장 강한 조직력을 가지고 있던 부두 운수 노동자들과 원산노련 산하 24개 노동조합의 2,200여 명의 노동자들까지 총파업에 들어갔다. 나중에는 그들의 가족까지 합세해서 총파업 때는 원산시 총인구의 3분의 1이 참가하였고, 결국 원산경제가 완전히 멈추었다고 한다.

원산 노동자들의 요구는 더 나아가 일본의 식민지통치를 반대하는 운동으로 발전했다. 노동자들이 술도 끊고 각자 하루 5전씩 모아서 파업기금을 마련하며 총 82일간이나 지속된 총파업이었다. 하지만 총독부 경찰의 탄압으로 지도부가 체포되었고 결국 실패로 끝났다. 그러나 중요한 점은 식민지 산업화에서 성장한 노동자들이 스스로 사회 조직을 만들어 근대적 사회를 추구하는 자발적이고 자조적인 운동을 벌였다는 점이다.

원산 총파업을 주도한 원산노련은 노동조합 이외에 두 가지 중요한 사회조직을 만들어 상호연대와 생활복지의 토대를 만들었다. 그 하나는 소비조합이고 다른 하나는 노동의원이었다. 원산소비조합은 곡물부와 잡화부를 두어 조합원에게 싼값에 필수품을 공급하는 시스템을 갖추고 있었기 때문에 원산총파업 시 노동자들의 생활을 뒷받침하는 병참기지 역할을 하였다. 당시의 소비조합은 일상생활에서 민중의 각성과 자조를 촉진했고 상호단결의 방법과 실천을 학습케 하였다.[1] 그리고 원산노동의원은 노동자들이 기금을 조성해서 '상호부조적'인 병원을 운영한 최초의 사례이다. 원산노동의원은 원산노련 소속의 노동자에게 무료로 진료해주었고, 일반환자들에게는 진료비의 40%를 할인해주었다. 2년 정도의 짧은 운영기간이었지만, 요즘 한국에서 활발한 의료사회복지협동조합 운동의 사회적 기원이라고도 볼 수 있다. 피지배의 엄중한 식민

---

[1]   한국 협동조합 운동 100년사 1권 p25, p130

지 상황에서 원산 노동자들의 경제적 상호부조적인 토대를 구축하는 근대적 사회조직을 만들어 낸 것이다.

사진 2. 원산 노동의원 모습
　　　ⓒ동아일보, 1929년 2월 1일

원산의 해방 후 <해양문화도시로 성장, 전쟁의 폐허와 복구, 자립정신>

해방 직후 1945년 9월 19일, 김일성 주식은 소련 군함을 타고 연해주에서 원산항으로 귀국하였다. 다음날이 추석이었고 김일성 주석은 원산의 리더인 이주하와 면담했다. 이주하는 원산총파업에서 활약한 바 있었고, 사회주의 운동의 리더였기에 당시 원산은 '이주하의 땅'으로도 불렸다고 한다. 당시 이주하의 '원산그룹'은 서울의 박헌영계 조선공산당(후의 남노당)을 지지했다. 그렇게 김일성 주석과 이주하의 면담은 입장차이로 결렬되었고, 후에 김일성 주석의 평양지도부는 원산그룹을 지방주의, 종파주의로 비판하였다.

해방 후 원산은 인구 11만명을 넘는 규모로, 북한에서는 평양(34만), 청진(18만), 신의주(12만), 함흥(11만)과 함께 인구 10만이 넘는 5대 도시 중 하나였다. 또한 1946년9월 5일자로 함경남도 소속에서 문천, 안변과 함께 강원도로 편입되었고 도청소재지가 되었다. 남북 분단으로 강원도가 갈라진 후 북강원도의 경제적 기반이 약했기 때문에 공업지구인 문천과 대도시 원산을 북강원도에 넣은 것이었다. 원산은 철도, 해운, 교육, 문화 등에서 동해안과 북강원도 지역에서 중심적인 역할을 하게 된다.

특히 교육면에서 10개의 대학이 들어서게 되었다. 북한 당국은 1948년 7월 평양에 있던 김일성종합대학 농학부를 평양농업대학으로 분리하였고, 1949년 5월 원산농업대학으로 개칭하여 원산으로 이전하도록 했다. 학교건물은 천주교의 덕원수도원과 신학교였다. 폐쇄된 수도원의 사제, 신학생들은 체포 및 추방되었고 전쟁 중에 고난을 당하였다고 한다. 그리고 원산사범대학(1949년), 일하면서 배우는 원산공업대학(1949년), 원산교원대학(1958년), 원산수산대학(1959년), 원산경제대학(1960년), 원산의학대학(1971년)들이 들어섰다.

사진 3. 가톨릭 원산교구의 덕원수도원과
신학교(1927~1949) 일제 강점기 모습
ⓒ가톨릭평화신문, 2009년8월 30일

문화 측면에서는 원산의 송도원에 송도원휴양소가 1947년 7월에 개방되었다. 송도원은 일제 강점기 특수계층의 별장지대여서 평민들은 구경도 못 한 곳이었는데, 해방 후에는 누구나 휴양하는 곳으로 열리게 되었다.

그러나 1950년 부터 1953년 3년간 전쟁을 거치면서, 원산은 철저하게 파괴되었다. 군사, 물류 요충지로서 공격의 대상이 되었기 때문이다. 인명살상으로 13만 명 인구가 반으로 줄었고, 모든 학교건물 병원건물 공장건물들이 파괴되었다. 전쟁시기에 발생한 이러한 처참한 파괴는 나중에 한국 군대에서 '원산폭격'이라는 이름으로 행해진 부대 내 가혹행위의 대명사가 되었다. 이처럼 원산이 당한 '원산폭격'은 수많은 목숨을 앗아갔고 문명을 폐허로 만들었다.

원산 사람들에게 남은 6.25전쟁의 결과는 무엇이었을까? 서울로 넘어간 이주하는 1950년 6.25전쟁 발발과 함께 처형당했다. 원산은 미군의 공중폭격과 해상포격으로 완전 폐허가 된 상태에서 정전협정이 체결되었고, 뒤이어 남로당계의 이승엽과 박헌영이 미국의 스파이로 재판받고 숙청되었다. 그 결과 전쟁과 더불어 원산 사람들에게 모든 악은 '미제국주의'가 되었다. 지방주의나 종파주의로 비판받을 일도 없어졌다. 그리고 원산은 평양과 함께 경제를 복구하는 보루가 되었다.

사진 4. 전쟁으로 파괴된 원산시가

바로 '원산시 복구 총기본 계획도'가 만들어졌다. 여객 부두를 신설하고, 송도원 일대를 종합경기장과 해수욕장이 들어선 시민들의 문화휴식 공원으로 재정비하며, 산업지대와 주택지구 사이에 수림지대를 조성해서 주민들의 위생에 도움을 주려는 계획이었다.

자료 3. 원산시 복구 총 기본 계획도
ⓒ노동신문, 1953년 8월 28일

1960년대에는 동유럽과 소련에서 유학한 기술자들이 돌아와 도시계획을 추진하였다. 1963년에 원산시의 중심인 항구 앞 해안거리에 극장, 백화점, 아파트, 해안공원 등을 포함하는 시가지계획이 수정 완성되었는데, 소련과 동독 등의 시가지구를 참고로 한 설계가 많았다. 1960년대에 들어 원산은 전후 복구사업이 전반적으로 완료되었다.

사진 5. 복구된 원산 시가지
　　　　©노동신문, 1965년 8월 15일

전쟁 후 폐허가 된 원산에서는 사람들의 자립과 자조의 경제활동이 중요했다. 일제에 의해 해산되었던 소비조합이 해방 후 재건된 바 있고, 이 소비조합들이 산하에 일용 생활 수공업품을 생산하는 생산합작사를 설립하였다. 생산합작사는 전쟁 후 생산협동조합으로 변경되어 지방의 자체원료를 가지고 지방공업을 복구하는 원동력이 되었다. 철공, 철제일용품, 금속, 구두, 가구, 식료품, 섬유, 화학품, 운동구, 공예품, 시계 등의 이름이 붙은 생산협동조합들이 많이 활동하였다. 예를 들어 원산철도공장의 노동자들 가족들이 자체적으로 만든 '원산철도공장 부양가족 생산협동조합'에서는 두부, 콩나물 등 부식물들을 생산 판매했고, 공장 내에 '노동식당'을 운영하였으며, 폐자재로 소독저, 비누갑, 치솔갑, 후라이팬을 만들어 파는 활동을 하였다.

전쟁으로 폐허가 된 원산이 항만과 철도가 재정비되기 전 1960년대까지는 무역과 국제교류에 나서기 어려웠다. 따라서 동해안에서는 청진항이 그 관문 역할을 하였는데, 1959년부터 시작된 재일동포 북한 귀국은 청진항을 통해 이루어졌다. 6.25전쟁 때 유엔군이 청진을 점령하였지만, 청진항은 약간 파괴된 정도였고 항만 기능이 유지되었기 때문이었다. 원산이 복구된 이후인 1971년부터 원산은 동해지역에서 일본 및 소련(러시아)과 진행하는 국제교류사업의 중심지가 되었다. 원산항은 일본에 있는 재일동포들의 북한 귀국 및 방문 입출입항의 역할을 했다. 일본의 관문 니가타항과 원산항 사이에 만경봉호가 월3·4회 운항되는 준정기적인 훼리항로가 개설되었다. (1992년부터는 2006년 일본정부의 대북한 무역교류 중단선언 때까지 만경봉92호가 만경봉호를 대신하여 취항). 이 만경봉 항선을 통해 북일간 무역도 이루어졌다. 원산항을 통해 북한은 일본으로부터 산업설비, 수송기계, 전자기기, 소비품 등을 수입하고 농산물, 임가공품 등을 수출하였다.

사진 6. 자동전기밥솥을 생산하는
원산철공생산협동조합 조합원들
ⓒ노동신문, 1972년 8월 21일

한편 일본 돗토리현(鳥取県)의 사카이미나토(境港)시는 시의회가 1971년에 "일조우호촉진요망결의"를 채택하였고, 1992년 5월에는 일본에서 시차원에서 유일하게 원산시와 "우호도시협정"을 체결하였다. 사카이미나토항도 일제 강점기에 원산항과의 항로가 개설되어 있었다. 이후 사카이미나토시는 2006년 10월에 북한의 핵실험을 이유로 원산시와 맺었던 우호도시협정을 파기하였다.

사진 7. 원산항 전경
©노동신문, 1991년 1월 6일

1980년대까지 원산은 사회주의 경제의 발전된 모습을 대내외에 선전하는 상징적인 도시로 탈바꿈했다. 원산의 인구는 30만명을 넘긴 대도시로 성장했다. 1978년에 평양-원산간 147km에 이르는 고속도로가 개통하였고, 원산조선소는 남포조선소와 더불어 북한의 양대 조선소로 성장했다. 그렇게 원산은 항구문화휴양도시, 철도도로물류도시, 교육도시로 자리매김했다.

원산의 현재 <강원도 정신 : 자력갱생만이 살길이다>

사회주의권이 무너진 1990년대 들어 북한은 심각한 경제위기를 겪기 시작했다. 원산은 일본과 무역을 진행했고 재일동포들의 방문이 원산을 통해 이루어졌던 관계로 타지역보다는 정도가 심하지 않았지만, 그래도 식량부족과 원자재 및 에너지부족 등으로 산업생산은 급속히 감퇴했다. 이후 일본의 경제제재로 무역과 방문이 중단된 이후 원산 사람들의 생활도 힘들어졌다. 국가의 생산보장과 생활보장이 흔들리면서 시장에 생활을 의존해야 하는 상황이 확산되었다.

이때 경제를 회복시키기 위해 원산 사람들은 전력부족 문제를 해결하기 위해 자력으로 발전소를 건설하기 시작했다. 강원도의 청년들과 군인들이 중심이 되어 2000년에 안변청년발전소가, 2009년에 원산청년발전소가 세워졌고, 2016년에 원산군민발전소가 완공되었다. 원산군민발전소는 강원도 법동군의 임진강 상류에 댐을 쌓고 마식령을 가로지르는 지름 3m 길이 수십km의 물길 터널을 뚫어, 강물을 동해로 흘려보내 낙차를 이용하여 전기를 생산하는 유역변경식 발전소이다. 물길 터널을 완공하는 데 8년의 시간이 걸렸다. 건설자들은 원산군민발전소 댐에 "자력갱생" 글씨를 크게 박아 넣었다.

사진 8.   완공된 원산군민 발전소
©노동신문, 2016년 5월 1일

원산 사람들의 자력갱생 정신은 "강원도 정신"으로 불리게 되었다. 남탓 윗탓 하지 말고 스스로 찾아서 해결하고 개선해가는 정신은 원래 협동조합의 정신이기도 하다. 북한 사회를 밖에서 보면 통제와 획일성, 국가가 다 하는 것으로 보일 수 있다. 그런데 지방사람들의 눈으로 보면 폐허와 성공과 좌절을 겪고 스스로의 힘을 찾아나서는 아이덴티티가 보인다.

사진 9.   원산갈마해안관광지구 건설
©노동신문, 2019년 4월 6일

한편 원산은 북한정부가 주도하는 안전보장과 경제건설의 핵심지역이기도 하다. 원산에는 조선인민군 해군 제1전대 기지와 전략군의 미사일 기지가 있고, 더불어 갈마해안관광지구가 함께 있다. 미사일이 수시로 동해를 향해 시험발사되었고 군인건설자들을 투입한 명사십리 해안관광지구공사도 진행되었다. 이처럼 원산은 북한식 안전보장과 경제건설의 실험장이기도 하다.

원산의 미래 <국제교류와 한반도 균형발전>

원산은 이미 130년 전부터 세계를 향해 그 문을 열었었고, 원산 사람들은 스스로 근대문명을 경험하고 만들어왔다. 곤란 속에서도 좌절하지 않고 세계를 향해 발전해온 원산이다. 이러한 원산의 과거 현재 미래를 설명하는 데는 안전보장과 국제교류 그리고 균형발전이라는 세 가지 요소가 유용할 수 있다.

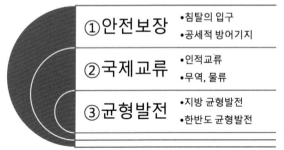

자료 4. "세계를 향한 원산"을 설명하는 세 가지 요소
©필자작성

원산의 과거와 현재를 설명할 때는 안전보장이 우선하고 국제교류와 균형발전이 뒤따랐다. 그러나 원산의 미래를 설명하는 데는 균형발전이 우선하고 국제교류와 안전보장이 뒤따르는 우선순위의 변화가 필요하다.

원산은 북한지역 내에서는 지방경제 균형발전의 중심 도시이고, 남북한 사이에서는 원산-서울의 경원선 축과 원산-강릉-부산으로 이어질 동해선 축에 있다. 따라서 미래에는 평양-서울의 경의선 축과 더불어 한반도 균형발전에서 중요한 역할을 할 수 있다.

국제교류 면에서 원산은 중국과 소련(러시아) 등 사회주의 우방국과 국제교류를 진행해왔다. 1960년에 세워진 송도원의 국제소년단야영소는 숙박장, 조리시설, 물놀이장, 전자오락실, 암벽체험, 보트 타기 등을 갖추고 세계의 청소년들을 1년에 한 번 원산 송도원에 불러모아 야영대회를 한다.

청소년들의 국제야영대회로 유명한 것으로는 (보이)스카우트의 세계야영대회인 세계 잼버리 대회가 있다. 보이스카우트는 민족, 문화, 정치적인 이념을 초월하여 국제 이해와 우애를 다지는 것을 목표로 1907년 영국에서 만들어졌다. 북한에서는 1946년 6월 6일에 '조선소년단'이 설립되었고 1950년까지 있던 보이스카우트 활동을 폐지, 흡수하였다고 한다. 그리고 사회주의 국가들의 소년조직과 연대 활동을 하였는데, 조선소년단의 구호 "항상 준비"는 소련 피오네르의 'Всегда готов!'(브세그다 가또브!)를 번역한 것이었다. 그러나 사실 알고 보면 이 구호는 보이스카우트의 구호 'Be prepared!(준비!)'에서 나온 말이다.

세계 잼버리대회는 4년에 한 번 열리는데 한국에서는 1991년에 강원도 고성, 그리고 2023년에 전라북도 새만금에서 개최되었다. 새만금 간척지에서 개최된 잼버리는 준비 부족과 간척지 생태환경을 무시한 졸속 진행으로 실패하였다. 원산의 국제소년단야영소는 세계잼버리대회를 위한 적합한 장소일 수 있다. 조선소년단이 세계스카우트연맹의 가입 단체는 아니지만, 정치적 이념을 떠나 세계 잼버리 대회를 원산에서 개최하는 것을 생각해 보았으면 한다.

앞으로 원산을 중심으로 남북한 균형발전과 국제교류를 고려할 때 다음과 같은 구상을 생각해 볼 수 있다.

1) 한반도 균형발전
　　① 경원선의 남북 철도연결과 강원도 동해선의 남북연결 및 미건설구간 건설
　　　 (동해선을 해안관광선으로 개발, 해안도로 정비)
　　② 수산협력
　　　 (공동어로, 수산양식의 기술협력과 공동가공, 어구제조 등 협력, 연어를 이용한 식품개발과
　　　 통조림가공 수출 등을 남북공동으로 추진)
　　③ 고산지대 농축산업 협력(공동가공, 공동판매, 직매장 판매)
　　④ 보건위생부문 협력(병원간 유무상통, 의과대학 간의 학술지식교류, 보건위생분야 물품협력)
2) 국제교류
　　① (가칭) 원산-금강산-평창 세계 청소년 이동 야영대회 개최
　　② (가칭) 원산-동해 간 해안도로 세계자전거 대회 개최
　　③ 갈마해안관광지구에 들어서는 전람관, 컨벤션 센터를 국제회의용으로 적극 활용
　　④ 동해안 국제 크루즈 여행(남-북-일-러)

미래의 원산이 한동해 지역으로 통합된 한반도의 동해안 중심으로 부활하기 위해서는 남북한 사람들이 스스로 민족문명의 길을 만들고 개척하는 것이 중요하다. 국제정세와 안보정세가 분단상황을 고착화시키는 방향으로 가더라도 민족문제를 고민하는 사람들은 원산의 미래에 대해 끊임없이 제안하고 협력의 끈을 찾아 모색하는 진정성을 드러내야 한다.

여덟 번째 도시,
영덕

영덕 **Yeongdeok**

위치	경상북도 동부
인구*	33,499명 (2024년 7월 기준)
면적	741.06 km²
기후	온난한 기후, 계절풍 영향
GRDP**	9,156억 8,900만원

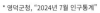

* 영덕군청, "2024년 7월 인구통계"
** KOSIS, "경상북도 경제활동별 지역내총생산", 2021년 기준

영덕대게가 숨쉬는 바다,
영해에서 축산항을 바라보다

김인현
고려대 법학전문대학원 명예교수

동해안 12도시를 탐방하면서, 경상북도 영덕군에 대해 무엇을 소개할 수 있을까? 영덕군은 다른 항구도시와 마찬가지로 바다에 면하여 수산업과 해양관광이 발달했다. 봄철에 제철인 영덕대게는 전국적인 브랜드로 널리 그리고 오랫동안 그 명성을 떨쳐왔다. 최근 자취를 감추어 가는 오징어나 물가지, 꽁치로도 잘 알려져 있는데, 영덕군은 경북 수산의 약 20%를 점유하는 자타공인 수산도시이다. 그뿐만 아니라 해안선은 98km로 경북 해안선의 약 18%를 차지하는데, 청정한 바다를 바라보면서 해변가를 걷는 블루로드길도 전국적인 인기코스이다.

영덕군의 대표적인 항구에는 강구항과 축산항이 있다. 강구항은 지리적으로 경부고속도로와 연결된 포항과 가깝기도 하고, 7번 국도변에 위치하여 해마다 많은 관광객들이 찾아온다. 영덕대게로도 특히 잘 알려져 있다. 그런데 강구항에 비해서는 덜 알려져 있지만, 풍성한 역사 및 관광의 이야기가 샘솟는 항구가 있다. 바로 축산항이다. 이 자리를 통해 영덕에 곁들여 축산항에 대한 이모저모를 함께 살펴보고자 한다.

영덕

영덕군 일반

'영덕'은 영덕군 내의 행정 구역인 영덕읍을 지칭할 때도, 영덕군 전체를 부를 때도 사용된다. 영덕군은 경상북도의 10개 시 13개 군 중의 하나이다. 동으로는 동해바다, 북으로는 울진, 남으로는 포항, 서로는 영양과 청송에 면하고 있다. 인구는 현재 3만 4천 명이며 한때 12만 명에 이른 적도 있다.

영덕을 이해하려면 먼저 영덕군의 북부인 영해를 알아야 한다. 역사적으로 영덕은 야시홀군으로, 영해는 우시군으로 불리다가 통일신라 경덕왕 16년(757)에 각각 야성군과 유린군으로 개칭되었다. 고려 태조 23년 신라의 야성군은 영덕군으로, 신라의 유린군은 예주로 또 다시 개칭되었다. 현종 9년 1018년에는 동해의 중심인 예주에 방어사를 파견하였고, 이때 영덕군은 예주의 속읍이 되었다. 충선왕 2년 1310년에 이르러서는 예주가 영해부로, 조선 태종 13년 1413년에는 영해도후부로 개칭되는데, 이로부터 500여 년 이후 1906년 영덕군과 영해군이 각각 독립된 행정구역이 되었다. 그리고 1914년 영해군은 폐군되었고, 영덕군에 속하게 되었다.

영덕은 호국의 성지라고 불릴 정도로 관련 유적이 많다. 1382년 왜구가 축산항으로 쳐들어와서 동해안이 큰 피해를 입었다. 이에 고려조정은 윤가관 장군으로 하여금 영해성과 축산성을 쌓도록 했다. 그 이후로 축산항에는 종4품의 수군 만호가 주둔했다. 1592년 임진왜란이 일어났을 때, 축산면 도곡 출신 박의장은 경주부윤으로서 수류탄을 만들어 전과를 올린 바 있다. 그는 임란 공신이 되어 불천위제사의 주인공이 되었다. 구한말 신돌석 장군 또한 영덕군의 축산면 출신이었고, 한국 전쟁 시에 학도병들이 장사상륙작전을 했던 '문산호'는 영덕군 남정면의 장사리에 위치한다.

영덕의 경제는 반농반어라고 할 수 있다. 강구항과 축산항을 중심으로 수산업이 발달했다. 특별히 큰 기업은 영덕에 없으나 관공서가 다수 자리잡고 있는데, 공무원들이 영덕의 경기를 좌우한다는 말이 있을 정도이다. 강구수협과 영덕북부수협이 주요한 공공기관 중 하나이다.

게다가 영덕은 문학과 예술에도 능한 곳이다. 유학으로 안동에 버금갈 정도의 인물이 나오기도 했는데, 고려시대 가사문학으로 유명한 신득청 선생이 그 중 한 명이다. 고려 공민왕 때 과거에 급제했고, "역대전리가"를 지어서 공민왕에게 불러주었다고 한다. 고려 말 이곡 선생은 영해 괴시마을에 장가를 들었고, 그의 아들 목은 이색 선생은 유학의 대가로서, 외가가 있는 영해의 상대산 관어대에 올라 "관어대부"라는 시를 남겼다. 조선 중기 남인의 영수였던 갈암 이현일 선생은 창수면 인량 출신이다.

영덕의 관광지로 유명한 곳은 앞서 언급한 영덕 블루로드길이다. 부산에서부터 고성까지 이어진 688km의 해파랑길의 일부로, 영덕대게공원에서 출발하여 축산항을 거쳐 고래불해수욕장에 이르는, 도보여행을 위해 조성된 64.6km의 해안길이다.

남정리에 대게 형상이 있는 대게공원이 있다. 이곳이 블루로드의 남쪽 시작점으로, 블루로드 D코스이다. 인근에 부경온천과 장사해수욕장이 있는데, 6.25 장사상륙작전에 투입되었다가 침몰한 문산호를 관광의 목적으로 재현해 두었다. 좀 더 걸어가면 보이는 부흥리는 전반적으로 조용하고 아름다운 어촌마을이다.

다음으로 최불암과 김혜자의 드라마 '그대 그리고 나'의 촬영지로 유명한 강구항을 만난다. 여기서부터 블루로드 A코스의 시작이다. 삼사해상공원에서 해마다 새해 타종행사를 하는데 사람들이 많이 모여 인산인해를 이룬다. 쭉 걷다 보면 풍력발전 단지도 찾아볼 수 있다. 그리고 A코스의 마지막에 해당하는 영덕해맞이 공원의 창포말 등대를 자랑하지 않을 수 없다. 대게 다리 모양의 등대로 1984년 세워졌는데, 6초에 한 번씩 점등한다. 영덕블루로드 B코스의 시작점이기도 하다.

블루로드길에서 가장 아름답다는 축산항 죽도산 등대에 올라서면 확 트인 동해바다가 펼쳐진다. 아래를 내려다보면 아기자기한 축산항의 전경이 보인다. 축산항에서 해변가를 따라 걷다보면 와우산의 영양 남씨 발상지에서 "목은사색의 길"이라고도 불리는 블루로드 C 코스가 시작된다. 과연 역사와 사색의 길이라는 설명이 딱 들어맞는다. 목은 이색 선생의 외가가 영해면의 괴시마을인데, C 코스를 쭉 걷다보면 그가 찾았다는 관어대에 들를 수 있다. 조선시대 학문의 대스승인 목은 이색 선생이 올랐다는 관어대를 한번 방문하여 시를 남기는 것이 유학자들의 꿈이었다고 한다. 더 가다보면 8km의 고운 모래가 펼쳐진 명사이십리, 고래불 해수욕장이 나온다.

사진 1 해파랑공원 대게 조형물
©철도산업정보센터

사진 2. 창포말 등대에서 필자

해변가를 조금 벗어나서 내륙으로 들어가면 나라골로 알려진 창수면 인량리가 있다. 삼보컴퓨터의 이용태 박사가 출생한 곳이다. 조선시대 중기 유학의 대가였던 갈암 이현일 선생의 종가도 남아있다. 임진왜란 이후 기사환국을 계기로 영남 남인이 정권을 잡아 5년간 집권했는데, 이 시기갈암 선생이 중요한 역할을 하였다. 그는 퇴계 이황의 학맥을 이어받은 정통 영남 남인 유학자였다. 더 둘러보면 고려 공민왕 1355년 나옹 왕사가 건립한 장륙사를 찾을 수 있다. 나옹 왕사 또한 영덕 출신이다. 그의 "청산은 나를 보고"라는 시는 널리 알려져 있다.[1]

---

[1] 나옹선사의 선시(禪詩)
청산은 나를 보고 말없이 살라하고 창공은 나를 보고 티없이 살라하네.
탐욕도 벗어놓고 성냄도 벗어놓고 물같이 바람같이 살다가 가라하네.
청산견아무어거(靑山見我無語居) 창공시오무애생(蒼空視吾無埃生)
탐욕이탈노포기(貪慾離脫怒抛棄) 수여풍거귀천명(水如風居歸天命)

영덕군의 해양 수산

영덕군은 농림어업의 비중이 상당히 높다. 경북 평균이 5.4%이고 울진이 5.1%인데 비하여 영덕은 17%를 차지한다. 영덕군에는 연안항(강구항) 1곳, 국가어항이 3곳이 있다. 이 국가어항 중 하나가 축산항이다. 이는 영덕군이 해운을 하지 않는다는 말이기도 한데, 이것은 항구가 무역항으로 지정이 되어야 포항과 부산처럼 외국상선의 입항과 출항이 가능하기 때문이다. 강구항은 연안항으로서 내항상선의 입항이 가능하지만, 여객선의 기항은 그렇지 않다. 따라서 소개가 어촌으로밖에 될 수 없는 한계가 있다.

구분		단위	영덕군		경북		대비
항만	연안항	개소	1		4		25%
어항	국가어항	개소	3	28	130		22%
어항	지방어항	개소	6	28	130		22%
어항	어촌정주어항	개소	6	28	130		22%
어항	소규모어항	개소	13	28	130		22%

표 1.   경상북도 대비 영덕군의 항만 및 어항 수

구분	단위	영덕군	경북	대비
해안선	km	98.22	537	18%
어촌계/어가인수	개소/명	27/1,155	535/5,519	17%/21%
수협	개소	2	9	22%
어선세력	척수	612	3,335	19%
어업면허	건/ha	306/2,538		
어업허가	건	763		
어업신고	건	178		
수산업경영인	명	120	850	14%
어업지도선	척	1척	3	33%
해수욕장	개소	1	4	25%
수산가공업체	개소	1	4	25%

표 2.   경상북도 대비 영덕군의 해양 및 수산 자원 현황

영덕   Yeongdeok   219

강구항과 축산항에서 나는 어종으로는 대게, 삼치, 방어, 오징어, 물가지미 등이 있다. 조업을 하는 방법에는 주로 해변가에 일정한 구획을 정하여 군청으로부터 면허를 받는 정치망어장이 있다. 어업에 종사하는 사람들은 아침에 어장에 가서 그물에 든 고기를 잡아오는 일을 반복하는데, 일반적으로 트롤어선이나 오징어 채낚기, 자망과 같은 그물로 물고기를 잡는다. 어업의 방식에는 크게 연안어업과 근해어업이 있는데, 연안어업은 해안선에서 가까운 지역에서, 근해어업은 일본과 가까운 배타적 경제수역을 포함한 더 넓은 범위의 경제수역에서 이루어진다.

축산항은 2023년도에 4,359톤을 위판하였고, 위판고는 10,572백만 원이었다.[2] 이웃의 강구항은 약 2배의 규모로, 11,332톤을 위판하였고, 위판고는 27,411백만 원이었다.

구분	합계(수량/금액)	강구수협	영덕북부수협
2022	15,473톤/44,665백만원	10,296톤/30,044백만원	5,177톤/14,620백만원
2023	15,691톤/34,983백만원	11,332톤/27,411백만원	4,359톤/10,572백만원

표 3.   수협별 위판실적

축산항 일반

포항에서 7번 국도를 타고 북으로 가다보면, 오른쪽으로 조금씩 바다가 보이기 시작한다. 흥해 월포 송라라는 익숙한 이름의 도시를 지나고, 장사부터는 영덕군의 마을이다. 계속해서 강구를 거치고 영덕읍을 지나서 도곡에 이른다. 이제 7번 국도를 벗어나 지선으로 들어가고, 도곡에서 약 2km를 달리면 염장이라는 동네가 왼쪽으로 지나간다. 염장에서 약 100m를 내려오면 오른쪽 차유로 가는 길이 나오는데, 이곳에서 90도를 좌회전하여 보면 신정동진 축산항이다. 세종시의 정동(正東)에 위치한다고 하여 신정동진이라는 별칭이 붙었다.

---

[2]   2018년 오징어, 청어, 물가자미가 주요 어획으로 총 21,263백만 원의 위판고를 올렸다. 2019년에는 19,596백만 원이다. 축산항 수협은 연간 200억 원 내외의 위판고를 올리는 곳이었다.

축산항의 입구에서 보면 태백산의 마지막 줄기인 와우산이 정면으로 보인다. 오른쪽으로는 말미산이 높게 솟아 있다. 이 두 산을 이어줄 듯 말 듯 죽도산이 자리하고 있다. 말미산과 와우산은 약 1km의 간격으로 떨어져 있는데, 그 사이에 백사장이 펼쳐져 있다. 또 그 사이로 축산천이 흐른다. 이처럼 축산항은 태백산맥의 동해안 끝자락이 남북으로 놓여있는데, 북으로는 와우산, 동으로는 말미산과 죽도산을 두고, 그 사이에 마을이 형성된 지형이다.

사진 3. 축산항의 전경

조선시대에 축산항은 영해부의 남면이었다.[3] 현재는 경북 영덕군 축산면에 속하고, 면 소재지는 도곡에 있다. 강구항과 함께 영덕군의 두 개의 어항 중의 하나이자, 축산면의 경제적인 중심지이다. 축산항은 축산1동과 2동(일명 염장, 혹은 양장), 3동으로 구성된다. 사진 3동(말발)과 경정 2동(차유), 경정 1동 및 경정 3동(오매) 등도 축산항과 경제적인 생활권을 같이 한다. 축산항은 축산수협(현재 영덕북부수협)의 행정구역에 속하

---

3   축산면은 현재 영덕군에 속한다. 축산면은 영해부에 속하다가 영덕군에 속하게 되었다. 1896년 행정개편으로 영해부는 영해군으로, 영덕현은 영덕군으로 되었다. 영덕군지 상권, 영덕군청, 2002, 405면. 1914년 전국 317군중 97개군을 폐지할 때 영해군도 폐지되고 영덕군에 흡수되었다. 영덕군지 상권, 전게서, 196면.

기도 한다.[4] 병곡면의 금곡에서 축산면의 경정3동까지가 축산수협의 관할이다.

역사적으로 축산항은 조선시대 해군을 지휘하는 수군만호가 주둔했던 곳이었다. 고려 말부터 시작하여 조선중기까지 존재했고,[5] 부산으로 합쳐졌다가 대원군 시기에 다시 복원한 것으로 알려져 있다. 당시 성곽의 유적이 남아있다.[6] 또한 일제 강점기에는 일본사람들이 들어와서 어업에 종사했는데, 정어리를 잡아서 통조림을 만드는 데에 축산항이 활용되었다고 한다. 지금도 경도산업이라는 통조림 공장의 흔적과 삼영조와 같이 일본사람들이 협동조합의 사무실로 사용하던 집도 남아있다.[7] 축산항에 전기와 전화 인프라는 1950년대부터 이미 구축되어 있었고, 영화관 양복점 병원도 모두 갖추고 있어 그 자체로 도시 기능을 할 수 있었다.

축산항은 영양 남씨의 발상지로도 잘 알려져 있다. 755년 신라 경덕왕 14년, 당나라 고위관리였던 김충은 축산항에 표류했었는데, 이때 신라 경덕왕이 그에게 식읍을 주고 남씨성을 하사했다. 이렇게 남민은 영양 남씨의 시조가 되었다. 와우산 자락에는 1798년 건립된 유허비(남공철)가 세워졌는데, 영양 남씨들은 원구 및 영해의 호지마을에서 집성촌을 이루고 살아왔다. 영해 4대 성씨 중 하나이다.

항해자들에게 축산항의 죽도산은 특별한 의미가 있다. 김정호 선생의 대동여지도에 따르면 과거 축산항은 육지와 떨어진 섬이었고, 동해안에서 육지와 붙어 항해할 때 섬으로 나타나는 곳이 바로 죽도산이었다. 이처럼 과거 항해 기술이 미흡하여 연안 항해만 하던 시절에 죽도산은 중요한 항해의 표적이 되었다. 그러나 이로 인해 고려시대에 왜

---

[4] 울진과 같이 울진 후포수협, 울진 죽변수협으로 이름을 변경해야 한다. 고유한 축산이라는 이름이 남아있지 않기 때문이다. 김영복 조합장이 현재 재임중이다. 축산 수협장으로는 정찬문, 강주탁, 김준동, 김복이, 김성용, 박노창, 김영복이 대를 이어갔다.

[5] 축산만호의 이름이 향토사학자인 이완섭 의원에 의하여 복원되었다. 영덕고향신문에 나와있다. http://www.ghcyy.kr/default/index_view_page.php?part_idx=902&idx=902. 임진왜란시에 권전이라는 분이 있다. 1635년부터 1713년까지 축산만호의 이름이다.

[6] 축산1동 와우산 아래 민가에 200m에 걸쳐 남아있다.

[7] 삼영조에 대한 기록은 포항의 해양문화에 나와 있다(각주 23을 참조바람).

구들이 동해안을 침략할 때 목적지가 되었던 것으로도 판단된다. 현재에도 동해안을 항해할 때 죽도산은 포항의 장기갑과 함께 해안가로 툭 튀어나온 곳으로, 항해자들에게 중요한 표식이 되어 자신의 위치를 파악하는 데 도움을 준다.

지방자치제가 시작되면서, 천연항인 축산항의 관광자원이 개발되기 시작하였다. 이전 장에서 언급했듯, 바다에 면한 64km 구간은 관광을 위해 블루로드의 일부로 만들어졌다. 축산항은 가장 아름다운 구간인 B코스 중에서도 백미이다. 차유에서 말미산의 해안가를 따라 죽도산을 목표로 잡고 기암괴석의 사이를 지나 걸어보면 바다와 하나가 되어 힐링이 되는 기분을 느낄 수 있다. 이어서 만나게 되는 축산항 블루로드 다리는 푸른 바다와 모래사장과 산을 잘 연결해주는 아름다운 다리이다.

죽도산에도 나무계단이 설치되어 있다. 해발 80미터의 죽도산(일명 대밭산) 정상에는 등대가 있다. 죽도산에 올라서면 동해바다를 시원하게 내려다 볼 수 있다. 북으로는 후포, 남으로는 포항까지 보인다. 앞을 내려다보면 축산항 마을이 보인다. 오른편에 생성된 항구와 왼편의 축산천 사이의 폭은 불과 20m에 지나지 않는다.[8] 또한 봉화산의 봉화대도 역사성이 있는 곳으로 관광할 만한 곳이다. 봉화대에 오르면 아래 축산항의 전경이 그림같이 펼쳐진다. 죽도산이 마치 바다에 떠있는 것 같다.

사진 4. 정효각

---

[8] 죽도산에는 절도 있었다. 현담스님이 적은 영덕폐사지 불적답사와 불교현황에 나온다고 한다.

염장에서 축산항으로 가는 사이, '도치머리'라는 곳에 안동 김씨 가문이 자랑스럽게 여기는 정효각이 자리하고 있다. 조선시대 철종이 왕위에 있을 적, 아버지(김병형)와 아들(김성균)의 대를 이은 효행이 주민들을 감동시켰다. 이에 경상도의 유림들이 이들을 표창하라는 상소를 올렸고, 철종이 1857년 정효각을 하사했다. 그리고 고종 5년인 1867년에 건립되었다. 정효각(旌孝閣)이라는 현판은 영의정을 지낸 민규호가 쓴 글이다. 김병교 예조판서의 글 또한 남아있다.[9] [10]

축산항의 대표적인 건축물에는 호동고택과 만호성이 있다. 호동고택은 1920년 천석군 김유진이 지은 30칸 규모의 한옥이다. 조선시대의 구한말 건축양식이 남아있는 모습을 확인할 수 있다. 안타깝게도 2008년 화재로 본채가 소실되었다. 다음으로 조선시대에 축산포의 방어를 위해 만들어진 만호성이 있다. 축산항은 수군기지로서 왜구 침략을 막는 중요한 역할을 했기에 세워졌던 성곽이다. 성곽의 일부가 축산 1동 근처에 남아있다. 대소산(일명 봉화산, 해발 278m) 정상에는 지금도 봉수대가 남아있다.[11]

여기까지 축산항의 몇몇 관광지와 유적지에 대해서 살펴보았다. 축산항은 이웃 영해와 함께 하루 관광하러 오기에 적당하다.

축산항의 해양수산산업

축산항은 반농반어의 지역이다. 2,000여 명의 주민들은 반은 농사로, 반은 어업으로 생활한다. 염장과 축산항 입구에 있는 논은 옥답이다. 비옥하여 산출이 많다.

---

[9] 이에 대한 자세한 내용은 양천세헌록이 있다. 양천세헌록은 김진현 선생이 윗대로부터 내려오던 상소문과 조상들의 편지글 등을 1989년 책자 형태로 만들어졌다. 이것을 2020년 안동김씨 집안에서 고려대 신창호 교수 등에게 의뢰하여 번역을 했다.

[10] 이를 계기로 안동김씨 영해파는 크게 번성했다. 구한말 천석군 김창진(사헌부 감찰), 김용한(도의원), 김수영(도의원), 외손으로 한국원(전 국회의원), 정수창(전 상공회의소 회장), 한용호(전 대우건설회장)가 나왔다.

[11] 대소산 봉수대에 대하여는 축산면지, 276면에 있다. 100명까지 병졸이 있었다고 한다.

축산항에는 조그마한 어선들이 많으며, 어획하는 방법으로 연안 자망이 가장 널리 사용된다. 영덕에서 산출되는 대게의 대부분은 연안 자망을 통해 잡힌다. 어업에 종사하는 업종으로는 어선 선주, 어선 선원, 중도매인, 수산물 가공업자 등이 있다. 축산수협에는 약 1,000여 명의 조합원이 있고,[12] 그중 축산리에는 약 350명이 있다. 그러나 최근에는 어업에 종사하던 축산항의 주민들이 연로하여 젊은 선원들을 찾아보기 어렵게 되었고, 그 자리는 외국인으로 많이 채워졌다고 한다. 정치망 어장의 경우 선장을 제외한 7명의 선원 중 대부분이 외국인인 경우가 많으며, 1인 선주가 연안에서 자망을 하는 경우도 많다.

또한 축산항에는 전통적으로 중매인(중도매인)이라는 위탁매매인들이 활동해왔다. 서울의 상인들이 축산항이나 동해안에서 산출되는 고기가 필요한 경우 중매인에게 매입할 것을 부탁한다. 그럼 중매인은 새벽에 어판장 입찰에서 낙찰을 받아 고기를 차에 실어서 서울 상인에게 올려보내준다. 대금과 수수료를 받아 수협에 납부하면 일이 종료된다. 그런데 상인들이 물건만 받고 대금을 내지 않는 일들이 발생하거나 외상을 함으로써, 현지의 중매인들이 어려움을 겪은 바도 있다. 여기서 중매인은 상법에서 말하는 위탁매매인이다. 매수위탁의 경우 위탁매매인이 대금 지급의무를 부담한다. 이처럼 낙찰받은 수산물의 대금 지급은 서울의 상인들이 아니라 중매인에게 지급의무가 있기 때문에, 수협은 중매인으로부터 담보를 받아둔다. 따라서 서울 상인이 대금을 납부하지 않으면, 결국 중매인의 담보물이 경매되는 일이 발생한다. 이런 일이 왕왕 일어나서 현지 중매인들이 몇차례 피해를 보았다.[13]

축산항은 국가가 관리하는 어항이자, 어선의 정박이 가능한 천연항이다. 원래 축산천

---

[12] 축산수협이 관할하는 지역은 금곡2리, 백석, 병곡, 대진 1리, 대진 2리, 대진 3리, 사진 1리, 사진 2리, 사진 3리, 축산리, 경정2리, 경정 1리, 경정 3리 등 13개이다.

[13] 자세한 내용은 김인현, "수산물 산지 중도매인의 법적 지위와 보호에 대한 연구", 유통법연구 제6권 제2호 (2019),77면 이하를 참고바람.

은 와우산과 죽도산 사이로 흘렀는데, 어항으로 만들기 위해 강줄기를 밖으로 돌려서 천방에 둑을 쌓았다. 그렇게 해서 강물의 흐름은 차단되었고, 죽도산이 동쪽의 병풍처럼 파도와 바람을 막아주는 천혜의 어항이 되었다. 태풍이 오면 강구 등에서 어선들이 축산항으로 피항을 온다.

그러나 축산항은 연안항이 아니기 때문에 상선이 기항하는 시설들을 갖추고 있지 않다. 더구나 개항(무역항)도 아니어서 외국상선들이 입항하지 못한다. 1970년대 일본 상선이 축산항에서 나는 석영을 얻기 위해, 모래사장 앞에 닻을 놓고 바지선에 석영을 싣고 가서 작업을 했던 바가 있다. 또한 축산항에는 축산항에 등록된 정치망 어장의 어장작업선들이 고정적으로 정박하여 대부분의 자리를 차지하였다. 이에 '영풍회사'라는 정치망 어장을 전문으로 하는 수산 회사[14]의 전문가들과 어민들은 축산항이 새로운 형태의 바다산업을 수용하기에는 부족하다고 보았고, 와우산 뒤편과 사진3동 가는 길에 신항만을 건설해야 한다고 주장했다. 연안 크루즈, 해상풍력발전을 위한 작업선의 기항, 공공기관의 선박, 요트 등을 정박할 공간이 필요하다는 것이다.

한편, 축산항은 울릉도 다음으로 오징어 건조가 많이 이루어지는 곳으로, 10월에서 1월에까지 형성되는 오징어잡이와 오징어건조가 축산항의 큰 산업 중 하나이다. 오징어는 회로 먹기도 하지만 말려서 건조물 20마리당 한 축으로 묶여서 팔린다. 축산천을 사이에 두고 50여 곳의 오징어 건조장이 기업화되었는데, 오징어 가공 산업종사자는 업체당 3명에서 10명으로 약 500명이 종사한다. 최고실적을 올릴 때에는 한 곳에서 20억

---

[14]　어선은 근해와 연안어선으로 구분된다. 근해어선은 도지사가 인허가권을 가지고 있고, 20톤 이상으로 먼바다에서 조업이 가능하다. 연안어선은 영덕군수가 인허가권을 가진다. 축산수협관내에는 400여 척의 어선이 있다. 축산수협에서 근해어선은 20여척으로 오징어채낚기 어선이다. 대부분 연안어선이다. 10여개 면허를 가진 정치망어장은 20톤 이상의 배를 가지고 있다. 나머지는 대부분 연안유자망이다. 대게잡이를 하는 연안자망은 영덕군이 137척이라고 한다.

정도로, 약 1,000억 원의 매출을 올리기도 했다.[15][16][17]

오징어는 축산항의 어선원, 선주, 주민, 오징어 건조업자들에게 경제적으로 모두 큰 도움이 되었다. 어선원은 선주로부터 봉급을 받았고, 선주는 어획에 따라 수입을 얻었다. 주민들은 오징어의 배를 가르고 건조를 하는 일을 하여 수고비를 받았다. 건조업자들은 전주로서 오징어 생물을 사들여 말린 후 서울의 상인에게 판매하여 큰 이문을 남겼다. 통상 10월에 100만 원을 투자하여 오징어 생물을 사서 건조하면 300~400만 원을 받고 팔았다. 온 가족들이 모래사장이나 집안의 공터에 말떼기를 박고 새끼줄을 쳐서 오징어 건조를 했다. 생물을 사서 일주일 정도가 되면 말려져서 20마리 축으로 묶인다. 겨울철 그늘진 곳에 두면 '분'이라는 하얀 타우린 성분[18]이 피면서 상품가치가 생긴다.

정치망 어장에서 나는 방어와 삼치도 축산항의 주요한 수산물이다. 정치망은 해안가 가까운 곳에 그물을 미리 쳐 둔 것이다. 어장어부들은 하루에 한 번씩 아침에 나가서 어장에 든 고기를 잡아서 온다. 방어나 삼치는 무리를 지어다니기에 물때를 만나 한 번 어장에 들면, 수십 수백 마리가 든다. 방어는 고급 일식집에 횟감으로 사용되고, 삼치도 일식집의 구이로 인기가 높기 때문에 이 둘을 잡는 날은 그야말로 '횡재'한 것이다. 1년에 한 번 정도 돌고래 등이 정치망 어장에 걸려드는 경우도 있다. 고래는 포획이 금지된 어종이지만, 그물에 걸려서 죽은 고래는 검사의 서명이 있으면 시판이 가능하다.[19] 가격은 한 마리에 1억 원 정도 된다.

12월에서 4월까지 형성되는 대게잡이는 현재까지도 축산항에서 그 명맥을 유지하

---

15   이길준(영덕군 수산물 건조 영어조합장, 용진수산대표), "축산항의 오징어산업특구 지정 필요성과 기대효과", 제 4회 영덕발전 연구회 세미나, 2021.12.16.

16   용진수산의 경우 2018년 5억에서 2020년 10억원, 21년에는 20억원 매출을 이루었다.

17   영덕군은 2013년 축산항위판장에서 700미터 떨어진 곳에 오징어 손질을 하고 남는 부산물이나 폐수를 처리하기 위해 영덕군 수산물가공센터를 축산항에 만들었다. 이길준, 위 발표자료, 12면.

18   타우린은 간의 해독작용을 돕고 혈압을 낮추는 역할을 하는, 몸에 이로운 성분이다.

19   그래서 영덕에 있는 검사를 고래검사라고 부르면서 친근감을 표현한다.

고 있다. 영덕대게의 원산지는 차유이다. 차유는 경정2리로 축산항의 바로 옆동네이다. 최근 사매가 허용되어 수협의 공판장에서 위판되지 않고, 대게를 잡아온 어부가 직접 소비자에게 판매하고 있다. 대게의 어획고는 강구항과 축산항에서 항상 1, 2위를 다투고 있다. 더불어 도루묵과 물곰도 빼놓을 수 없는 명품 어획물이다. 도루묵은 담백하여 된장을 넣고 찌개로 먹으면 안성맞춤이다. 물곰은 검은색에 흐늘흐늘한 모양인데, 도시에서는 물메기라고도 한다. 살결이 그렇게 부드러울 수가 없어, 아침 해장국으로 딱 알맞다. 물가자미는 축산항의 또 다른 대표적인 어종이다. 잔칫날에 항상 빠지지 않는데, 말리거나 쪄서 먹기도 하고 찌개로 먹기에도 좋다. 4월과 5월에 물가자미 축제가 열리는데, 2024년에는 어느덧 14번째 축제가 열렸다.

2020년과 2021년, 참치가 정치망 어장에 많이 나서 문제가 되었다. 참치는 원래 동해안에서 나는 어족이 아니다. 최근 수온의 상승으로 남해에서 잡히던 것이 북상한 것이다. 참치는 특별히 국제조약에 의하여 보호되는 어족이기에, 해양수산부는 각 군에서 잡을 수 있는 수량의 참치량을 정해주었다. 그러나 이는 아주 소량이었기 때문에 어장에 든 대부분의 참치를 버려야 하는 지경에 이르렀다. 이에 전문가와 군당국은 어민들과 힘을 합쳐서 어획할 수 있는 배당량을 늘려달라는 청원을 했다. 국제기구에도 잘 설명하여 배당량을 더 받아야 할 것이다. [20]

지난 몇 십 년간 남획과 수온의 변화로 인하여, 동해안 축산항에서 산출되는 어종에 큰 변화가 있었다. 1945년 전후에는 정어리, 청어, 꽁치 등이 주를 이루었으나 1960년대에서 1990년대까지는 오징어와 명태, 노가리 등이 주산물이었다. 이후 먼바다에서 나는 어족은 줄어들었고, 현재는 정치망 어장이 어획고의 절반을 차지할 정도로 그 비중이 높아졌다.

1984년 유엔해양법의 발효로 배타적 경제수역이 생기면서 일본의 배타적 경제수역에서 우리 어선이 더 이상 작업을 할 수 없게 되었다. 축산항 또한 위 법의 영향을 피해갈 수 없었는

---

20   김인현, "국제기구 한국의 참치 쿼터를 늘려야", 매일신문 2022.8.12. https://n.news.naver.com/article/088/0000770578

데, 이때부터 대화퇴어장으로 나가는 어선이 줄어들게 되었다. 한일어업협정의 발효로 다시 일본의 앞바다에까지 나가서 작업이 가능했지만, 2016년부터 다시 조업이 중단된 상태이다.

역사 속의 축산항

고려시대 무신 안노생은 축산항을 아래와 같이 노래했다.

"땅은 다하였고 푸른 바다는 크고 넓은데
 구름이 걷히니 섬들이 들어나누나
 큰 물결 거세게 치솟아 천둥울리듯 하니
 놀라서 움직이는 것 같고

 형세가 눈사태 무너지는 듯하고
 만 그루의 대나무 수풀은 연기에 잠겨 고요하며
 수천의 돛단배들은 비를 맞으며 돌아온다.

 바다의 도적 불의에
 침범해 올지라도 소문만 듣고
 바람처럼 꺽이어 달아날 것임을 알고 있다네"

영덕

이처럼 축산항은 영해대도호부의 관문이자 방어지의 역할을 했다. 영해부는 종3품, 축산만호는 종4품, 영덕현령은 종6품의 관직이었다. 영해는 동해안의 전략적인 방어에 중요한 위치에 있었는데, 이는 왜적의 빈번한 공격 대상이었기 때문이다. 특히 1382년 왜적이 대규모로 침입하여 동해안이 크게 피해를 보았는데, 이에 1382년 조정의 명에 의해 윤가관 장군이 주민 2,000여 명을 동원하여 영해성과 축산성을 축조했다.[21] 1592년 임진왜란에도 축산만호가 맹활약을 했다는 기록이 있다.

세종대왕 집권 시기, 여진족을 격퇴하고 두만강 일대 국경 수비에 큰 공을 세운 최윤덕 장군의 일화도 있다. 해동명장전에 의하면, 장군은 젊은 시절 공직에 있었던 아버지 집

---

[21]   축산면지, 2015, 275면

에 놀러왔다가, 축산면 도곡(번계)에서 왜적을 크게 무찔렀다. 이것이 그가 장군으로 크게 성장하는 계기가 되었다.

조선시대에 이지항이라는 동래에 사는 선비가 영해를 가기 위하여 배를 탔는데,[22] 풍랑을 만나서 일본의 북해도에 도착했다고 한다. 아이누족을 만나고 에도를 거쳐서 조선으로 귀환하게 되었다. 이를 일기 형식으로 자세히 다룬 책이 포해록이다. 숙종 1696년의 일로 알려져 있다. 이지항 선비가 영해를 가려고 했다는 기록에 의하면 도착지는 축산포였을 것으로 보인다.

1696년(숙종 22년) 안용복 선생이 2차 울릉도/독도 도일시 숙종실록(22년 8월 29일자)에 의하면 영해부에 들러 유일부라는 어부를 태웠다고 한다.[23] 학자들은 영해에 정박시설이 없으므로 축산포였을 가능성이 높다고 본다.

순조실록에 의하면 1812년경 축산포에서 강원도의 흉년에 대비해 수송 중이던 쌀 1만 3천 석이 침몰했다고 한다.[24] 이는 곡창지대인 영해지방에서 생산된 쌀이 강원도와 경상도로 공급되었다는 것과, 축산포가 곡식의 창고 및 조운 기능을 담당했음을 알 수 있다.

한편 축산항 근방에는 무안박씨, 진성이씨, 안동김씨, 청주한씨, 안동권씨들이 대성을 이루며 살아왔다. 각각 무안박씨와 진성이씨는 도곡과 상원에, 안동김씨는 축산2동인 염장에서, 청주한씨들은 축산항에서 거주했다.

---

[22] 아버지상을 치르고 영해에 볼일이 있어서 어물도매상을 하는 사람들의 배에 타게 되었다고 한다.

[23] 울산에서 순천 송광사의 승려 뇌헌 등 11명을 포섭하여 울릉도로 출항했다. 중간에 영해에 들리게 되었다.

[24] 순조실록 제17권으로 순조 14년 윤 2월9일의 일이다. 경상 감사 김노응(金魯應)이, 북으로 곡식을 운반하던 40여 선(船)이 영해(寧海)의 축산포(丑山浦)에 이르러 바람을 만나 침몰하였는데, 대략 1만 3천여 석이라고 급히 계문하였으므로, 비변사에서 아뢰기를, "영남의 곡식 수만 포(包)는 바로 북도 백성들의 생명에 관계되는 것인데 갑자기 바다에 침몰되었으니 너무나 놀랍습니다. 지금 당장 다른 곡식을 다시 배분하여 밤을 도와 실어 보내야 하겠습니다. 그런데 전에 호남으로 실어 보낼 때 양서(兩西)029] 의 곡식이 길은 멀고 기일은 촉박하여 먼저 경사(京司)의 돈으로 임재(賃載)하여 내려 보내었고, 곡식으로 바꾸어서 나누어 주도록 하였던 것입니다. 이번에도 이 전례에 따라 균역청(均役廳)에 남아 있는 돈 1만 냥을 차원(差員)을 정하여 실어 보내고, 곡식으로 바꾸어 보태어 환급토록 하며, 그 밖의 부족한 수량은 본도에 있는 군역청의 기사년의 호환곡(互換穀)과 아무 사(司)의 아무 종류의 곡식 중에서, 편리한 대로 취용(取用)해서 1만 3천 석의 수량을 채울 일입니다. 그리고 빠져 죽은 사공과 격군(格軍)에 대해서도 후하게 진휼하소서." 하니, 윤허하였다.

1909년 축산항에서 김유진을 비롯한 유지들이 현대식 사립학교인 위산학교를 세웠다는 기록이 황성신문에 남아있다.[25] 그리고 구한말 개화기 축산항에 명태 중계무역을 하려는 천석군들이 등장했다. 일제 강점기 일본인들은 축산항에서 나는 생선으로 통조림을 만들기 위하여 현재의 어항을 개발하였고, 이 과정에서 죽도산을 축산항의 뭍과 연결시켰다. 이외에 일제 강점기의 축산항에 대한 기록은 찾아보기 힘들다.[26]

1945년 해방된 후에 한국원 씨가 국회의원이 되었고, 염장 출신의 김정한 선생이 1957년 영해고등학교가 건립되도록 부지를 희사했다. 김용한 씨는 1952년 도의원에 피선되었고, 한영수 씨가 영덕군의회의장으로 피선되었다. 영해출신이지만 축산면을 대표하는 영덕군의원이 되어 도의원을 지낸 손경찬 씨도 있다.

영덕군과 축산항의 미래와 과제

영덕군은 청송이나 영양과 달리 바다에 면해 있다는 장점이 있다. 바다를 이용한 산업을 더 개발해서 인구를 늘리고 경제에 활력을 불어넣는 등, 영덕의 부가가치를 올려야 한다. 영덕의 바다는 아직까지 한정적으로 이용되었는데 해양치유사업, 심층수의 개발, 해상풍력개발 등도 앞으로 유망할 것이다. 영덕은 청정한 곳이므로 새로운 에너지 자원을 개발할 필요가 있다.

수산업에 크게 의존했던 어항은 어족의 고갈로 어획고가 줄어들어 문제이다. 연안에서 나는 영덕대게와 물가자미 그리고 정치망 어장에서 나는 고기로 명맥이 유지되고 있다. 특히 오징어 산출이 줄어든 것이 경제적으로 큰 타격이다. 이러한 어족자원의 고갈로 인해 잡는 어업에서 기르는 어업으로 방향이 바뀌고 있으므로, 내수면 양식업도 염두에 둘 만하다.

---

[25] 영덕의 독립운동사, 영덕군, 영덕문화원, 2019, 214면.

[26] 미츠요시 사타로(三好佐太郎)라는 사람이 소개되고 있다. 그는 부산에서 미곡상을 하였으나 1921년 축산으로 와서 대규모어업을 경영했다. 1930년에 비료제조, 판매와 해산물 매래를 목적으로 축산에 자본금 10만 원의 합자회사 삼영조(三榮組)를 설립하고 약유비(정어리 기름으로 만든 비료) 제조판매에 주력했다. 강제윤외 4인, 포항의 해양문화, 268면.

강구항은 연안항으로 지정되어 무역 및 해운업을 하는 내항상선의 기항과 연안 크루즈와 같은 해운업이 가능하게 되었다. 그런데 오십천에서 냇물이 강구항 안으로 흘러 들어와서 홍수가 나면 정박중인 어선에 피해가 갈 수 있는데, 이를 해결해 주어야 한다. 축산항의 경우 어항이 제 기능을 다하지 못한다. 항이 작아서 방문하는 어선을 모두 수용하기엔 부족한데, 정치망 어장에 사용되는 어선도 크기가 커졌다. 게다가 항구의 입구를 너무 좁고 길게 지어서 대형선이 입항을 기피하는 것도 문제다. 신항만의 건설이 필요한 시점이다.

관광 측면에서, 축산항과 영해는 통일신라 고려 조선의 유적이나 유물을 모두 볼 수 있는 곳이다. 동해안에서 만호성의 유적이 있는 유일한 곳이기도 하다. 두 곳 모두 역사해양관광지로 개발해야 한다. 축산 만호성 복원 또한 가장 시급하고 중요한 사업이다. 이렇게 되면 축산항은 우리나라 그 어느 곳보다 경쟁력이 있는 어항이 될 것이다. 해양관광에 역사성을 더할 수 있는 동해안의 유일한 곳이 영덕 북부 축산항-영해일원이다.

영덕의 교통은 동해선, 포항과 삼척 간 철도가 개통되면 획기적으로 달라질 것이다. 영덕까지만 연결되었던 철도는 이제 영해, 후포를 넘어 울진과 죽변을 거쳐 삼척에 이르게 된다. KTX와 연결되어 외지인들의 접근성이 한결 나아질 것으로 기대된다. 영해 대진1리에 설치될 전국 유일의 고래쉼터는 동해안 명승지가 될 것이다.

더불어 안동에는 퇴직 과학자를 위한 마을이 만들어진다. 최근 청정지역인 축산항을 찾는 은퇴자들이 늘어나고 있다. 안동에 퇴직 과학자를 위한 마을이 조성되는 것처럼, 강구에서 축산항에 이르는 해안가에 은퇴자를 위한 마을을 조성해도 경쟁력이 있다고 본다. 인구의 격감을 막는 문제는 어느 어항과도 마찬가지이다.

1970년대 하길종 감독이 만들어서 사회적인 반향을 크게 불러일으킨 영화 "바보들의 행진"에 나오는 노래 가사 "고래사냥"이 다시 부활할 것이다.

"자 떠나자 동해바다로, 삼등 삼등 완행열차 기타를 타고…"

도심에서 지치고 힘든 젊은이들을 영덕이 끌어들여 21세기 고래사냥을 목이 터져라 외칠 그날을 고대한다. 그 중심에는 영덕북부지방의 역사해양관광 자원이 있다.

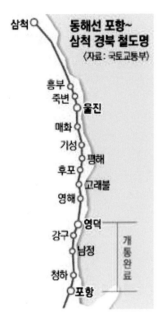

자료 1. 동해선 철도
©국토교통부

아홉 번째 도시,
함흥

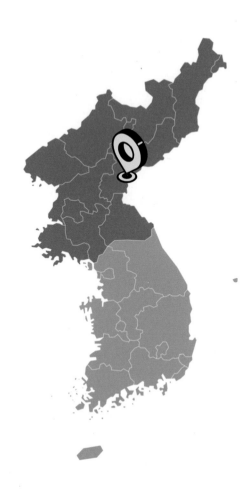

함흥 Hamheung

위치	**함남 함흥만 연안**
인구*	**544,000명 (2019년 기준)**
면적	**556 km²**
기후	**푄 현상으로 인해 기온이 높은 기후**
GRDP	

* https://kosis.kr/statHtml/statHtml.do?orgId=101&tblId=DT_1ZGA281&conn_path=I2

조선왕조 발상지, 함흥
-남북(포항-함흥)교류의 중심이 되길 희망하며

이재원

포항지역학연구회 대표,
포스텍 융합문명연구원 겸직교수

북한에서 가장 큰 도시는 어디일까? 누구나 평양이라고 쉽게 대답할 것이다. 그럼, 두 번째로 큰 도시는? … 쉽게 대답이 나오지 않는다. 일등만 기억하는 습성이라고만 하긴 어려울 것이다. 그만큼 정보도 없었으니 말이다. 북한에서 두 번째로 큰 도시는 인구 100만¹에 가까운 남포시이다. 그렇다면 세 번째로 큰 도시는? … 이쯤 되면 질문자는 외면받기 일쑤다. 그냥 답을 말하지 왜 자꾸 물어보냐고 말이다. 그만큼 우리는 북한의 도시에 대해서 잘 모르고 또 무관심하기도 하다. 정답을 말하자. 바로 함흥이다. 한반도가 남북으로 나뉘어진 지 80여 년. 이제 북한의 도시를 가본 사람은 거의 없으니 '함흥' 하면 누군가는 그저 함흥냉면 정도만 떠올릴지 모르겠다. 그마저도 요즘은 물냉면, 비빔냉면으로 구분하지 함흥냉면, 평양냉면 하면 헷갈려 한다. 유행가 가사를 살펴봐도 함흥의 남쪽, '흥남'이 들어가는 대표적인 노래는 '눈보라가 휘날리는 바람찬 흥남부두에~'로 1953년 발표한 '굳세어라 금순아'가 있다. 40년이 흘러 이 노래

---

¹ 2008년 기준 983,660명 (위키백과)

의 앞 소절을 따서 '흥남부두'가 다시 등장하는 강산에의 '라구요'가 발표된 것도 1993년이니 이미 30년도 더 지났다. 분단이 길어질수록 함흥을 비롯한 북한의 도시들은 우리의 일상에서 멀어져 가고 오히려 외국의 도시들보다 더 낯설게만 느껴진다. 하지만 조금만 시간을 거슬러 올라가도 우리의 역사에 등장하는 도시임은 물론이다. 게다가 함흥은 나의 고향인 포항과 여러 유사한 점을 발견할 수 있어 더욱 매력적이고 정이 가는 그런 역사도시이다.

조선을 일으킨 땅, 함흥[2]

함흥은 예로부터 함경남도의 중심도시이며 현재는 도청 소재지이다. 조선 태종 16년(1416) 함흥부를 설치하면서 함흥이라는 이름이 등장하게 되었는데, 그 이전까지 함흥 일대의 지역은 함주(咸州)라고 불렸다. '함주'의 앞글자와 흥하는 고장이 되라는 뜻에서 '흥(興)'자가 합쳐져서 오늘날의 함흥(咸興)이 되었다. 현재의 행정구역인 함흥시 역시 함주군에 둘러싸여 있다. 함흥하면 함께 떠오르는 흥남은 함흥의 남쪽이라는 의미로 1927년 새로이 태어난 지명이다.

지형적으로 함흥은 함경남도의 남쪽 해안가에 자리잡고 있다. 사실 함경도의 대부분은 산악지역으로 험지 중의 험지로 인식되었다. 그러나 함흥은 높은 산맥을 등지고 동해바다에 인접해 있어 내륙 산악에 비해 따뜻하며, 성천강 유역을 중심으로 비옥한 함흥 평야가 펼쳐져 있어 함경도의 곡창 가운데 하나였다. 또한 북쪽으로는 육진과 연결되고 남쪽으로는 해안을 따라 철령으로 이어지는 교통의 요충지로서 물산의 교역도 활발하게 이루어졌다. 경관도 뛰어나 북쪽으로는 반룡산(동흥산)을 의지하고 서쪽으로 성천강이 흐르며 남쪽으로는 아름다운 해안이 자리잡고 있다. 이러한 자연환

---

[2] 2010년 국립중앙박물관 용산 이전 개관 5주년 기념으로 '북한의 역사 도시를 찾아서'라는 기획에서 함흥 편의 제목으로 사용되었다.

경을 바탕으로 함흥은 한반도 동북지역의 역사와 문화 중심지로 성장해 왔으며 큰 도읍으로 발달하였다.

삼국시대에 함흥은 고구려에 속했다. 신라가 강성해져서 북쪽 지역까지 힘이 미치게 되었을 때는, 진흥왕이 마운령과 황초령에 순수비를 세웠고, 발해 때는 5경 중 하나인 남경남해부를 함흥에 설치했었다. 신라와 발해는 각각 북해통(北海通), 신라도(新羅道)라고 하는, 발해에서 신라의 수도 경주에까지 이르는 길을 통해 교역이 이루어졌었다. 그러나 926년 발해가 멸망한 후로는 여진족의 거주지가 되어 한동안 우리 영토에서 벗어나 있었다.

고려에 이르러 예종 2년(1107) 윤관(?~1111)이 이 지역을 도로 찾고 이듬해 동북 9성을 쌓았을 때 그중 하나인 함주대도독부를 함흥에 두었다. 함주대도독부는 1109년 9성을 여진에 도로 돌려주면서 철수했으나, 이후 이 지역을 다시 수복하면서 함흥지역을 함주라 불렀다. 그러나 원 지배기에 쌍성총관부가 설치되었을 때, 함흥은 이에 속하여 합란부로 불리며 약 100년간 원나라의 통치를 받았다.

그렇게 한 세기가 흐른 후, 공민왕 5년(1356) 공민왕이 무력으로 쌍성총관부를 폐지함에 따라 다시 고려의 영토 '함주'가 되었다. 여기에서 공민왕이 쌍성총관부를 탈환할 때 활약한 인물이 조선을 건국한 태조 이성계의 아버지 이자춘(1315~1361)이었다. 이성계 가문이 쌍성 지역인 영흥과 함흥에 거주하면서 세력을 키워나감에 따라, 조선 건국 후 함흥지역은 함경도의 행정 중심지가 되었다.

이성계(1335~1408)의 본관은 전주이다. 이성계의 가문이 전주를 떠나 북쪽으로 간 것은 그의 고조부 때이다. 원 지배기 동안 이성계 가문은 쌍성의 관직인 다루가치와 천호직을 대대로 이어가며 살았다. 쌍성의 토호로서 고려 조정과 단절되어 있던 이성계 일가는 이성계 아버지 이자춘이 쌍성총관부를 탈환하려는 공민왕을 도와 크게 공을 세움으로써 고려에서 입신하는 계기를 만들었다.

함흥

이성계는 영흥에서 태어났으나, 함흥으로 이주하여 청년기를 보냈다. 어렸을 때부터 비범하여 총명하고 담대했으며 특히 활쏘기에 능했다고 한다. 변방에서 출생한 이성계가 세력을 키워 개성으로 진출할 수 있었던 것은 그의 출중한 무예가 바탕이 되었다. 이성계는 타고난 군사적 능력으로 홍건적, 원, 여진, 왜구 등과의 전란에서 공을 세우며 세력을 키웠다. 공민왕 11년(1362) 원나라 장수 나하추가 수만의 군사를 이끌고 쳐들어오자, 동북병마사에 임명되어 수차례의 격전 끝에 함흥벌에서 적을 패퇴시키고 이름을 떨쳤던 것이 대표적이라 하겠다. 함흥은 태조 이성계가 성장하고 군사적 기반을 닦아 이름을 높이게 된 땅이기도 했지만, 조선을 세운 후 왕위에서 물러나 노년 한때를 보낸 곳이기도 하다.

태조가 왕위에 있던 것은 7년 정도에 불과하다. 그동안 두 차례에 걸쳐 '왕자의 난'이라 불리는 골육상쟁의 권력싸움이 벌어졌다. 둘째 아들 정종을 거쳐 다섯째 아들 이방원, 태종이 등극하자 태상왕이 된 태조는 도성을 떠나 한동안 함흥본궁에 머물렀다. 본궁은 왕위에 오르기 전의 옛집이니, 그의 젊은 시절과 노년의 행적이 함께 배어 있는 곳이라고 할 수 있다.

함흥차사(咸興差使)라는 말이 그래서 나왔다. 형제들을 죽이고 왕위를 차지한 태종 이방원은 아버지로부터 왕위 계승의 정당성을 인정받기 위해 함흥에 머무는 아버지를 도성으로 모셔오려고 함흥으로 여러 번 차사를 보냈다. 그러나 차사가 돌아오지 않는다는 말이 세간에 퍼지면서, 심부름을 간 사람이 소식이 없거나 또는 회답이 좀처럼 오지 않을 때 함흥차사라는 말을 쓰게 되었다. 혹자는 차사를 활로 쏴죽이거나 감금해서 돌려보내지 않았다고 하지만, 태조 이성계에게 죽은 사람은 아무도 없다고 한다. 조선왕조실록 <태종실록>편에는 태조가 부처를 모시기 위해 환궁을 거절했다고 적혀 있다. "내가 부처를 좋아하는 것은 다만 두 아들과 한 사람의 사위를 위하고자 하는 취지이다." 태조의 말에 나오는 두 아들과 한 사람은 태종 이방원에게 죽은 이방번과 이방석, 역시 이방원에게 죽은 경순공주의 부마 이제(李濟)를 말한다. 부처에게 망자의 명복을 빌기 위해 환궁하지 않겠다는 것이다.[3]

함흥본궁은 북한의 국보 문화유물 제107호로 정전과 이성계 조상들의 위패를 두었던 이안전(移安殿), 누각인 풍패루(豊沛樓) 등으로 구성되어 있다. 제사에 쓰던 물건을 보관하던 전사청과 제사를 준비하는 방인 재실 등 부속 건물이 더 있었으나 전란을 거치면서 모두 소실되었다고 한다. 정전 전면에는 수령 400여 년 된 함흥반송이 북한 천연기념물 제252호로 지정되어 있다.

함흥본궁은 함경도 관찰사를 지낸 남구만(1629~1711)이 지정한 함흥십경에도 들어간다. 남구만은 효종, 현종, 숙종 3대에 걸쳐 활약한 문신으로, 여러 중요한 국정 정책을 이끈 경세가요 문장가이다. 그는 함흥의 빼어난 명승을 열 군데 지정하여 그림으로 그리고 각각의 그림에 대해 해설한 『함흥십경도기(咸興十景圖記)』를 지었다.

함흥십경은 함흥본궁 외에도 제성단, 격구정, 광포, 지락정, 낙민루, 일우암, 구경대, 백악폭포, 금수굴이 포함된다. 남구만은 장소가 품고 있는 역사적 의미를 중시하였다. 특히 왕조의 발상지로서 태조의 사적을 중시했다. 그래서 함흥십경 중에는 태조와 관련된 함흥본궁, 제성단, 격구정이 가장 먼저 등장한다.

사진 1. 일제강점기 때의 함흥본궁 본전
©국립중앙박물관

---

3   "북한의 국보(3) 조선왕조 발상지, '왕자의 난' 이후 이성계가 머물던 '함흥본궁'" (남북경협뉴스, 2022.01.19.)

함흥본궁은 현재 북한의 행정구역으로 함흥시 사포구역에 있다. 1947년에는 함흥역 사박물관이 이곳에 들어서서 유구한 함경도 지역의 역사를 전하고 있다. 마운령과 황 초령으로부터 옮겨 온 진흥왕 순수비 또한 이곳에 있다.

<포항 vs. 함흥: 포항에서 함흥으로 진휼곡을 공급하다>

앞서 포항과 함흥은 여러 유사한 점이 있다고 하였다. 동해안의 두 도시 포항과 함흥이 서울에서 직선거리가 270km로 거의 같다는 점은 우연한 일치겠지만 재밌는 일이다. 또 한 두 도시는 이전에 언급했듯이 육로로도 연결되었을 뿐만 아니라 바닷길도 열려 있다. 우리가 현재 포항이라고 익숙하게 부르고 있는 지명이 역사 문헌에 처음 등장한 것은 조선 영조 7년(1731년) 때이다. 『조선왕조실록』에 보면 "영조 신해년 고을 북쪽 20 리에 관찰사 조현명이 포항 창진(倉鎭)을 개설하고 별장(別將)을 설치했다"라고 나온 다. 창진이라고 하면 창고와 또 이를 지키는 군대를 일컫는데, 왜 포항에 이러한 창진 을 두었을까? 바로 함경도 함흥과 관련이 있다.

함경도는 토질이 척박하여 곡물 생산량이 다른 도에 비해 석었다. 함경도 도민에게 실질적으로 도움이 되는 진휼방식은 다른 도에서 곡물을 이전해 오는 것이었다.

17세기 초까지는 보통 강원도에서 해로를 통해 진자(賑資)를 이송해 주었으며, 강원 도의 작황이 좋지 않을 때에는 경상도와 전라도에서 강원도에 곡식을 보내주면 이것 을 다시 함경도에 옮겨 주었다. 그러나 강원도 역시 토질이나 작황 면에서 불시에 진 휼곡을 잇대기 어려웠기 때문에 17세기 후반부터는 전결 수가 많고 작황이 좋은 경상 도에서 주로 진휼곡을 이전해 주었다. 문제는 기근이 들었을 때 진휼곡을 갑자기 마 련해 올리는 조치는 경상도 도민에게도 부담으로 작용할 수밖에 없었다는 것이다. 이 때문에 경상도 도민의 민폐를 줄여 주면서 북관에 진휼곡을 안정적으로 이전해 주기 위한 방안이 모색되었고, 동해안에 진휼창고를 설립하는 안이 영조대 초반에 제기되었다. 이에 1731년에 설치된 포항창은 함경도 원산·고원·함흥 3곳에 설치했던 교제창과 더불어 함경도에 진휼곡을 이전하기 위하여 설치된 창고로 19세기 말까지 운영되었다. 포항창은 처음에는 조운의 요충지인 포항리에 포항창진(浦項倉鎭)으로 설치되어 창과 진의 역할을 함께할 수 있도록 조성되었다. 포항창에는 별장 외에 군관 7명, 이서 3명, 지인(知人) 3명, 사령(使令) 3명, 창속 30명, 수졸(守卒) 3명을 두었다. 그러나 포항창진은 운영 과정에서 군사적 기능보다 진휼곡을 이전하는 경제적 기능이 강조되었다. 주로 동해안 일대의 환곡을 비축하여 함경도 산간의 굶주린 백성을 구제하는 한편, 필요에 따라 전라도와 강원도 등에도 진휼곡을 이송하는 역할을 하였다. 포항창에는 평소 20,000석가량의 곡식을 조적(糶糴)하였으며, 최대 50,000석까지 보관이 가능하였다. 포항창에 속한 조운선도 14척에 달하였다.

포항창이 이처럼 북관에 진휼곡을 이전하는 요충지로서 기능할 수 있었던 것은, 포항항이 전라도나 함경도를 이어주는 중간 기착점이면서 곡창지대가 많은 경상도의 농작물을 수집하는 데 유리했기 때문이다. 이후 1766년(영조 42)에 영남의 좌제민창(左濟民倉)에 이속되었지만, 포항창 설치를 전후로 영일현과 인근 지역에 부조장(扶助場) 등 다수의 장시가 개설되어 영일만을 중심으로 한 상권이 형성되었다. 이처럼 포항창은 동해안 일대의 물류 유통 발달에 크게 기여하였다.

일제강점기 최대의 공업도시, 흥남

흥남은 조선시대에 함경도 함흥부 운전사(雲田社)라는 어촌지대였으나, 1910년에 운전면이 되었고 이후 동운전면과 서운전면으로 분리되었다. 흥남이라는 지명을 얻기까지 서호진항으로 유명했는데, 전국적으로 명태어획량이 가장 많은 황금어장이었다. 1914년에 부군면 통폐합으로 동운전면과 서운전면을 통합하여 다시 운전면으로 환원하였고, 동명면을 서호면(西湖面)으로 개칭하였다. 그러다 1927년에 거대한 조선질소비료주식회사 공장이 들어서면서 급격히 발전하기 시작했다. 1930년에 운전면이 흥남면(興南面)과 운남면(雲南面)으로 분리되었고, 서호면의 12개 리가 흥남면에 편입되었다. 1931년에 읍제가 도입되며 흥남면이 흥남읍으로 승격되었다.

흥남이 본격적으로 발전하게 된 계기는 조선질소비료주식회사 공장을 설립하면서부터였다. 그 전에 있었던 공업 기업은 1922년부터 1925년까지 진행된 조선총독부의 제2차 발전수력조사였다. 1910년대의 무단통치의 한계를 경험한 조선총독부는 1920년대부터 이른바 문화통치를 진행하였는데, 그 일환으로 전국의 하천에 대한 조사 및 치수 사업을 진행했다. 그 과정에서 총독부는 '하천'이 가진 '전력 생산의 가능성'에 주목하여, 댐을 축조하고 그를 바탕으로 한 수력발전소 건설의 필요성을 제시하였다. 그 결과 1925년과 1926년, 일본질소비료주식회사와 미쓰비시 사가 부전강과 장진강의 개발권을 획득하여, 수력발전소를 각각 건설하였다. 또한 공업도시의 개발을 위해 1928년에는 함경선 전 구간을 개통하여 원산 흥남 함흥 등을 거쳐 회령에 이르도록 하였다. 이러한 일련의 과정은 '일본질소비료'라는 회사의 조선 지부를 흥남에 건설하기 위함이었다. 노구치 시타가우(野口 遵)가 1908년 창업한 일본질소비료 회사는, 소유하고 있던 카바이트 공장을 확장해 석회실소 비료 생산 설비까지 만들었으며, 이 비료를 황산암모늄으로 변성하는 설비까지도 보유하며 제1차 세계대전 당시 유럽산 황산암모늄의 수입이 중단된 시점에서 큰 경제적 이득을 얻었다. 심지어 1921년에는 이탈리아 기업이 가지고 있던 암모니아 합성기술의 특허를 구매하여, 일본 최초의 합성암모니아 공장을 가동하기도 하였다.

이렇게 일본에서 성공가도를 달리고 있던 노구치가 조선에서 사업을 이어나가고자 했던 것은 조선총독부의 요청 때문이었다. 당시 산미증식계획을 준비하고 있던 조선총독부는 쌀의 생산량을 늘리기 위해서는 조선 내에서의 비료에 대한 소유가 급증할 것으로 예상했으며, 이를 대비하기 위해 일본질소비료 회사에 조선에서의 사업을 제

안하였다. 그를 위한 편의를 봐준 것이 앞에서 이야기한 두 발전소를 총괄하는 '조선
수전'을 1926년에 설립한 것과 그 이듬해에 '조선질소비료'라는 회사를 설립한 것이
다. 이 회사가 설립되며 흥남에 대규모의 공장지대가 건설되었다. 1925년과 1926년
에 각각 만들어지기 시작한 두 수력발전소는 1929년에 부전강 수력 발전소가, 1935
년에 장진강 발전소가 완성되면서 각각 20만 kW, 33만 kW의 발전량을 자랑하였다.
이 기세에 뒤이어 1941년에는 당시 세계 최대 출력이었던 70만 kW의 출력을 자랑하
는 수풍댐 발전소가 완공되었다.

분명 노구치의 조선질소비료는 흥남을 발전시키는 데 큰 도움을 주었지만, 그 이면에
는 식민지 조선의 어두운 현실이 적나라하게 반영되기도 한다. 1927년에 질소비료공
장을 건설하기 위한 부지를 매입하는 과정은 사실상 가관이었는데, 노구치는 어느 날
언덕에 올라가 "저쪽 끝에서 이쪽 끝까지 땅을 사라"고 지시했고, 해당 지역 480여 호
1,400여 명의 사람들에게 "제2의 인천을 만들어준다"라고 속이며 군청과 경찰이 정
한 가격에 토지를 강제로 판매하도록 하였다. 결국 부지 내의 조선인 가옥 200여 채가
모두 철거되었고 그 자리에 공장이 건설되었다. 심지어 그 과정에서 마을의 중심이
되어 신성시되던 팽나무 역시 가차없이 베어졌으며, 이주민들의 생존에 필요한 약속
과 요구사항들은 모두 묵살되었다. 심지어 그들이 조선총독부에 낸 탄원서 역시도 받
아들여지지 못하면서 이주민들이 정착한 도시에는 토막집과 움집이 속속들이 생겨나
기도 하였다고 기록되어 있다.

이렇게 생겨난 질소비료공장이 새로운 사용처를 찾게 된 것은 중일전쟁 시기였다. 중
일전쟁이 발발함에 따라 조선은 전시체제에 들어가게 되었으며, 그 중심에는 만주와
경계를 맞닿는 북선(北鮮) 지역이 있었다. 특히 암모니아를 이용해 질소비료를 만들
었던 흥남 지역의 질소비료공장들은 일제히 생산 물품을 바꾸어 질소를 기반으로 한
다이너마이트와 같은 폭약을 생산해내기 시작했다. 심지어 태평양전쟁 말기에 접어

들어서는 식민정부에서 노구치로 하여금 '알루미늄 제조연구명령'을 내려 공장에서 대규모로 알루미늄을 생산해 본국으로 들여보내기도 하였다.

흥남의 일본인 사회는 노구치의 일본질소비료공장이 있던 미나마타시(水俣市)를 그대로 옮겨놓은 것이었으며, 조선인들은 대개 잡부나 잘 되어야 말단 기술자 정도가 되는 것에 머물렀다. 일본인 노무자는 특별수당에다 빠른 진급으로 많은 수입을 손에 넣은 데 반해 물가는 터무니없이 싸서, 미나마타에서는 "흥남으로 간 주부들은 아침에 이불에 누운 채로 발가락으로 전기밥솥을 켜고, 밥이 다 되면 일어나 아침준비를 한다."라는 소문이 돌기도 했다. 흥남 중심가에는 미나카이 백화점(三中井百貨店)의 지점이 있어 주부들의 소비욕을 충족시켰으며, 고향 미나마타에서는 비단 기모노를 입어 본 적도 없던 주부들이 조선인 시장에서는 찬거리를 사러 갈 때도 비단 기모노를 입고 다녔다고 한다.

흥남은 부 승격 직전인 1944년, 함주군에 소속된 읍임에도 14.3만의 인구로 경성부 평양부 부산부 인천부 대구부 청진부에 이어 조선의 7대 도시에 들었다. 이는 본래 소속되었던 함흥부(11.2만)는 물론 원산, 신의주, 대전 등을 앞질렀을 정도이다. 덕분에 흥남읍이 소속되있던 함수군의 인구는 앞서 시로 승격된 함흥을 제외하고도 약 30만에 달하여 전국에서 가장 인구가 많은 군이 되었으며 그 규모는 경성, 평양, 부산의 조선 3대 중추 도시들 다음이었다.

흥남과 함흥을 아우르는 흥남 공업지대에는 일본을 제외한 동북아시아 최대의 화학공업 단지가 조성되어 있었고, 아시아 최대의 질소비료공장과 수력/화력발전소 외에도 도쿄의 이화학연구소 분실(分室), 야금제련소, 제철소, 조선소, 각종 군수 공장 등 중화학산업시설이 즐비했고 그만큼 노동자층의 규모가 상당했다. 광복 이후에는 흥남시로 개칭되었고, 이때에도 주변구역을 병합하여 여전히 굳건한 20만의 인구를 자랑했다.[4]

---

[4]   나무위키

한편, 일제강점기 함흥의 독립운동도 함께 살펴보자. 1919년 경성에서 3·1운동이 시작된 날 동해안에 위치한 함경남도 원산에서도 대규모 만세시위가 일어났다. 경성 다음으로 많은 인원이 참가한 만세운동이었다. 원산 만세운동 지도부는 거사 논의 초기 단계부터 함남의 중심 도시인 함흥을 동참시키는 방안을 염두에 두고 있었다. 함흥지역 시위계획자들은 장날인 3월 3일 만세운동을 펼치기로 하고, 태극기 제작과 독립선언서 인쇄 등 만반의 준비를 해나갔다. 이와 별도로 함흥고등보통학교와 함흥농업학교, 영생중학교 3·4학년 학생으로 구성된 함산학우회도 보성전문학교 학생대표가 보낸 독립선언서를 받은 뒤 3월 3일 거사하기로 결정했다. 그런데 변수가 생겼다. 기독교계나 학생들의 움직임과 상관없는 산발적인 시위가 3월 2일 함흥시내에서 일어난 것이다. 이 시위로 300여 명을 체포한 일제 경찰은 3월 3일 새벽 함흥의 모든 시내에서 대규모 예비 검속을 벌여 기독교계와 학생시위 주동자들까지도 모조리 체포했다. 함흥경찰서에 갇힌 조영신, 이근재, 한태연 등은 경찰에 맞으면서도 대한독립만세를 외쳤다. 특히 조영신은 만세를 부르다 제지하는 일제 경찰에 입을 찢겨서 피를 흘리면서도 만세를 멈추지 않았다. 이를 본 많은 수감자들은 경찰서 유치장이 떠나갈 듯이 큰 소리로 만세를 불렀다. 이를 계기로 무산될 뻔한 함흥 시위는 다시 살아났다. 시장 부근에 나와 있던 영생중학교·함흥농업학교·함흥고등보통학교·영생여학교 학생과 시민 1,000여 명도 만세를 부르며 거리 행진에 나섰다. 일제 경찰은 헌병과 소방대의 지원을 받아 총칼과 (화재진압용) 쇠갈고리를 휘두르며 시위 진압을 벌였다. 이를 목격한 캐나다 북장로파 선교사 덩컨 맥레(MacRae Duncan)는 일경에게 "학생들의 머리에 불이 붙었느냐. 왜 쇠갈고리를 학생들 머리에 휘두르느냐." 하고 고함을 질렀다. 맥레는 경찰서장을 찾아가 항의했고, 함흥에서 자행된 일제의 잔학상을 경성의 영국 총영사에게 알리기도 했다.[5]

사진 2. 만세를 부르다 입을 찢긴 조영신은 1920년 병보석으로 가출옥했으나 일주일 만에 숨졌다. 사진은 영생학교에서 열린 조영신의 장례식 모습
© 『팔룡산호랑이』 재인용

여기서 등장하는 맥레(마구례, 1868~1949)는 캐나다 노바스코샤주에서 태어나서 1898년 그리어슨(성진 담당), 푸트(원산 담당)와 함께 입국한 최초의 캐나다 장로교 파견 정식 선교사이다. 캐나다 선교사들은 함경도 지역을 맡게 되었는데, 서울에서 가깝고 안전하며 인구밀도가 높은 곳은 앞서 내한한 미국 선교사들이 이미 차지했기 때문이었다. 다행히도 캐나다 선교사들은 대부분 자신들의 고향인 캐나다 노바스코샤의 지리 기후와 비슷하여 함경도 현지에 쉽게 동화되었고 쉽사리 한국을 이해해 나가게 되었다. 대부분의 선교사들이 일제의 회유와 소속 선교부의 정치 불간섭 정책 때문에 친일로 기울거나 어정쩡한 중립적인 입장을 고수하였지만, 함경도와 간도·연해주 지역 선교를 담당하였던 캐나다 장로회 소속 선교사들은 비교적 일관되게 반일적 태도와 한국인에 대한 우호적·동정적 태도를 가지고 한국인 선교에 힘썼다.[6] 맥레는 조선식으로 이름을 마구례(馬具禮)로 개명하면서까지 조선의 선교에 자신의 모든 것을 아낌없이 바쳤다. 함흥에 영생학교와 영생여학교를 세워 인재를 양성했으며, 여의사 맥밀란과 함께 함흥에 제혜병원을 설립하는 등 복음은 물론 교육과 의료에도 힘을 썼다.

영생여학교 출신으로는 함흥에서 태어난 주세죽(1901~1953)이 있다. 남로당 총책 박

---

6   김승태, 「한말 캐나다장로회 선교사들의 한국선교에 관한 연구(1898-1910)」, 한신대학교 대학원 석사학위논문, 1999

헌영의 부인이었으며 코뮤니스트이자 당대의 '얼짱'이라는 수식어가 늘 따른다. 영생여학교 2학년 때 함흥 장날의 3·1만세운동에 참가하였으며 1926년 순종의 국장일에 맞춰 일어난 6·10만세운동을 주도한 항일투사이자 여성해방운동가였다. 사회주의 계열 독립운동가로 2007년 건국훈장 애족장이 추서되었다.[7] 주세죽의 파란만장하고 비극적인 일생은 손석춘 작가의 『코레예바의 눈물』(2016), 조선희 작가의 『세 여자』(2022)에서 소설로 다뤄졌다.

<포항 vs. 함흥: 일제강점기에 함께 발전한 두 도시>

일제강점기 동안 일본 정부의 조선에 대한 다양한 정책 결정 과정에서 대체로 포항과 함흥이 같이 취급되는 경향을 보인다. 나열하면 다음과 같다.

1905년 1월 17일 조선 전국 각지 영사관 관내에 경찰 분서, 주재소, 파출소 등을 설치하려는 후보지를 결정할 때 일본 정부 방침에 원산영사관 관내인 함흥과 부산영사관 관내인 포항이 나란히 선정되었다.

1909년 4월 10일 통감부 고시 제1호로 한국정부공포의 가옥세법에 의한 시가지 지정에 관한 건에 연일군 북부면내 포항과 함흥군 읍내에 함흥이 동시에 시가지로 지정되었다.

1911년 자본금 10만 원으로 설립되었던 대구전기는 1918년 8월 함흥전기를 합병하여 대흥전기(한국전력 전신)로 명칭이 변경된 후, 1920년에는 포항전기를 흡수하여 함흥과 포항에 지사를 설치하였다.

1917년 11월 15일자 신한민보 기사에서도 일본이 새 면제를 실시한다는 소식에 함남의 함흥과 경북의 포항을 나란히 소개하였다.

1918년 10월 1일 설립된 조선식산은행의 지점망도 포항과 함흥 지역에 나란히 설치하였다. 1919년은 3·1운동이 일어난 해이다. 포항에서는 3월 11일 만세운동이 일어났으

---

[7]   "여성해방 진두지휘, 6·10만세운동 주도...파란만장했던 '최고 미인'", <서울신문>, 2019.05.28

며 이는 대구를 제외한 경북에서 가장 먼저이다. 함흥과 같이 투철한 독립정신을 포항에서도 확인할 수 있는 대목이다.

1920년 8월 6일 조선총독부 관보로 면제 개정 당시 경북 영일군 포항면과 함남 함흥군 함흥면 모두 면장을 일본인으로 임명토록 강제하는 지정면으로 지정되었다.

1924년 4월 20일 경성에서 열렸던 조선청년연합회 제5회 정기총회 개최 당시 함흥청년회 대표 권병두(權炳斗)와 포항청년회 대표 강우(姜禹)가 나란히 참석하였다.

1925년 4월 23일 경성 종로경찰서장이 경성지방법원 검사정에게 보고한 검찰사무에 관한 기록에는 포항과 함흥 지역에서 노동대회준비위원회 동정의 건에도 지역 대표들이 함께 참가하였다.

1932년 7월 27일 조선총독부 관보에 지역 사립청년훈련소가 공립으로 전환될 때 경주, 포항, 부산, 함흥이 동시에 전환되었다.

1943년 11월 13일자 조선총독부 고시 제1318호로 그해 11월 15일부터 조선축육배급통제규칙 제6조의 규정에 따른 지방축육배급기관으로 포항식육판매조합과 함흥식육판매조합이 나란히 선정되었다.

광복 직후에는 대부분의 산업시설이 북한지역에 남아 있었던 관계로 흥남비료공장이 생산물이 포항으로 입하되었고, 또 포항항으로 집산된 대구경북지역의 면포 등이 함흥으로 가도록 포항에 무역지점이 설치되는 등 분단 이후 경제협력에도 포항과 함흥의 역할이 컸다.

전쟁과 재건, 함흥독일기술단(Deutsche Arbeisgruppe Hamhung, DAG)

일제강점기 때 최대의 화학공업단지가 조성되었던 함흥 일대는 6·25전쟁에서 폭격의 대상이 되었다. 미 공군은 1950년 7월부터 8월까지 북한의 주요 도시들을 폭격하여 초토화시켰는데, 함흥 역시 주택의 95%, 주요 교량들과 문화유산, 학교, 교통시설들이 대부분 파괴되는 큰 피해를 입었다. 그리고 흥남의 공업시설은 완전히 파괴되었다. 그 당시 상황으로 영화 <국제시장> 첫 장면인 흥남철수작전도 빼놓을 수 없다. 북진통일을 눈앞에 뒀다고 생각한 유엔군은 예상치 못했던 중공군의 개입으로 포위망에 걸려 해상으로 철수를 하게 된다. 1950년 12월 흥남에서 미군과 국군 그리고 피난민 100,000여 명까지 철수한 작전으로 마지막 배가 흥남을 벗어나는 순간, 항구에 남겨둔 여러 물자들을 중공군에게 넘겨주지 않기 위해서 그나마 남아 있던 흥남부두 역시 모두 폭파하였다.

사진 3. 흥남철수. 미군과 국군은 물론 피난민 100,000여 명까지 철수하였다.
©nedforney.com

전쟁이 끝난 후 사회주의 진영 국가들은 북한의 전후 복구를 직간접적으로 돕기 시작했다. 소련과 중국은 전후복구사업에 직접적으로 참여했고, 동유럽 국가들은 원조물자를 보내는 형식으로 북한을 지원했다. 그중에서도 동독은 1950년 9월 9일 조선원조위원회를 설치한 후 전쟁 중 북한에 원조물품을 지속적으로 전달했고, 전쟁이 끝난 후 1953년 10월 6일 북한의 전후 복구를 원조한다는 내용의 협정을 맺어, 각종 기자재와 생필품을 북한에 원조하며 디젤엔진공장, 전기기구 생산공장, 출판인쇄공장을 건설하기로 약속했다. 이 협정에 근거하여 공장 건설을 도울 동독 측 전문기술자들이 북한에 파견되기 시작했다.

1954년부터는 동독 측의 원조로 함흥을 복구하는 문제가 북한과 동독 사이에서 논의되기 시작하였다. 북한에 있어 함흥 복구는 단순히 정치·역사적으로 중요한 도시의 복원을 넘어서, 전후 복구에서 중요한 역할을 담당할 공업시설을 재건한다는 것을 의미했다. 1955년 2월 3일 동독 내각평의회 결정에 따라, 함흥 전후 복구를 담당할 정부기관인 '조선원조본부(Baustab Korea)'가 구성되었다. 함흥에서 활동하는 동독 기술자 및 전문가들은 조선원조본부 산하 조직인 '함흥독일기술단(Deutsche Arbeisgruppe Hamhung, DAG)'에 소속되어 1955년 9월 1일부터 본격적인 활동을 시작하였다. 함흥독일기술단은 주택단지와 교량, 상하수도시설과 같이 인민생활과 직결되는 도시기반시설 복구에 중점을 두고 사업을 시작하였다. 한편 북한 측은 전후 복구의 기본 방향을 사실상 중공업의 우선 발전으로 결정하면서, 중공업시설 복구에 동독의 원조와 기술이 투입되기를 원했다.

함흥독일기술단의 1958년도 결산보고서에 의하면, 주택단지 건설을 비롯해 강력콘크리트공장, 세라믹공장, 유리섬유 및 판지공장 등 산업시설 복구를 착실히 진행해나가고 있었다. 이와 함께 함흥역, 결핵병원, 함흥의과대학, 함흥화학공업대학 등의 건물을 비롯하여 상하수도시설, 도로와 다리 건설 등 도시기반시설 복구 작업도 계속 이루어지고 있었다. 1959년 상반기에는 전후복구사업에서 강력콘크리트공장과 같은 중공업 관련 공장 일부와 상하수도시설 일부 등 대규모 건축사업이 점차 완료되기 시작했다. 함흥역은 70%, 백화점은 40%의 공정률을 보이는 등 주요 공공건물 건설도 진척되는 모습을 보였다. 그리고 1959년 6월 30일까지 함흥독일기술단은 함흥 일대에 6,000가구를 위한 주택을 건설하였다. 사업에는 북한 측 기술자들을 교육하고 그들에게 기술을 전수하는 것 역시 포함되었다.

1961년 상반기에는 기계공장, 변전소, 곡물저장고, 결핵병원이 완성되어 일부가 북한 측에 인계되었고, 하반기에는 전화국, 상수도시설, 원강(圓鋼)공장이 완성되었다. 특히 원강공장에서는 동독 정부수립 12주년을 맞이하여 제품생산이 시작되었다.

동독의 함흥 전후복구사업은 물자부족 현상과 더불어 북한과 동유럽 사회주의 국가들 간의 관계 악화 등으로 처음 계획보다 2년 앞당겨진 1962년 8월 건설사업을 끝으로 공식적으로 마무리되었다.[8]

<포항 vs. 함흥: 초토화된 두 도시의 묘한 인연>

6·25전쟁 당시 함흥과 포항은 지리적으로나 정치적으로 중요한 위치였기에 모두 도시가 초토화될 정도로 폭격을 경험하였다. 전쟁이 일어나고 북한군이 파죽지세로 내려오자 당시 일본에 있던 미 해군 극동상륙부대인 제90기동부대 사령관 도일(J. H. Doyle) 소장은 일본 요코하마에 주둔 중인 제1기병사단을 포항으로 상륙시키고자 계획한다. 이른바 '포항상륙작전'이다. 여기서 포항이 최종상륙목표 지역으로 결정된 이유는 이때까지 포항이 유엔 해군의 동해안 함포사격 지원에 힘입어 아직 최전선으로부터 안전한 거리를 유지하고 있었을 뿐만 아니라, 사용가능한 비행장과 양호한 정박 환경, 상륙하기 쉬운 1,000야드 이상의 해안선이 있었기 때문이다. 게다가 포항역에서 대구를 거쳐 대전으로 이어진 철로까지 이용할 수 있어, 상륙군을 중부 전선으로 빠르게 이동 및 투입할 수 있다는 장점까지 갖추고 있었다. 드디어 1950년 7월 18일 상륙함대가 포항 영일만 해역에 도착하였다. 미 제1기병사단의 제1차 상륙부대가 포항상륙작전을 수행하는 동안, 동해안의 경비 함정들은 포항 근해를 호위하였다. 이때 미군 제77기동함대 함재기들은 포항상륙작전의 무혈 상륙을 위해 북한의 원산정유공장을 비롯하여 평강·원산·흥남 일대의 철도·공장·비행장 등을 표적 삼아 공격함으로써 이들 지역이 큰 타격을 받았다. 포항상륙작전은 6·25전쟁 최초의 유엔군 상륙작전이며, 소규모의 상륙작전이었지만 계획·준비·실시 단계에서 완벽한 상륙작전의 표본이 되었고, 이후 '인천상륙작전'의 롤모델이 되기도 하였다.[9]

[8] 이정민, "함흥 전후복구사업을 통해 본 북한-동독 관계"(역사문제연구 제43호), p.423~455
[9] 김정호·김진홍·이상준·이재원, 『포항6·25』(도서출판 나루, 2020), p.137~151

그럼에도 불구하고 전쟁 초반 전세는 불리하게 흘러갔다. 북한군이 포항 시가지로 진입한 것은 1950년 8월 11일이었다. 북한군 제766부대를 포함한 주력부대 300여 명의 병력과 일부 기갑부대가 새벽 4시경 포항여중으로 서서히 다가왔다. 이들은 이미 이날 자정 포항여중으로 오는 길목인 소티재에서 대부분 학도병으로 구성된 국군 제25연대 제9중대를 섬멸한 이후였다. 포항여중 전투는 영화 <포화속으로>에서 잘 나와 있듯이 학도병 71명이 11시간 동안 포항여중 방어선을 고수하면서 모두 쓰러질 때까지 버티고 싸운 전투였다. 이날 포항이 완전 점령되었고 한편, 미 제8군은 영일만에 접근 중이던 군함 헤레나호에서 함재기가 출동하여 공중폭격과 함포사격으로 북한군을 공격하였다. 이 과정에서 포항 시내는 폐허가 되었고 치열한 함포사격과 공중폭격에 견디지 못한 북한군은 포항을 점령한 지 불과 3시간 만에 포항을 버리고 퇴각하였다.

전쟁 후 포항은 1968년 포항제철의 설립 이후 산업도시로 눈부신 성장을 이루었다. 함흥이 동독의 지원하에 재건을 이루었다면 포항은 박태준이라는 걸출한 인물이 있었다. 박태준을 여기서 굳이 자세히 소개할 이유는 없겠다. 하지만 박태준이 1950년 전쟁 당시 청년장교로 함흥, 청진까지 북진에 참여하였다가 맹장 수술 후 들것에 실려 흥남 철수 때 남한으로 이송된 바 있는 것도 포항과 함흥의 묘한 인연이라 하겠다. 마치 문재인 전 대통령의 고향이 함흥이고 이명박 전 대통령의 고향이 포항인 것처럼.

북한의 3대 도시, 함흥의 현재

함흥은 함경남도의 도소재지이며 북한의 중요공업도시이자 항구도시이다. 함흥은 동해의 함흥만 기슭에 위치해 있으며 평양에서 함흥까지의 거리는 313km이다. 함흥시에는 대규모의 화학 기계 방직공장들이 들어서 있으며, 그 유명한 흥남항도 찾을 수 있다. 함흥지역의 연평균기온은 섭씨 9.4도(℃)이며 연평균 강수량은 약 934㎜이다. 흥남구역, 흥덕구역, 사포구역, 동흥산구역, 성천강구역, 해안구역, 회상구역 등 총 일

곱 구역이 있으며 인구는 2024년 기준 544,000명이다.[10]

함흥은 북한 최대의 보건의료 중심지이다. 이미 1913년에 캐나다 선교사이자 여의사 맥밀란이 제혜병원을 설립하였던 함흥이다. 1946년 생겨난 함흥의학대학과 함흥의학대학병원은 북한 최초 보건의료인 양성기지이다. 맥레의 후원으로 세브란스의전을 졸업하고 제혜병원에 근무하였던 함흥 영생학교 출신 조선인 의사 최명학(1898~1961)은 함흥의대 학장을 역임하였다. 또 노동자가 많은 이유로 1947년 최초로 산업성 질병을 연구하는 산업의학연구소가 생겼다. 사상의학의 이제마(1837~1900)의 고향이 함흥인 만큼, 1968년 최초로 생겨난 함흥약학대학은 동의학이라는 의미로 '고려'라는 말을 넣어 1990년 함흥고려약학대학으로 이름을 바꾸었다. 이곳에서는 동서의학을 결합한 약학부문 전문가를 양성한다. 그 외에도 임상의학연구소, 구강병예방원, 일제강점기 만들어진 본궁화학공장을 모체로 1947년에 생겨난 흥남제약공장이 있다. 흥남제약공장은 북한 최대 규모의 합성제약 생산기지가 되었다. 평양에 이보다 더 많은 의료 시설이 있지만 함흥이 의료 중심지라 불리는 것은 이렇듯 최초라는 의미와 최대 규모에 그 이유가 있다. [11]

사진 4. 함흥의학대학 전경
ⓒ조선향토대백과

10   https://kosis.kr/statHtml/statHtml.do?orgId=101&tblId=DT_1ZGA281&conn_path=I2

11   위영금, "[위영금의 도시기행] 보건의료 중심지 함흥-흥남", 경기신문, 2023.12.29

함흥의 유적지로는 본궁을 비롯하여 함경도관찰사가 업무를 보았던 선화당(宣化堂)이 있다. 선화당 중에 현재까지 보존되어 있거나 복원된 건물은 공주 선화당, 대구 선화당, 원주 선화당, 그리고 북한의 함흥 선화당이다. 함흥 선화당은 조선시대 함경도 감영의 기본 건물로 쓰이던 역사 유적이다. 당시 함경감영은 여러 채의 건물들이 모여 큰 건축군을 이루고 있었으나 지금은 선화당과 부속건물만이 남아있다. 함흥 선화당은 1416년에 처음 세워졌으며 지금의 건물은 1764년에 재건축된 것이다. 함흥시 남서부에는 해발 319m의 동흥산(東興山)이 있다. 예전에는 생김새가 마치 용이 서리고 있는 산이라는 뜻으로 반룡산(盤龍山)이라고 불렀던 것이 1977년에 동흥산으로 이름이 바뀌었다. 동흥산은 태조 이성계가 젊었을 때 말타는 연습을 했던 곳으로 유명하다. 지금은 김일성 주석과 김정일 국방위원장의 동상이 세워져 있다. 고려 때 쌓은 함흥성도 남아있다. 고려시기 북관을 개척하고 설치한 9개 성의 하나로서 1108년에 동흥산을 배경으로 쌓은 함흥성 성안에는 병영, 무기고, 식량창고가 있었으며 성 안팎을 한눈에 볼 수 있는 가장 높은 곳에는 북장대가 있었다. 북장대에는 북상루가 있었는데 지금은 북상루 터에 구천각(九千閣)이 있다.

동해바다를 낀 도시답게 함흥시 흥남구역에는 마전유원지라는 해수욕장이 있다. 마전해수욕장은 북한 TV에서도 여러 번 소개될 정도로 사람들에게 인기 있는 여름철 대표 휴양지이다. 5~6km 길이의 드넓은 백사장과 그와 잇닿은 소나무 그늘로, 피서지로서 최적의 장소라고 한다.

이처럼 역사문화관광도시 함흥이지만 분단의 현실에서 다음의 기사들은 또 다른 함흥을 인식케 한다. 여기서는 기사 제목만 나열한다.

"북한, 함흥 섬유공장서 미사일 로켓연료 자체생산 가능성"
(북한개혁방송 2017.09.28.)

"김정은, 함흥 마전해수욕장서 순항미사일 발사 지휘했나"
(파이낸셜뉴스 2022.02.08.)

이제 함흥냉면 이야기를 해보자. 우리는 흔히 함흥냉면은 비빔냉면, 평양냉면은 물냉면의 다른 말 정도로 알고 있다. 과연 그럴까. 먼저 '함흥냉면'이란 단어는 북한에서 공식적으로는 거의 사용하지 않는다. 북한에서 함흥냉면 관련 기록은 북한 잡지 '민족문화유산' 2005년 2호에 실린 기사가 유일하다. '감자농마국수는 국수오리[12]가 메밀국수나 밀국수보다 몹시 질기고 오돌오돌 씹히는 것이 특징적인데, 함흥지방의 농마국수가 그중에서도 가장 유명하였다. (남한에서) 함흥랭면으로 이름난 함흥농마국수는 회국수로 홍어회, 가자미회를 써서 아주 맵게 말아낸 가루 음식이다.' 즉, 우리가 부르는 함흥냉면이 북한에서 농마국수 혹은 감자농마국수임을 알 수 있다. 농마는 녹두, 감자, 도토리 말린 가루 또는 전분을 뜻하는 북한 말이다. 하지만 농마국수는 '주로 감자농마로 누른 국수를 가리킨다.'[13] 여기서 함흥냉면이라는 단어가 가장 처음 등장한 곳은 북한이 아닌 대한민국 부산에서였다. 1951년 함경도 실향민이 가장 많이 모여들었던 속초에 최초의 함흥냉면 식당이 문을 열었다. 함경도 사람들이 모여 살던 서울 청계천 평화시장과 중부시장, 오장동에 1954년부터 함흥냉면집들이 들어섰다. 그러니까 함흥냉면은 함경도의 농마국수, 감자농마국수가 대한민국에 정착하면서 생긴 변형된 음식체계인 것이다. 북한에서 2008년 발간된 요리책 '우리민족료리'(2008년)에서는 감자농마국수 레시피를 다음과 같이 소개한다. '감자농마국수는 국수사리를 고기국물, 참기름, 양념장을 두고 고루 비벼 쟁반에 담고 닭알(달걀), 고기, 김치, 배를 놓고 실파, 실고추, 실닭알(달걀지단)도 고명하여 고기국물, 양념장과 함께 낸다. 농마국수는 양념을 맵게 하여야 한다. 회국수는 회를 꾸미로 얹는다. 횟감으로는 명태, 가오리, 가재미 등 여러 가지 물고기를 쓸 수 있다.' 북한 감자농마국수는 국물이 있고 감자전분으로 국수를 만드는 데 반해, 남한 함흥냉면은 국물이 없는 비빔냉

면이며 고구마전분을 사용하는 점에서 차이가 있다.

북한 평양냉면 대표 식당이 옥류관이라면 농마국수를 대표하는 식당은 어디일까? 바로 함흥에 있는 신흥관이다.[14] 함흥시 동흥산 기슭에 자리잡고 있는 신흥관을 북한 내각 기관지 <민주조선>에서는 "국가비물질문화유산의 하나인 함흥농마국수를 잘하는 것으로 소문난 곳"이라고 소개하며 "하얗고 가늘면서도 윤기가 도는 국수사리와 감미로운 향기가 풍기는 맑은 육수, 돼지고기와 오이, 실닭알 등으로 고명을 한 함흥농마국수는 보기에도 무척 먹음직스러웠다."라고 하였다.[15]

<포항 vs. 함흥 : 동해바다가 만든 두 도시의 미래>

포항과 함흥의 가장 큰 공통점은 동해를 안고 발전한 도시라는 점이다. 조선시대 진휼미가 오갈 수 있었던 것도 뱃길이 있었기 때문이다. 오늘날 새삼 강조되는 '바다는 장애물이 아니라 고속도로'라는 말이 조선시대 선조들에게는 이미 당연한 사실이었다. 일제강점기 때 어업전진기지로 발전할 수 있었던 것도 어업자원이 풍부한 바다 덕분이며 일찍이 질소비료공장이 들어설 수 있었던 것도 동해바다 덕분이다.

포항상륙작전, 흥남철수작전 등으로 대변되는 두 지역의 6·25전쟁사도 결국 바다가 있었기 때문에 가능했다. 전후 대한민국의 산업화를 이끈 포항제철(POSCO)은 포항 영일만 바다가 없었다면 불가능하였으며, 함흥의 발전상도 바다와 무관하지 않다. 두 도시 모두 동해바다가 만들었다 해도 과언이 아니다. 조선시대 이래 꾸준히 다양한 측면에서 일치율을 높여왔던 북한의 함흥과 남한의 포항 두 도시는 향후 남북한의 화해무드가 조성될 경우에 또 다시 새로운 형태의 일치율을 높일 가능성이 클 것이다.

실제 2004년 6월 2일부터 5일까지 평양에서 열렸던 남북경제협력추진위원회 제9차

---

[14] "[박정배의 음식한담] 북한 농마국수, 남한서 함흥냉면 되다", <조선일보>, 2018.09.25

[15] "북의 국가비물질문화유산인 함흥농마국수와 신흥관", <통일뉴스>, 2023.09.13

회의에서 '남북해운합의서'가 서명될 당시 한국의 포항항과 북한의 흥남항 등이 상호 항로를 개설하기로 합의한 바 있다. 이때 당시 합의서에는 남북 간의 항로를 국가 간의 항로가 아니라 민족 내부의 항로로 규정하며 동시에 항만 내에서의 이용조건은 내국민대우를 인정하고 있다.

2009년 포항에는 환동해 시대 경북의 대표 거점항인 영일만항이 개장하였다. 포항과 함흥은, 내륙의 끝이 아니라 바다의 시작이라는 점에서 동일하다. 함흥만 해역에서 수산물을 수입하여 영일만에서 가공하는 공동 식품가공산업이 발전하게 될지 누가 알겠는가. 영일만항을 떠나 러시아 블라디보스토크와 일본 마이즈루를 운항했던 국제크루즈관광코스에 함흥을 잇는 관광프로그램의 개발도 양 도시 간에 충분히 추진 가능하지 않을까. 산업이 이어지고 해양관광문화가 이어지고 신라와 발해가 이어졌던 그 역사가 이어지는 일은 결국 우리의 현재 노력에 달려있다. 비단 바닷길뿐 아니라 동해안 철도는 유라시아의 출발점이 될 것이다.

올해 2024년에 치러진 22대 국회의원 선거에서 1986년생 함흥시 출신의 북한이탈주민이 대한민국 보수 여당 국회의원이 되는 변화를 보면서 이 글에 적은 바램들이 헛된 꿈이 아니겠구나 하는 생각을 들게 한다.

함흥

열 번째 도시,
울산

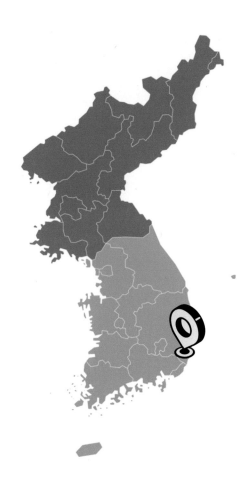

울산   Ulsan

위치	경상남도 북동부
인구*	1,101,059 명 (2024년 기준)
면적	1,060.75 km²
기후	난류의 영향을 받아 온화한 기후
GRDP**	86조 2,551억 원 (2022년 기준)

* 한국민족문화대백과
** 울산광역시청, "울산광역시 통계", 2022

동북아 해양실크로드와 울산

김윤배
한국해양과학기술원 울릉도독도해양연구기지 대장

우리나라 동남쪽에 위치한 울산은 인구 약 1,101,059명(2024년 기준)으로, 제주도 다음으로 인구가 적은 광역자치단체이다. 한국의 남동해안에 위치하고 있어 항구로서 천혜의 자연조건을 갖춘 울산은 일찍이 국제항으로서의 역동적인 역사를 써왔다. 1910년대 동해안 최대 어항이었던 방어진항, 국내 최대 포경기지의 역할을 담당했던 장생포항, 그리고 부산포 제포(진해)와 함께 울산의 염포는 일본에 개방한 3대 개방항구로 조선시대 대일항구관계사에서 중요한 의미를 지녔다.

'울산'이라는 지명의 유래는 이 지역에 위치했던 초기국가인 우시산국과 깊은 관련이 있다. 기원전 200년을 전후하여 한반도 남부지역에 철기 사용이 보편화되면서 농업 생산력이 증대되었는데, 이를 바탕으로 삼한 소국이 형성되었다. 이 무렵 울산에도 웅촌을 중심으로 한 우시산국이라는 소국과 함께 범서읍 일대에 굴아화촌이라는 소국이 존재했을 것으로 연구되고 있다. 3~4세기에 신라에 편입된 이후에는 신라의 수도였던 경주와 지리적으로 인접하여 신라의 국제 관문 역할을 수행했다. 처용설화의 처용 또한 당시 울산을 통해 건너온 서역인으로 연구되고 있다. 조선 태종13년(1413년)에 들어서는 전국 지방제도 개편으로 울주에서 지금의 이름인 울산군으로 개정되어, '울산'이라는 이름이 전면 등장하였다. 또한 경상도의 중요한 군사 거점으로서 경상좌도 병마도절제사영이 설치되었으며, 임진왜란시 울산지역 의병들이 큰 공을 세운 것이 높이 평가되어 울산군에서 울산도호부로 승격되었다. 이처럼 조선전기의 울산은 중요한 국방기지였다.

그리고 대마도를 통해 이루어졌던 한일교류의 중요한 통로로는 부산, 그리고 울산의 염전에서 유래한 염포가 있었다. 조선 세종 때 왜구의 진출로 인한 군사적 부담으로, 대마도 정벌 직후 일본과의 제한적 교류통로로 지정된 곳 또한 부산포, 내이포(제포, 진해), 그리고 염포였다. 조선 숙종 때 안용복과 함께 울릉도 독도를 지킨 울산인 박어둔 또한 염포와 관련된 인물로 연구되고 있다.

이와 같은 울산의 국제교역 관문으로서의 중요성은 한반도 최초의 국제선 비행장이 설치됨으로써 그 명맥이 이어졌는데, 1928년 태화강 주변의 울산 삼산평야에 일본-울산-경성(서울)-중국 대련을 잇는 국제선 비행장이 들어섰다. 또한 울산의 방어진, 장생포는 근대 어업기지로서 삼치 조업이 유망하다는 것이 널리 알려졌다. 이에 1905년 무렵부터 일본인들이 방어진으로 진출하기 시작했는데, 청어 고등어 또한 방어진의 번창에 기여하였다. 한편 장생포는 고래를 잡는 포경기지로서 국제적인 조명을 받았다. 1899년 조선 고종은 러시아에 장생포를 포경기지로 허가해주었으며, 이후 러일전쟁에서 승리한 일본은 포경권을 독점하였다. 그렇게 1930년대 장생포의 포경산업은 절정을 맞았으며, 일제가 패망한 후에도 우리나라 포경선원에 의해 이어졌으나, 1986년부터 고래에 관한 상업 포경이 전면 중지되었다.

한편 울산은 1962년 특정공업지구로 지정되고 시로 승격되었으며, 1997년 광역시로서 발전을 거듭하였다. 울산의 주요 산업에는 현대자동차로 상징되는 자동차 산업

(1968년 현대자동차 울산공장 건설), 우리나라 최초의 석유화학 제품이 생산되었던 석유화학산업(1968년 울산석유화학공업단지 기공식), 그리고 현대미포조선으로 상징되는 조선업(1972년 현대조선중공업 울산조선소 건설)이 근간을 이루고 있다. 그뿐만 아니라 울산은 2021년 기준, 우리나라 하역능력 6위의 항구 역량을 갖추고 있다 (10대 항구: 부산항, 광양항, 인천항, 평택당진항, 포항항, 울산항, 동해묵호항, 군산항, 마산항, 목포항).

분야	주요 내용
주요 항구	울산항 (하역능력기준 우리나라 6위, 부산-광양-인천-평택당진-포항-울산-동해묵호-군산-마산-목포 2020년 12월 기준) 방어진항(1910년대 동해안 최대 어항) 장생포항(국내 최대 포경기지) 염포(1426년 일본에 개방항구)
주요 연혁	우시산국(3세기 무렵)-신라(굴아화현), 고려(흥례부),조선(울산군-울산도호부-울산군), 1962년(울산특정공업지구 지정, 울산시 승격), 1997년(울산광역시 출범)
주요 산업	자동차산업, 석유화학산업, 조선업(현대미포조선)

표 1. 울산 현황

독도-울산-목도포-안용복-박어둔

울산은 조선후기 울릉도(독도)에 대한 섬 관리 정책을 바꾸는 데 결정적 역할을 했던 안용복의 도일사건과 관련 깊은 장소이다. 안용복과 울산 출신의 어부 박어둔은 1693 년, 1696년 두 차례의 도일 활동을 통해 일본의 울릉도(독도) 침탈 시도를 막은 인물이었다. 일본 돗토리번의 상인들은 표류를 통해 우연히 들른 울릉도에서 나무와 해산물의 유용성을 파악하였고, 1625년 무렵부터 1693년까지 약 70여 년간 지속적으로 울릉도 및 독도에 들러 불법적인 벌목 및 해산물 채취활동을 해왔다. 당시 조선 조정은 울릉도가 왜구로부터 침입을 당하자, 1400년대 초부터 부정기적으로 울릉도에 관리들을 파견하여 섬에 거주하는 주민들을 본토로 데려와 살도록 하는 쇄환정책, 혹은 섬의 출입을 금하는 해금정책을 시행해왔다. 신라, 고려시대보다 매우 소극적인이었던 이러한 조선의 해양 혹은 섬 관리 정책은 70여 년간 울릉도 독도에서 일본인들의 불법활동을 방치하는 결과로 이어졌다. 이러한 조선 조정의 소극적인 섬 관리 정책을 바꾼 결정적 계기가 된 것이 바로 1693년 안용복, 박어둔을 비롯한 조선인들이 울릉도 독도에 건너가 일본인과 접촉한 사건인 것이다.

사건의 전말은 다음과 같다. 1693년 음력 3월 11일 안용복, 박어둔 일행은 울산(목도포로 추정)을 출항해 영해를 거쳐 음력 3월 27일(1693년 5월 2일) 오후에 울릉도에 도착했다. 안용복은 부산 동래부 출신의 어부였으며, 양인 신분의 박어둔(1661년생)은 울산부 대대면에서 살다가 울산부 청량면 목도리로 이주한 인물로, 어업에 종사하면서 병영에 소속되어 소금을 굽던 염간으로 일한 것으로 연구되고 있다. 사실 정조실록 등의 문헌에 따르면, 1693년 이전에도 울산에 사는 해척 14명이 몰래 울릉도에 들어가 어복과 향죽을 채취했다는 기록이 있다. 당시 내륙에서 울릉도에 출입하는 것을 엄격히 금했지만, 조선인들의 울릉도 출입이 빈번히 있었던 것으로 파악된다.

본론으로 돌아와 음력 4월 17일, 안용복, 박어둔 일행은 울릉도에 건너온 일본인들에 의해 납치되어 일본 본토의 돗토리번으로 끌려가게 되었다. 그때 안용복, 박어둔 일행은 오히려 돗토리번의 영주에게 울릉도는 조선땅이라는 주장을 펼쳤다. 이 사건을 계기로 이른바 '울릉도쟁계사건'이라 일컫는 조선과 일본 사이에 울릉도 분쟁 사건이 진행되었고, 이를 계기로 조선 조정으로 하여금 울릉도(독도)에 대한 일본의 침탈 현실을 절실히 깨닫게 하였다. 이후에도 1882년 울릉도 개척령을 내리기까지 기존의 부정기적인 관리 파견에서 정기적인 수토관 파견이라는, 다소 진일보된 섬 정책을 펼치게 되었다.

안용복, 박어둔 일행은 1696년 음력 5월에 두 번째로 울릉도, 독도를 거쳐 다시 일본에 건너가 여전히 이루어지고 있던 일본인의 울릉도 불법 도해에 대해 항의했으며,

결국 1696년 1월 에도막부는 '울릉도 도해 금지령'을 내렸다. 1625년 무렵부터 시작된 일본인의 울릉도 불법 도해가 멈춘 것이다. 안용복, 박어둔 일행은 2차 도일 당시, 울산-영해-울릉도-독도-일본 경로로 이동했다. 독도에 도착한 날은 1696년 음력 5월 15일(양력 6월 14일)이었다.

울산 출신의 어부 박어둔은 안용복과 함께 일본의 불법적인 울릉도(독도) 침략을 막아낸 영토 수호 인물이라고 할 수 있다. 일본 외무성에서는 현재까지도, 1625년 무렵부터 70여 년간 진행된 일본인들의 울릉도(독도) 불법 도해를 핵심적인 근거로 삼아, 독도가 일본 고유 영토라는 주장을 이어가고 있다.

사진 1. 울산 목도포의
안용복, 박어둔 유적 표지판

Part 2 일본 고유의 영토, 다케시마

다케시마의 인지

● 현재의 다케시마는 일본에서는 일찍이 '마쓰시마'로 불렸으며, 반대로 울릉도가 '다케시마' 혹은 '이소타케시마'로 불렸습니다. 일본이 '다케시마'와 '마쓰시마'의 존재를 오래 전부터 인지하고 있었다는 사실은 각종 지도나 문헌에서 확인할 수 있습니다. 예를 들어, 경위선을 투영한 간행 일본지도로서 가장 대표적인 니가쿠보 세키스이의 '개정일본여지노정전도'(1779년 초판) 외에도, 울릉도와 다케시마를 한반도와 오키제도 사이에 정확하게 기재하고 있는 지도는 다수 존재합니다.

다케시마의 영유

● 1618년[※] 돗토리번 호우키노쿠니 요나고의 주민인 오야 진키치와 무라카와 이치베는 막부로부터 울릉도(당시의 일본명 '다케시마') 도항 면허를 받았습니다. 그 후 양가는 교대로 매년 한 번 울릉도에 도항해 전복 채취, 강치 포획, 수목 벌채 등의 일에 종사했습니다.

양가는 장군가의 접시꽃 문양을 새긴 깃발을 배에 걸고 울릉도에서 어업에 종사하고, 채취한 전복은 장군가 등에 헌상하여, 이른바 이 섬의 독점적 경영을 막부 공인하에 행했습니다.

그 동안 오키에서 울릉도로 가는 뱃길에 있는 다케시마는 항해의 목표나 도중의 정박지로서, 또 강치나 전복 포획의 좋은 어장으로서 자연스럽게 이용되기에 이르렀습니다. 이러하여 일본은 늦어도 17세기 중엽에는 다케시마의 영유권을 확립했다고 생각됩니다.

● 또한 당시 막부가 울릉도나 다케시마를 외국 영토로 인식하고 있었다면, 쇄국령을 발해 일본인의 해외 도항을 금지한 1635년에는 이들 섬에 대한 도항을 금지했을 것이지만, 그런 조치는 취해지지 않았습니다.

[※] 1625년이라는 설도 있습니다.

자료 1. 독도 일본영토 홍보 한국판 팜플렛
©일본국 외무성, 2014

고래-울산-포경업 - 서양의 독도발견 - 동해 명칭문제

울산은 예로부터 고래와 깊은 인연을 맺고 있는 항구이다. 특히 울산시 울주군 대곡리에 위치한 대곡리 암각화는 북방긴수염고래, 귀신고래 등 고래 그림과 함께 고래잡이에 관한 자세한 과정이 바위에 암각되어 있다. 이러한 암각화를 통해 선사시대부터 활발하게 행해졌던 울산 부근의 고래잡이 활동을 유추해 볼 수 있다. 울산 연안을 포함한 동해에서 본격적인 고래잡이, 즉 포경업이 펼쳐진 것은 1800년대 중반, 서양인에 의해서였다. 16세기 말까지 서양인의 포경은 주로 대서양에 국한되어 있었다. 그러나 항로 개척 및 새로운 어장의 발견으로 그들은 점차 태평양으로 눈을 돌리기 시작했으며, 특히 고래 남획으로 인해 고래 개체수가 감소하자, 마침내 태평양에 접한 동해로까지 눈을 돌리게 되었다. 동해에서 서양인들이 본격적으로 포경활동을 시작한 때는 1848년부터로 연구되고 있다(정인철, 2014)[1]. 당시 미국을 중심으로 프랑스 등 여러 서양 국가의 약 60 척의 포경선이 활동하였으며, 1849년에는 그 수가 두 배 이상 증가했다고 한다. 이렇게 동해에서 서양어선들이 활발하게 포경활동을 했던 결과로, 미국 포경선 체로키호는 1848년 4월 16일, 현재 남아있는 기록 중 최초로 독도를 발견하게 되었다. 이어 1849년 1월 27일에는 프랑스 포경선 리앙쿠르호가 독도를 발견하게 되었다.

특히 당시 동해에서 이루어진 서양 포경선의 포경업 활동이 동해 지명에 미친 영향에 대해 주목해볼 만하다. 대륙을 오가던 서양 포경선은 중간 기착지로 일본의 항구를 활용했다고 한다. 이때부터 18세기까지 주로 '한국해'라고 칭해졌던 동해 지명은 점차 '일본해'로 변경되기 시작했다고 최근 연구되고 있다(정인철, 2014).

동해고래에 대한 일본인들의 관심은 당시 조선 조정의 울릉도 관리 정책에도 영향을 미쳤다. 1880년 무렵부터 다수의 일본인들은 주로 벌목 목적으로 울릉도에 도항하기 시작하였는데, 결국 울릉도 사동 해안가에 울릉도가 일본영토라는 푯말까지 설치하

---

[1]   정인철, 2014, 프랑스 포경선 리앙쿠르호의 독도 발견에 관한 연구, 영토해양연구 7

기에 이른다. 이에 조선 조정에서는 1882년 6월, 이규원 검찰사를 보내 울릉도의 상황을 자세히 파악하였고, 1882년 울릉도 개척령을 내려 1883년 김옥균을 '동남제도 개척사겸관포경사(東南諸島開拓使兼管捕鯨使)'로 임명하였다. 본격적인 울릉도 개척을 시작했던 것이다. 김옥균의 직책명에서 '포경사(捕鯨使)'라는 고래와 관련된 명칭을 주목해 볼 필요가 있다.

이 무렵 러시아는 조선 고종의 아관파천(1896년)에서 상징되는 것처럼 한반도를 둘러싼 청나라, 일본과의 관계 속에서 적극적인 한반도 개입 정책을 펼쳤다. 아관파천 기간 동안에는 울릉도를 비롯한 압록강, 두만강 지역의 산림채벌권을 획득하였다(1896년 9월). 이때 러시아 상인 브린너가 조선 조정으로부터 울릉도 산림채벌권을 획득했음에도 일본인들의 울릉도 벌목이 그치지 않자, 1899년 10월에는 러시아 군함을 울릉도에 보내기도 하였다(이규태, 2013)[2]. 이러한 시기에 울산 장생포가 러시아 태평양포경회사의 포경기지로서 확정되기에 이른다(1899년 4월 29일). 더 나아가 당시 대한제국 외무 교섭국장 이응익과 러시아 태평양포경회사 케이제를링 간의 조·러 포경기지 계약이 체결되어, 케이제를링은 장생포를 포경기지로 확정하였다. 장생포 고래잡이 역사는 1891년 러시아의 케이제를링(Henry Keyserling)이 '태평양포경회사'를 설립하여 동해 포경을 착수하면서 시작되었다고 보고 있다(배성준, 2005)[3]. 이처럼 울산은 20세기 무렵 동해 포경업의 중심지로서 점차 성장하기 시작했다.

사진 2. 1890년대 울산 장생포의 러시아 포경기지
©Henrik G. Melson

---

[2] 이규태, 2013, 울릉도 삼림정책을 둘러싼 러일의 정책, 사총 59.

[3] 배성준, 2005, 한말 울릉도·독도 영토문제의 대두와 울도군의 설치, 북방사논총 7.

사진 3. 일제강점기 울산 장생포
©울산박물관

사진 4. 장생포에서 고래해체장면 1974년
©울산시

동해안 용승이 만들어준 천혜의 어장, 울산 감포 바다

왜 반구대 암각화는 울산에 위치하였을까? 왜 울산 앞바다에는 고래가 풍부할까? 왜 진해, 거제도와 함께 우리나라의 대표적인 멸치 어장이 울산 연안에 형성되었을까? 왜 경주의 감포, 울산에 이르는 우리나라 동해 남부 해역은 예부터 청어, 멸치, 오징어 등 수산물이 많이 잡히기로 유명할까? 왜 울산과 감포 연안은 여름철이면 때때로 표층수온이 섭씨 10도(°C) 가까이로 내려가 매우 차가워질까? 왜 동해남부 연안에는 여름철이면 바다 안개 해무가 자주 발생할까? 바다와 수산물에 관심 있는 사람이라면 누구나 한 번쯤은 가져봤을 법한 질문들이다.

사진 5.　1910년대 무렵 감포항 전경
ⓒ경주시

사진 6.　일제강점기 울산의 방어진
ⓒ울산박물관

국립수산과학원에서는 여름철 연안역에 주변 해역보다 수온이 섭씨 5도(℃) 이상 차가운 해수가 출현하는 경우 냉수대 주의보를 발령한다. 냉수대가 발생되면 수온이 급격히 차가워지기 때문에, 급격한 온도 변화에 민감한 어류들은 냉수대가 발생한 해역을 벗어나 외해역으로 분산한다. 그러나 육상에서 해수를 뽑아 올려 어류를 양식하는 육상 양식장에서는 냉수의 유입이 치명적이다. 또한 여름철의 더운 공기 아래 냉수대가 발생하므로, 온도차에 의한 해무가 발생하여 선박의 항해에도 영향을 미친다. 국립수산과학원에서는 지난 2013년의 경우, 7월 4일부터 8월 6일, 8월 9일부터 13일에 걸쳐 감포 해역에, 7월 12일부터 15일과 7월 18일부터 8월 6일에 걸쳐 울기 해역에 냉수대 주의보를 발령했다. 이러한 냉수대 발령기간 동안 울기등대 근처에서 관측된 7월 18일 표층 수온의 경우 섭씨 15.2도(℃)로 냉수대 주의보 발령 직전인 7월 16일의

20.2도(℃)보다 무려 5도(℃) 이상 크게 차가워졌다. 2011년의 경우에는 5월 24일부터 8월 24일에 걸쳐 울기, 감포 연안에서 수차례 냉수대 주의보 발령과 해제를 반복했다. 이때 표층 수온은 5월 24일에 울기연안에서 섭씨 9.0도(℃)로 관측되어, 한겨울철 수온보다 더 차가웠다.

 이처럼 감포, 울산 연안바다는 주로 6~8월 여름철을 중심으로 냉수대가 빈번히 발생한다. 한국해양과학기술원 유신재 박사 연구팀에 따르면 인공위성 자료로부터 1998~2006년 동안 냉수대 발생과 관련된 현상을 분석한 결과 6~9월 사이에 발생 비율이 평균 58%로 나타났다. 물론 이러한 냉수대는 때로 삼척 연안으로부터 부산 연안까지 동해 남부해역 전역에 걸쳐 발생한다. 왜 이처럼 여름철을 중심으로 냉수대가 빈번히 발생하는 것일까? 이 냉수대 발생으로 인한 영향에는 무엇이 있을까?

우선 울산과 감포를 중심으로 한 동해 남부 해역은 6월부터 9월 초 사이에 계절적으로 남서풍이 자주 부는 해역이다. 감포-울산 해역의 냉수대 발생을 연구한 부산대학교 해양과학과 이동규 교수 연구팀 등 다수의 연구자에 따르면 이 남서풍이 냉수대 발생의 주원인이다. 남서풍이 불고 하루나 이틀 후에 냉수대가 주로 발생하는 것으로 보고하였다. 이러한 남서풍은 구룡포-부산에 이르는 해안선의 방향(북동-남서)과 일치하여, 연안의 표층 바닷물을 외해로 밀어내기 쉽도록 한다. 이처럼 해안선에 평행하게 부는 남서풍의 바람과 함께 감포, 울산 주변의 해저지형 또한 냉수대 형성에 영향을 미친다. 부산 및 울기 외해역 수심은 100~150 m로 비교적 일정한 편이지만, 감포 해역을 지나서는 수심이 급격히 증가하기 시작하여 포항 외해에서는 1,500m에 육박한다. 대한해협을 통과하여 동해로 유입되는 대마난류수는 이렇게 깊은 수심대를 지날 때 수심변동의 영향으로 해안에서 멀리 향하게 되는데, 이에 따라 상대적으로 따뜻한 대마난류수의 영향이 줄어든다. 그 대신에 감포-울산 해역에는 러시아와 북한 인근의 동해 북부 해역에서 겨울철에 기원하여 동해 연안을 따라 남하하는 저층의 북한한류수와 냉수가 혼합된 찬 해류가 여름철에 주로 유입되기 시작한다.

여기까지 종합해보면, 남서풍에 의한 표층 해수의 외해로의 움직임, 또는 대마난류수가 해안 바깥쪽으로 움직이는 것에 따라, 이를 보상하기 위해 저층의 찬 물이 연안의 표층으로 올라오는 용승작용이 바로 냉수대의 발생 원리이다. **시기적으로 절묘하게도 남서풍의 바람, 대마난류의 강화, 저층으로의 냉수 유입 세기가 강화되는 시기가 모두 늦봄부터 여름철 사이이다. 물론 해양 및 기상 조건의 변화에 따라 그 시기는 달라질 수 있을 것이다. 이처럼 감포-울산 해역의 용승은 바람과 해저지형, 난류와 한류가 합작해서 만들어낸 자연의 절묘한 합작품이다. 즉, 자연의 하모니다.**

자료 2, 3. 감포-울기 해역에서 일어나는 용승현상 모식도 및 관련 논문
(좌)©미국 해양대기청(NOAA), (우)©한국수산학회지

그런데 감포-울산 바닷물의 용승은 단지 표층의 바닷물을 차게 하는 역할에서 그치지 않는다. 일반적으로 연안 용승은 어장 형성에 매우 유리한 조건을 만들어 준다. 세계적인 어장인 페루-칠레 및 북서아프리카 해역의 어장 형성 이유 또한 연안 용승과 관련되어 있다. 영양염이 풍부한 저층의 바닷물이 용승을 따라 표층 근처로 올라오고, 이에 해당 표층은 주변에 비해 높은 생산력을 갖게 된다. 동물 플랑크톤에 풍부한 먹이를 제공함으로써 동물 플랑크톤 개체수의 높은 증가를 불러일으키는 것이다. 국립공원관리공단 이창래 박사는 2001년 감포-울산 해역을 조사한 결과, 인접한 대한해협

의 다른 지역보다 2~10배 높은 동물플랑크톤의 출현량을 보고하였으며, 냉수대 분포 지역에서 특히 더 높게 나타났다. 이러한 높은 동물플랑크톤의 분포량은 동물플랑크톤을 먹이로 하는 오징어, 멸치 등 어류가 번성하도록 한다. 그러한 번성의 대열에는 동물플랑크톤이나 소형 어류 등을 먹이로 하는 귀신고래와 같은 고래류도 포함되었음을 짐작할 수 있다.

감포-울산의 용승작용에 의한 바다의 높은 생산력은 단순히 감포-울산 인접해역에 그치지 않는다. 감포-울산 해역에서 형성된 높은 생산력을 지닌 해수가 대마난류를 따라 동해 내부로 확장한다. 그야말로 용승작용은 동해를 살찌우는 '동해의 어머니'와 같은 존재인 셈이다.

감포-울산 해역과 같은 원리는 아니지만, 울릉도와 독도의 섬 주변에서도 용승작용이 발생한다. 강한 해류가 섬에 부딪히면서 표층과 아랫부분을 잘 섞어 놓기 때문이다. 표층 아래의 풍부한 영양염이 이 혼합물층을 따라 표층으로 올라온다. '섬 효과'라고 일컫는 이러한 현상은 왜 울릉도와 독도 주변이 해양생태계의 오아시스와 같은 역할을 하는지에 대해 설명해준다. 동해에 빈번히 발생하는 소용돌이 현상 또한 이러한 용승작용을 촉진시킨다. 소용돌이로 인해 상층과 하층이 더 잘 섞이게 되는 셈이다.

최근 동해 해양 생태계에 대한 연구 결과, 예로부터 청어 멸치 오징어 등 수산물이 풍부하기로 유명한 구룡포-감포-울산 해역의 높은 어업 생산력의 비밀이 바람, 해저 지형, 한류와 난류의 절묘한 만남으로 인한 용승 현상 때문임이 밝혀졌다. 물론 앞서 언급했듯, 용승 및 냉수대 발생은 삼척 연안에서부터 기장 연안에 이르기까지 유사한 원리에 의해 빈번히 발생하지만, 감포-울산 해역은 그 핵심에 있다. 감포-울산 연안을 비롯한 동해 연안의 용승으로 인한 높은 어업 생산력은 일본이 동해 연안에 눈을 돌리도록 하는 직접적 계기가 되었으며, 구룡포 감포 울산 죽변 등에 일본인 이주 어촌의 건설로 이어졌음은 역사적 수순이었다.

그런데 바닷물이 동해 내에서 용승한다면, 필경 어디에서인가 침강해야 균형이 맞을 것이다. 감포-울산 해역이 동해의 대표적인 용승 해역이라면, 그 옛날 발해의 영토였던 러시아 블라디보스토크 인근 해역이 동해의 대표적인 침강 해역이다. 시베리아의 겨울철 매서운 바람으로 인해 차가워지고 결빙으로 인해 밀도가 높아진 표층의 무거운 바닷물이 이곳에서 심층으로 가라앉는다. 동해 해양심층수의 기원인 셈이다. 동해의 '침강과 용승' 작용이야말로 동해 역동성의 대변인이다. 침강과 용승으로 인해 동해의 심해가 쉼 없이 움직인다. 독도 인근의 무려 수심 2000m의 심해에서도 매 순간 사람 걸음걸이에 가까운 바닷물의 움직임이 지속되는 것도 이 때문이다.

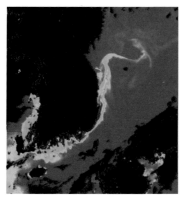

자료 4. 인공위성에 관측된 표층 클로로필 분포
©한국해양과학기술원

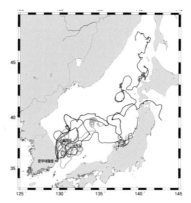

자료 5. 몇개 표층 뜰개의 이동경로도
©한국해양과학기술원

동해를 이해하기 위해서는 동해의 작동 원리를 이해할 필요가 있다. 물론 감포-울산 해역으로 대표되는 용승 현상 외에도 동해의 다양한 작동 원리가 존재할 것이다. 우리가 지금보다 더 많이 동해의 작동 원리를 이해할 때 우리는 동해에 한 발자국 더 다가갈 수 있다. 동해의 작동 원리에 대한 이해는, 다양한 해양문화 스토리텔링을 탄생시킬 수 있다. 어쩌면 감포-울산 해역의 용승이 바로 동해를 그토록 지키고자 하였던 문무대왕의 승천은 아니었을까. 독도 동도에는 접안부두 준공을 기념해 접안부두 준

울
산

공 기념 표지석이 설치되어 있는데, 그 표지석에는 특이하게도 삼태극 문양이 새겨져 있다. 문무대왕의 뜻을 이어 창건한 경주 감은사의 삼태극 문양을 독도에 새긴 것은, 문무대왕의 뜻을 독도에 새긴 것과도 같다. 동해를 잘 지키기 위해서는 동해에 대해 잘 알아야 한다. 그것이 동해의 주인 된 자세이다.

동해안 최초로 불 밝힌 '울기등대'

신라 최대의 국제 무역항이었던 울산항(개운포). 해양 실크로드를 따라 신라로 건너 온 처용을 비롯한 수많은 아라비아인들과의 문명 교류를 통해, 천년 신라 문화 발전 의 교두보 역할을 했던 울산항. 그 울산항이 내려다 보이는 자락에 근대 약 120년의 세월 동안 동해를 오가는 선박들의 안전을 지켜온 울기등대가 자리 잡고 있다. 비록 울산박물관 전시물에는 울기등대를 울산 최초의 등대로 소개하고 있지만 그 역사적 무게는 훨씬 더 깊다. 울산 최초의 등대 차원을 넘어서서, 1906년 3월 점등된 동해안 최초의 등대이다. 우리나라 최초의 근대식 등대인 인천 팔미도등대 (1903년 6월 점 등)와 비교해도 불과 2년 9개월 차이이다. 이런 역사적 무게 덕분에 국립수산과학원 에서는 울기등대를 기준으로 동해의 남쪽 경계를 정한 바 있으며, 1961년 시작된 동 해 정선해양관측라인 중 한 개 라인은 울기등대를 기준으로 시행되고 있다.

울기등대의 역사는 1905년 2월 20일 일본 해군에 의해 설치된 등간(나무로 길쭉하게 만든 기둥 형태)에서 시작된다. 울기등대가 세워진 터는 원래 말을 기르던 목장터였 던지라 나무가 없었다. 조선시대에는 나라에서 사용할 말을 기르기 위해 주로 해안가 와 섬을 중심으로 목장을 설치하였다고 한다. 러일전쟁(1904.2~1905.9)이 발발하고 러시아의 발틱함대가 한반도의 동해안으로 진출하자, 일본은 동해 해상권 장악을 목 적으로 울기를 비롯한 곳곳에 목재 등대를 설치하기 시작하였고, 등대를 중심으로 일 본 해군을 주둔시켰다. 나무가 없던 울기등대 터에 군대 위치를 숨길 목적으로 1만 5

천 그루의 해송림을 인공적으로 조성하였다. 그리고 울산목장 혹은 방어진목장으로 불렸던 이곳의 지명을 '울기(蔚崎)'라는 이름으로 바꾸었다. 제주대학교 주강현 석좌교수에 따르면 기(崎)는 일본 나가사키(長崎), 미야자키(宮崎)처럼 우리말의 곶(串)에 해당되는 단어로, 울기(蔚崎)라는 명칭은 일본식 명칭이라고 할 수 있다. 이 명칭은 2005년 광복 60주년 기념사업의 일환으로 추진되었던 일재문화잔재 시민제안 공모에서 '울산의 기운'이라는 뜻인 '울기(蔚氣)'로 변경되었다.

울기등대 앞바다에는 신라 문무대왕의 호국정신이 깃든 대왕암이 자리 잡고 있다. 경북 양북면의 문무대왕암과 비슷한 설화를 가지고 있다. 설화에서는 문무대왕이 죽어 감포 문무대왕암이 산골된 이후, 왕비 역시 호국룡이 되어 울산 바다 대암 밑으로 들어갔다고 전해진다. 그래서 이곳 역시 대왕암이라 불리게 되었다고 한다.

사진 7, 8.　울기등대
　　　　©울릉도독도해양연구기지

러일전쟁 과정에 급하게 설치되었던 목제의 등간은 대한제국에 의해 콘크리트 8각형 등대의 형태로 교체되었고, 1906년 3월 점등되어 현재 120년에 가까운 역사를 맞이했다. 이후 일본 해군에 의해 인공적으로 조성된 수목이 우거져 등대가 잘 드러나지 않자 1987년 12월, 울기 구등대 앞에 새롭게 신등대를 건립했다. 구등대는 구한말 시대의 건축양식을 잘 간직하고 있어 당시 건축기술과 기법이 쓰인 근대문화재로서의 가치가 높고, 이에 2004년 9월 4일 문화재청으로부터 등록문화재 제106호로 지정되었다. 구등대는 1956년과 1972년에 개량 혹은 증축되어 현재의 형태를 이루고 있다. 위로 갈수록 좁아지는 8각형 평면의 등탑에 1층 등탑 앞 포치(porch, 현관) 형태는 양측에 사각형 기둥을 두고 위로 반원형의 볼트를 올린 배럴볼트(barrel vault) 형식으로 웅장함을 더했다. 등탑 입구 현관 상단 중앙에 한국의 상징인 태극 문양이 자리 잡고 있다. 건축 당시에는 일본의 상징인 벚꽃 문양이 새겨져 있었지만, 해방 후 태극 문양으로 바꾸었다고 한다. 이런 문양은 인근 호미곶 등대에서도 잘 나타나는데, 1908년에 지어진 호미곶 등대에는 조선의 상징인 오얏꽃(자두, 이화) 문양이 남아있다. 일각에서는 일본의 벚꽃 문양이라는 설도 있었지만 국립등대박물관 측은 "경복궁 등에 남아있는 왕실 상징인 오얏꽃 문양"이라고 밝혔다.

1987년 12월 신축된 신등대는 높이 24m 규모의 백색 8각 철근콘크리트 등대이다. 울기등대에서 내뿜는 불빛의 광달거리(등화가 도달하는 최대거리)는 26해리(약 48.15km)에 이른다. 등대는 다른 항로표지 등화와의 오인을 피하기 위해, 저마다 정해진 간격에 따라 등화를 발사하며 깜빡이는데, 울기등대는 10초마다 한번씩 등화를 발사한다. 안개가 자욱한 날은 "뿌우"하는 음향신호로써 등대의 존재를 알린다. 등대의 색깔 또한 하나의 신호 역할을 한다. 먼 거리에서 식별이 필요한 유인등대나 산 위에 설치된 무인등대는 백색등을 사용한다. 반면 방파제 등대는 입항을 기준으로 왼쪽은 녹색등, 오른쪽은 적색등(등대는 흰색)으로 표시하여 항구로 진입하는 선박이 좌우를 쉽게 구별할 수 있도록 도와준다. 이처럼 울기등대는 구등대와 신등대가 함께 자리 잡고 있어 근대와 현대가 서로 조화롭게 마주 선 특별한 장소이다.

또한 앞서 언급했듯, 신라시대 개운포로 불렸던 울산항은 신라의 최대 국제 무역항이었다. 이 개운포를 통하여 수많은 아라비아 상인들이 신라와 문물을 교환함으로써 신라 문화 발전의 원동력이 되었다. 신라 원성왕의 능으로 추정되는 괘릉의 서역인을 닮은 무인상, 울산의 처용암 설화, 그리고 코발트색 띠가 아름다운 황남대총 유리그 릇들은 실크로드를 따라 신라와 교역한 서역인의 흔적들이다.

이렇게 서역인이 지나간 자리에 울산은 동해안의 고래, 청어리, 청어 등 풍부한 수산 자원을 바탕으로 어업전진기지로서의 근대를 맞이하였다. 1883년 재조선일본인민통 상장정이 체결되면서 조선 연안에 대한 일본인의 출어가 허용되자 일본은 일본 연안 의 어자원 고갈, 일본 어촌 인구의 포화상태 해결 등을 목적으로 적극적인 조선 진출 을 권장하였다. 1910년 우리나라에 출어한 일본의 어업선수는 6천 척, 어민은 2만 수 천에 달할 정도였다. 울산 앞바다에는 방어진(魴魚津)이라 불릴 만큼 많은 양의 방어 가 잡혔고, 삼치 고등어 등 일본 어민이 선호하는 어종이 풍부한 어장이 형성되었다. 이에 일본인들은 일찍부터 방어진을 어업근거지로 삼았고, 1909년 일본 지방 정부의 보조를 받아 후쿠오카현 어부들이 방어진에 이주 가옥을 건설하면서 이주 어촌이 되 었다. 울기 구등대는 일제 강점기 당시 방어진 주변을 오가는 6~700여 척의 어선과 3~4천여 명의 어부들의 뱃길을 비췄다.

이와 같이 울기등대는 울산 최초의 등대라는 의미를 넘어서, 동해안 120여 년의 뱃길 을 지켜온 동해안 최초의 등대로서, 그 역사적 의미가 풍부하다. 비록 제국주의 일본의 침략을 안내하는 불빛으로 그 역사를 시작했지만, 120여 년의 역사를 이어오며 동해안 을 오가는 여러 선박들의 안전을 지켜왔을 뿐만 아니라, 구한말 시대의 건축양식을 잘 간직하고 있어 당시 건축기술과 기법 등을 알아볼 수 있는 근대문화재로서도 가치가 높 다. 울기등대가 안내하는 울산항은 신라시대 최대의 국제무역항으로 해양 실크로드를 통해 동서양의 문명이 만났던 역사적 장소이기도 하다. 앞으로 울기등대를 활용한 다양 한 해양문화 콘텐츠를 개발하여 해양문화관광 명소로서의 꾸준한 발전이 기대된다.

우리는 왜 동해에 주목해야 하는가? 동해의 가치

동해, 남해, 서해로 이루어진 대한민국 해양영토 중 52%의 해수를 담고 있는 바다. 대한민국 섬 중에서 본토로부터 가장 멀리 위치한 독도를 품고 있는 바다. 애국가의 첫 소절에 등장할 정도로 한민족에게 각별한 바다. 1만 8천 년 전, 해수면이 현재보다 약 130미터 낮았을 때 한반도 해역 중 유일하게 광활한 호수로 존재했던 바다. 평균수심이 1,700m에 육박하며, 최대수심 4,000m에 이르는 심해의 바다. 전체 해수 중 약 90%는 빛이 거의 도달하지 않는 수심 200m보다 깊은 곳에 위치하여, 섭씨 2도 이하의 수온으로 냉장고보다 더 차가운 바다. 63빌딩 전체를 불과 0.3초 만에 채울 수 있을 정도로, 초당 약 260만 톤의 해수가 끊임없이 유입되고 빠져나가는 역동적인 바다. 1849년 한 해동안 최소 130척의 미국 포경선이 활동했을 정도로 고래가 풍부했던 바다. 일본과 명칭표기 문제를 놓고 뜨겁게 열전을 벌이는 바다. 우리나라 수출입 물동량의 99.6%를 차지할 정도로 미주대륙으로 가는 최단거리 해운 항로가 있는 바다. 전 세계 해양학자들이 '축소판 대양'이라 부르며 기후변화연구의 최적의 실험실로 주목받고 있는 바다. 이미 짐작했겠지만 그 바다는 동해다.

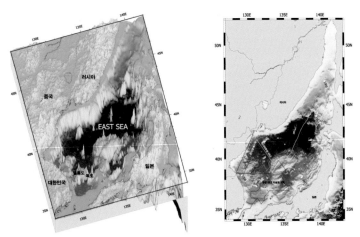

자료 6, 7.　동해의 3차원 지형도 및 국가 간 경계

동해를 감싸 안고 있는 지자체를 중심으로 동해에 대한 관심이 뜨겁다. 이미 오랫동안 농도(農道)를 자처했던 경상북도는 '강산해 경북 재창조 프로젝트'를 시작으로 '환동해 지역본부조직'까지 발족시켰다. 포항시는 포항영일만항의 국제무역항 활성화에 전념하고 있다. 경주시는 동해안 신해양시대를 맞이하여 '문무대왕 해양문화 창조 프로젝트'를 새롭게 추진하였다. 몇 해 전에는 북극항로 시대 개막을 배경으로 한 환동해권 시대를 대비하기 위해 정부와 지자체, 한국해양과학기술원 등의 연구기관 등이 합심하여 '환동해해양도시포럼'을 결성하기도 하였다.

역사적으로 동해는 잊혀진 바다였다. 해동성국으로 불렸던 발해시대에는 일본과의 공식사절만 34차례에 이르는 왕성한 교류가 증명하듯 동해를 적극적으로 활용했지만, 발해 멸망 이후 동아시아 각국의 문명교류와 교역은 주로 황해와 남중국해를 중심으로 이루어졌다. 국립해양박물관의 시대별 한반도 해양교류사 전시물을 보면, 고려시대 조선시대의 동해는 남해와 서해에 비해 사실상 비어 있는 바다였다. 하지만 근대에 접어들며 동해와 환동해 지역의 지정학적 요건이 주목을 받기 시작하면서, 동해는 새로운 발견의 장소로 거듭났다. 지리적으로 남한, 북한, 러시아, 일본으로 둘러싸인 국제수역이라는 특성 때문에, 국가 간 이익 충돌이 동해에서 첨예하게 진행되어 왔다. 독도로 상징되는 해양영토의 충돌은 물론이요, 심지어 바다의 명칭까지 대립하고 있다. 여기에 더해 매년 2,000척에 가까운 중국의 오징어 쌍끌이 배들이 북한을 등에 업고 동해에 진출하고 있고, 미국까지도 동해와 이해관계가 얽혀 있다. 그 충돌 양상은 마치 동해 남쪽과 북쪽의 표층 바닷물이 각각 따뜻한 난류와 차가운 한류로 채워져, 서로 첨예하게 전선을 이루는 동해의 표층 해수분포의 모습과도 절묘하게 닮아 있다.

많은 사람들이 동해를 남쪽으로는 부산 근처부터, 북쪽으로는 강원도 고성 정도까지, 그리고 바깥으로는 독도까지의 바다라고 여기는 경향이 있다. 물론 이 또한 남한 면적의 1.2배에 달하는 넓은 면적임이 사실이다. 하지만 전체로 보았을 때는 남·북한, 러시아, 일본으로 둘러싸인 동해 총 면적의 불과 약 12%에 해당하는 바다이다. 동해에 대한 올바른 이해의 출발은 바로 12%의 동해를 100%의 동해로 확장하는 것에서부터 시작된다. 단적인 예로 매년 여름철이면 경북 동해안을 중심으로 냉수대가 형성되어 적지 않은 피해가 발생한다. 이 냉수대를 이해하기 위해서는 남풍의 바람과 함께, 러시아 및 북한연안을 따라 부산 앞바다까지 남하하고 있는 북한한류에 대한 이해가 필수적이다. 인간이 그어 놓은 경계를 거침없이 넘나들고 있는 오징어와 명태 등 수산물의 자원량을 보호하기 위해서라도 동해 전체에 대한 이해가 필요하다. 무엇보다도 1980년대 러시아의 핵폐기물 동해 투기 사태로 상징되는 해양 오염 문제는 물론이요, 동해 전체의 해수순환과 직결된, 전 세계 최고 수준으로 상승 중인 동해의 표층 수온 상승 또한 12%의 동해가 아닌 100%의 동해를 요구한다.

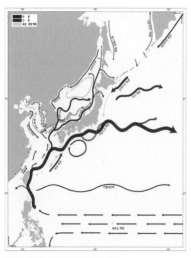

자료 8. 한반도 주변해역의 해류분포 모식도
ⓒ국립해양조사원

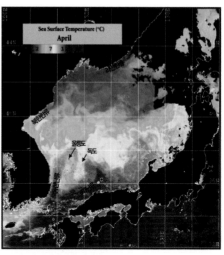

자료 9. 인공위성에 본 표층수온분포 사례
ⓒ한국해양과학기술원

남·북한, 러시아, 일본으로 둘러싸인 동해는 더 이상 잊혀진 바다가 아닌, 새롭게 발견되고 있는 뜨거운 생명체이다. 또한 동해가 갖는 중요성을 바탕으로 각국이 협력하고 경쟁하는 바다이다. 기후변화와 해양오염은 국가 간 협력의 대표적인 주제이다. 특히 기후변화 문제에서 동해의 역할은 각별하다. 동해가 대양에 비해 규모는 작지만, 그린란드 해역 및 남극 주변에서 심층수가 형성되는 것처럼, 동해 러시아 블라디보스토크 인근 해역에서도 심층수가 자체적으로 형성되는 등 대양과 유사한 해양현상이 일어난다. 이에 전 세계 해양학자들은 동해를 '축소판 대양'이라 부른다. 더불어 기후변화와 연관된 '컨베이어벨트'라 불리는 전지구적 해수순환의 주기가 1,000년 이상 소요되는 데 비해, 동해는 약 100년 정도로 그 기간이 짧은 덕분에 전 세계 기후변화를 연구하는 최적의 실험실로 인식되고 있다. 전 세계 기후변화에 대한 기여 덕분에 2008년 노벨평화상을 공동수상한 유엔정부간기후변화위원회(IPCC)의 4차보고서에서 기후변화연구의 대표적인 바다로 동해를 소개한 것은 결코 우연이 아니다.

하지만 동해는 동해가 보유한 자원의 중요성 또는 잠재된 가치 때문에 첨예한 갈등의 대상이 되기도 한다. 그 충돌의 정점에 울릉도의 부속섬 독도가 있다. 사실 섬의 중요성은 섬 자체에 있지 않을 수 있다. 배타적 경제수역의 기점으로서 섬의 존재로 인해 광활한 해양영토와 그에 부속된 자원을 확보할 수 있다는 데에 진정한 가치가 있다. 섬이 국가에 얼마나 중요한 요소인지는 일본 남태평양 한가운데에 있는 오끼노토리시마로 짐작할 수 있다. 전체 면적이 가로 세로 3미터에 불과한 이 암석을 대대적 보강 공사를 해가며, 일본 본토 면적의 66%에 해당하는 25만km²의 대륙붕이라고 주장하고 있다. 비록 섬이 아니라 배타적 경제수역의 기점이 될 수 없는 바위라는 점에서 일본의 주장은 억지에 가깝지만, 섬의 가치를 극명히 보여주는 좋은 사례이다. 이처럼 울릉도와 독도는 단순히 눈에 보이는 섬이 전부가 아니라 그 섬이 품고 있는 광활한 해양영토와 자원에 진면목이 있다.

최근 한국해양과학기술의 발달을 통하여, 심해라는 특성상 그동안 미처 발견되지 못했던 동해 해저자원들의 발견과, 수산자원의 변동에 대한 과학적인 이해가 가능해졌다.

비록 아직 시작 단계지만 동해의 가스하이드레이트 또한 주목할 만한 자원이며, 특히 분포 지역이 심해의 홍게 분포와 관련된다는 최근 일본 연구결과는 매우 흥미롭다. 육지에서 발생한 이산화탄소를 동해 심해에 저장함으로써 온실가스를 감축하려는 야심 찬 기술 또한 시도되고 있다. 또한 앞서 언급했듯 동해 해양생태계에 관한 연구 결과, 예로부터 청어, 멸치, 오징어 등 수산물이 풍부하기로 유명한 구룡포-감포-울산에 이르는 동해 남부해역의 높은 어업생산력의 오랜 비밀이 바람과 해저 지형의 절묘한 만남인 용승 현상 덕분임이 밝혀졌다. 매년 동해 연안 어민들을 괴롭히는 냉수대 현상 또한 해저의 찬물이 표층으로 올라오는 이 용승 현상과 관련이 있다. 이러한 동해 연안의 높은 어업생산력은 과거 일본으로 하여금 동해 연안에 관심을 갖도록 한 직접적인 계기가 되었으며 구룡포, 감포, 울산, 죽변 등에 일본인 이주 어촌 건설로 이어졌음은 역사적 수순이었다. 앞으로 과학기술의 발달에 따라 더 드러나게 될 동해의 숨겨진 가치와 작동 원리가 사뭇 기대된다. 그래서 그동안 본토와의 접근성 문제로 동해 해양연구의 변방이었던 울릉도에 2014년 설립된 울릉도독도해양연구기지가 울릉도와 독도의 해양과 동해를 연구하는 학자들의 주요 거점이 될 것으로 기대된다.

육지에 길이 있듯 바다에도 길이 있다. 바람과 해류를 따라 바다에 길이 만들어지고, 그 길을 따라 돛단배가 움직이고, 사람이 오가고, 문화가 오간다. 동해 또한 계절풍과 한류와 난류에 따라 길이 만들어졌다. 그 무렵 섬은 길을 안내하는 이정표였으며, 오랜 길을 걸어온 이들에게 쉼터였다. 그 길을 이용한 것은 사람만이 아니었다. 그 바닷길이 만들어 준 수온과 먹이를 따라 명태와 오징어, 고래가 이동하였을 것이다. 해양과학기술의 발달로 새로운 해양자원이 발견되기 이전, 동해의 가장 값진 효용은 길로서의 가치일 것이다. 지구 반바퀴를 돌아 항해한 아라비아 상인들은 이 동해를 통하여 신라와 교역하였으며, 거친 동해를 건너 일본과 교역한 발해는 해동성국으로 발돋움하였다. 거문도 사람들은 거문도 뱃노래를 목청껏 부르며 울릉도에 건너와 울릉도 나무로 배를 건조해 갔다. 동해 바닷길을 따라 이동하며 몸을 한껏 살찌운 명태는 오랜 세월 우리의 밥상을 풍족하게 하였다. 그리고 서양의 포경선들을 동해로 끌어들인 귀신고래는 동해 연안의 용승 현상 덕에 풍족해진 먹이를 마음껏 들이마셨다.

동해는 더 이상 잊혀진 바다가 아니다. 과학으로 새롭게 발견되는 바다이다. 육지 중심 사고에 치우친 이들에게 오랜 변방으로 인식되어 왔지만, 바람과 해류가 터준 동해의 바닷길을 따라 묵묵히 그 길을 이어온 사람들의 삶의 터전이다. 그들이 동해를 지켜온 진짜 주인일 것이다. **이제 동해를 품어온 역사의 주인공들에게 그들이 품어온 동해의 진정한 가치를 알려주어야 한다. 그것이 동해의 역사를 보듬고 온 이들에게 우리가 미처 드리지 못한 명예와 경의를 돌려주는 것이며, 바다의 가치와 동해의 가치를 바로 보는 일일 것이다.**

열한 번째 도시,
라선

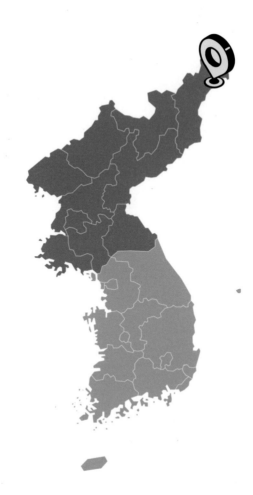

라선　Rason

위치	함경북도 동해안의 북쪽 끝
인구*	196,954 명
면적	746 km²
기후	해양성 기후
GRDP	-

* 2008년 기준; 두산백과

변방도시 라선에서
동북아 초국경 협력을 꿈꾸다

조성찬
하나누리 동북아연구원

변방도시 라선의 역설

발음도 쉽지 않고 인구 수도 20만 정도에 불과한, 북중 변경지대 두만강 하구에 있는 작은 변방도시 라선. 내가 초등학교 시절, 한반도 지도의 끝자락에 위치하고 있는 라선은 너무도 아득했다.

라선에 대해 검색해보았다. 놀랍게도 조선시대 이순신 장군이 처음 발령받은 녹둔도가 두만강 하구 어딘가에 있단다. 어 그래? 라선에 대한 흥미가 조금씩 올라온다. 라선이라는 이름은 2000년에 북한 당국이 두 행정구역인 라진과 선봉의 앞 글자를 따서 만든 것이라고 한다. 그러고 보니 두만강만 건너면 바로 중국 연변조선족자치주에 속한 훈춘이 나오고, 러시아 연해주에 속한 핫산이 이어진다. 이렇게 라선은 만주로 가는 길목이기도 한 것이다. 조선시대에 두만강을 건너면 엄벌에 처한다는 조정의 규율에도 불구하고, 많은 이들이 배고픔을 이기지 못해 강을 건너 논밭을 일구었다. 급기야 가족

단위로 넘어가 조선족과 고려인 마을이 형성되었다. 안수길의 대하소설 『북간도』는 그 역사를 가슴 아프게 전해준다. 이후 연변과 연해주는 일제 강점기 초기 독립운동의 거점이 되었다. 이처럼 라선은 한반도의 역사를 이어주는 다리이다. 오늘날엔 기차로 대륙을 건너 유럽까지 이어준다. 변방도시 라선은 어쩌면 변방이 아닐 수도 있다!

이런 생각이 스쳐가자 신영복 선생이 쓴 책 『변방을 찾아서』(돌베개, 2012)에서, '변방은 변화와 창조, 생명이 꿈틀대는 공간'이라고 이야기한 것이 생각이 났다. 고정된 인식구조와 권력구조를 깨고 생명력을 주는 진정한 힘이 변방에서 나온다니 놀라움을 감출 수 없다. 라선이 바로 그 변방이며 우리에게 지속적으로 변방 의식을 일깨워준다. 변방 의식은 우리를 가두었던 틀을 깨뜨리며, 새로운 공간을 찾아가도록 다그쳐준다. 이러한 과정에서 한반도는 생명을 잃지 않고 새로워질 수 있다.

라선의 역사 스케치

- 라선의 역사

라선의 변방성은 두만강에서 나온다. 두만강은 백두산에서 발원하여 오늘날 라선과 훈춘(연변), 핫산(연해주) 3국 영토를 가르며 동해로 흘러가기 때문이다. 이뿐만이 아니다. 두만강은 역사적으로 고구려와 발해 영토의 중심부에 있었다. 고구려는 두만강 하류를 통해 일본으로 오가는 뱃길을 열기도 했다. 그러다가 10세기에 들어서는 여진족 해적들의 국제 해상침탈 항로가 되었으며, 1107년 고려의 윤관이 여진족 해적들을 정벌하면서 동해 국제 해상항로는 800년간 역사에서 사라졌다. 이후 긴 시간이 흘러 두만강변 라선과 훈춘에서 각각 조선과 청나라(여진족) 두 왕조가 태동했다. 조선시대에 라진과 웅기(지금의 선봉)를 포함하고 있던 경흥군은 조선을 세운 이성계의 조상이 살았던 곳이다. 그리고 두만강 건너 훈춘과 회령은 청나라를 세운 누르하치의 조상이 살았던 곳이다. 이처럼 두만강변 라선은 우리나라 그 어느 도시보다 변방성을 가장 분명하게 보여준다.

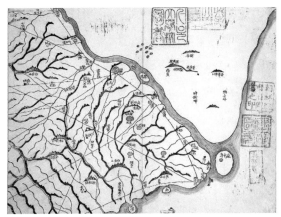

라선 하면 빼놓을 수 없는 인물이 이순신 장군이다. 두만강변 러시아령 핫산을 방문하는 한국 여행자들이 늘 던지는 질문이 이순신 장군이 처음 발령받은 녹둔도가 어디에 있느냐는 것이다. 그런데 이상하지 않은가? 왜 조선 땅으로 알려진 녹둔도를 러시아 영토에서 찾지? 그 비밀은 녹둔도가 원래 독립된 섬이었지만, 퇴적작용에 의해 러시아령 육지에 붙어버렸다는 데 있다. <자료 1>에서 島屯鹿라고 쓰인 우측 섬이 바로 녹둔도이다. 1587부터 1588년까지 조선과 여진이 녹둔도에서 치열한 전투를 벌였을 당시, 이순신 장군은 두만강 하구의 조산보 만호와 녹둔도 둔전사라는 벼슬을 겸하고 있었다. 그런데 처음 치룬 전투(1587년 9월)에 패하면서 백의종군에 처하게 되었다가, 1588년 1월 여진을 크게 정벌하면서 사면되었다. 이 승리를 기념하기 위해 이순신 장군의 후손들이 1762년에 승전대비를 세웠다. 그리고 2019년, 오늘날에는 중국과 러시아 관광객들이 승전대비를 방문할 수 있도록 도로가 잘 포장되어 있다.

다시 조선 말로 돌아가 1888년, 조러육로통상조약에 의해 경흥이 개방되면서 러시아의 조차지가 되었다. 그러다가 1895년 경성부 경흥군이 되었으며, 일제 강점기인 1931년에는 경흥군에 속한 웅기면이 웅기읍으로, 신안면이 라진읍으로 승격되었다. 곧이어 1932년에 라진은 일제에 의해 만주국으로 진출하는 주요 항구로 지정되었다.

라
선

1945년 8.15 해방 전 소련은 대일 선전포고를 하면서 한반도에 상륙했는데, 첫 도착지가 웅기항이었다. 오늘날 선봉군이라는 명칭은 이를 기념하기 위해 웅기라는 이름을 바꾼 것이다. 해방 후 라선은 여러 차례 행정구역 변천 과정을 거치게 되었다. 특히 1993년에 라진과 선봉의 행정구역이 합쳐지면서 북한 최초의 경제특구인 '라진선봉자유경제무역지대'가 설치되었으며, 2000년에는 라진과 선봉이 '라선'으로 통합되면서 오늘에 이르고 있다.

- 일제 강점기, 라진 토지투기의 추억

현재 라선특별시는 북한의 함경북도와 동해바다, 중국의 지린성(吉林省) 연변조선족자치주 동쪽의 훈춘(琿春)과 러시아의 핫산에 접한 항구 도시이다. 라선은 주변 국가와의 접경지대이면서 동시에 바다와 대륙을 잇는 거점이라는 특성으로 인해, 1932년 일본이 만주국을 세울 때 일본-만주 간 연락로로 각광을 받게 되었다.

이때 만주에서 가장 가까운 라진에 바다와 육지를 연결하는 대규모 항만이 새롭게 정비되었다. 일본의 사카이항 쓰루가항 가타항 등에서 청진 라진 웅기로 정기선을 운항했는데, 그 과정에서 많은 일본인들이 만주 동부로 이동하였고 일부는 이주했다. 이처럼 라진은 일본이 만주로 진출하는 요충지로 잘 알려진 항구 도시이다. 그런데 이곳에서 일제강점기 당시 조선 최초로 토지 투기 광풍이 불었던 사실은 잘 알려져 있지 않다.

라진은 원래 인구 100여 명의 조그마한 어촌에 불과했다. 그런데 1932년 8월 23일 중국 지린과 조선 회령을 잇는 철도 길회선(吉會線)의 종단항으로 결정되면서 갑자기 토지 투기의 중심지로 떠올랐다. 만주로 진출하려는 일본 제국의 입장에서 길회선에 연결된 라진항은 겨울에 얼지 않고, 영토 문제가 없었으며, 물류비도 비싸지 않아 기존에 이용되던 3개 노선의 단점을 일시에 해결할 수 있었다. 이러한 배경에서 라진항 개발은 경제 수도 이전에 준하는 중요한 정치경제적 이슈였다.

청진과 경합했던 라진이 종단항의 최종 후보지로 결정되자, "조선을 넘어 전 동양적 규모의 토지 전쟁이 시작되었다." 당시 한 평에 1~2전 하던 땅값은 순식간에 수백 수천배로 뛰었다. 어떤 땅은 하루에 주인이 열 차례 이상 바뀌기도 했다. 라진에 가면 담뱃값도 백 원짜리 지폐로 내고, 개도 백 원짜리 지폐를 물고 다닌다는 우스갯소리가 떠돌 정도였다. 김기덕이나 김기택과 같은 거부가 나타난 것도 당연한 현상이었다.

그런데 라진의 토지 열풍은 삼 년 만에 멈췄다. 인구 백만의 대도시로 성장할 것이라는 '기대'와 달리, 해방 직전 라진은 인구 4만의 소도시에 머물렀다. 그러나 이때부터 전국 주요 거점에서 도시 개발이 진행되면 토지 투기가 동반되는 관행이 시작되었다. 1960년대의 강남개발 투기에서 이를 확인할 수 있다. 오늘날의 토지 투기는 일제 강점기의 슬픈 유산이다. 당시 라진에서 토지 투기가 발생했을 때 일제는 한국 최초의 도시계획법인 '조선시가지계획령'(1934년 6월 20일 총독부령 제18호)을 제정했으나, 이를 막는데는 역부족이었다.

- 중국의 동북 3성, 라선항을 통해 동해로 나가고 싶다. 미치도록

라선의 지리적 특징에 대해 배울 때 이해해야 할 핵심 단어가 하나 있다. 바로 '차항출해'(借港出海)이다. 문자 그대로 항구를 통해 바다로 나간다는 말이다. 이 출해 욕구는 특히 중국의 동북 3성에 매우 절실한 것이었는데, 그 시작은 아편전쟁으로 거슬러 올라간다. 1860년 청나라가 '베이징조약'을 맺으면서, 중국 동북 3성은 동해 출구를 상실했다. 여기서 '베이징조약'은 제2차 아편전쟁의 결과로 1860년 10월 18일 청나라가 영국 프랑스 러시아 제국과 개별적으로 체결한 세 개의 조약을 일컫는다. 그중에서 1860년 11월 청나라가 러시아와 체결한 조약은 청과 영국·프랑스 간의 강화를 러시아가 알선한 이유로 러시아의 요구를 받아들인 것이다. 청나라는 이미 아이훈 조약(1858년)으로 러시아 제국에 헤이룽 강(黑龍江) 이북지역을 넘겨준 것에 이어서 베이징조약으로 약 40만

평방미터의 우수리스크 지방(연해주와 남부 하바롭스크 지방)을 넘겨주었다. 이로 인해 중국은 동해 출구를 잃게 된 것이다.

여기까지는 역사교과서를 통해 잘 알려진 이야기이다. 그런데 베이징조약 이후에도 중국이 두만강을 따라서 동해로 나갈 수 있었다는 사실은 잘 알려져 있지 않다. 1886년 중국과 러시아가 동해 연안의 마지막 구역을 측량할 때, 두만강 동해 출구로부터 46km 지점에 있던 경계석을 30km 지점으로 더 가까이 옮기면서, 중국은 두만강을 따라 바다로 나갈 수 있는 권리를 획득했다. 두만강이 공유수면이었기 때문에 가능했던 일이었다. 동해 연안 측량 후 맺었던 '중러 훈춘동계조약'(中俄琿春东界约)에서는 경계비가 두만강 하구로부터 30km 떨어져 있을 것과, 중국 선박은 출입이 가능하며 러시아 측은 이를 방해해서는 안 된다고 규정하였다. 조약 체결 후, 중국 측 강가에 거주하는 방천촌 촌민들은 출해권을 획득하여 바다로 나가 고기를 잡거나, 염전을 가꾸거나, 상업활동을 할 수 있었다. 훈춘에서 동해 각국으로 가는 항선을 개통하여 광범위하게 대러 대일 대북 무역을 전개하기도 했다. 이렇게 북중러 접경지역에서 자유로운 왕래가 가능했지만, 20세기 중반 이후 북중러 관계가 악화되면서 중국의 동북 3성은 두만강을 통해 동해로 나갈 수 없게 되었다.

1992년 중국은 러시아와 동해 출해권을 두고 협상을 벌여 두만강을 통해 바다로 나갈 수 있는 권리를 회복했다. 그러나 하류에 있는 북·러 두만강 철도가 7m로 낮았고, 두만강 바닥에 침전물이 쌓이면서 300톤 이하의 작은 배들만이 통과할 수 있었다. 게다가 러시아 측에서 계절성 고깃배의 출해 통행을 제외한 상업적 운항에 대해서는 동의하지 않았기에, 중국 측 출해구는 사실상 여전히 없었다고 볼 수 있다. 이러한 역사적 배경들은 중국 동북 3성에게 러시아의 자루비누항이나 북한의 라진항을 통한 동해 출구 확보가 얼마나 절실한지 설명해 준다. 그리고 중국의 출해 욕구는 오늘날 두만강유역개발계획(TRADP), 광역두만강개발계획(GTI), 두만강 삼각주 국제관광합작구로 이어졌다.

조선인민공화국 라선특별시 개요

- 라선특별시의 행정구역 변천

두만강 하구에 있는 라선시는 북중러 접경지역의 핵심에 위치한다. 한반도에서 유일하게 북위 42도 이북에 있는 라선은 울릉도와 독도 등 섬 지역들을 제외하고 한반도 육지 내에서 최동단에 위치하고 있다. 인구수는 2008년 기준으로 약 19만 명이었으며, 2023년 기준으로는 약 20만 명으로 추정된다. 행정구역 면적은 746km²로 서울시 605.41km²보다 넓다. 라선시는 북한 내에서 네 번째로 인구수가 많은 청진시(65만 7천 명)와 이어져 있어, 도시 발전을 위해 필요한 큰 규모의 배후도시가 존재한다. 그리고 라선시에 설치되어 있는 라선경제무역지대는 면적이 470km²로 전체 행정구역의 63%를 차지한다.

사진 1. 라선시 전경
협력직원 직접 촬영 (2018년 11월 7일)

조선인민공화국 라선특별시에서는 행정구역 변경이 비교적 자주 진행되었다. 행정구역 변경을 읽어내는 중요한 코드는 북한식 개방 전략에 따른 도시 행정체계의 정비이다. 1980년대 초부터 시작된 중국의 개혁개방과, 1991년에 진행된 구소련 해체로 인해 북한과 공산권 국가들의 경제협력이 중단되었다. 그 결과 북한의 경제 사정이 어려워졌고, 이에 대한 돌파구로 중국식 경제특구를 생각하게 되었다. 실제로도 중국 모델을 많이 참고했다고 한다. 그렇다고 북한 당국이 '개혁'이라는 용어까지 사용한 것이 아니라, 부분적인 개방을 시도했을 뿐이다. 그들은 평양과 멀리 떨어져 있어 체제 안정을 확보할 수 있으면서도, 국외 투자를 유치하기 좋은 중국과 러시아 접경지대의 땅을 눈여겨 보았다. 이러한 배경에서 북한은 1991년 12월 28일 정무원결정 74호로 '라진선봉 자유경제무역지대'를 선포했다. 이는 북이 지정한 최초의 경제특구이다.

이후 경제특구를 관리하기 위해 행정구역에 변화가 있었다. 함경북도 하위의 시·군이 국가급 경제특구를 관리할 수 없었기 때문이다. 당시 라진시와 경흥군에 속했던 선봉군은 독립적인 행정구역으로 존재하다가 1993년 9월 라진선봉시로 통합되었다. 2000년 8월에는 라진선봉시가 도(道)급인 라선직할시로 승격되었다. 이 과정에서 '라선'이라는 행정 명칭이 처음으로 사용되기 시작했다. 그런데 경제특구 개발이 계획대로 진행되지 않자 2004년 1월 라선직할시가 폐지되고 함경북도 라선특급시로 격하되었다. 이렇게 일종의 침체기를 거친 후, 중국의 동북 3성 개발전략에 맞물려 2010년 1월 라선특급시는 도(道)급인 라선특별시로 승격되어 오늘날까지 이르고 있다. 하위에는 라진구역과 선봉구역을 두고 있다.

- 라선의 지리적 중요성

앞에서 이미 라선이 역사적으로 매우 중요한 지리적 특성을 갖는다는 점을 강조했다. 이를 한국을 포함한 동북아의 관점에서 제시하면 다음과 같다.

첫째, 라선은 한국의 북방경제협력 추진을 위한 전략적 거점이다. 2017년 8월 문재인 정부는 '대통령 직속 북방경제협력위원회'를 설치하고, 조선, 항만, 북극항로와 가스, 철도, 전력, 일자리, 농업, 수산 등 '9-Bridge' 협력사업을 위해 러시아와 긴밀한 경제협력을 추진했다. 결과적으로 성과가 뚜렷하지는 않았는데, 러시아와 한국을 지리적으로 이어주는 라선과의 협력관계를 맺지 못한 원인이 컸다. 그만큼 라선은 북방과의 협력 관점에서 중요한 곳이다.

둘째, 라선은 한국-러시아 천연가스 공급체계의 길목이다. 한국 정부는 긴 시간 러시아의 천연가스관을 한국으로 연결하려는 사업을 구상해 왔다. 천연가스관이 이어지면 한국은 안정적으로 가스 확보가 가능해지며, 동북아에서도 국경을 초월한 에너지 연계망 구축이 가능하다. 그러나 이 사업 역시 길목에 있는 라선의 협조를 얻지 못하여 추진되지 못했다.

셋째, 라선은 한국을 유라시아로 이어주는 운송물류체계의 길목이다. 라진항에는 2중 철로가 놓여 있어, 중국과 러시아의 화물열차가 컨테이너를 옮겨 싣거나 열차의 궤를 교환할 필요 없이 라진항 부두까지 운행될 수 있다. 이처럼 모든 대륙횡단철도(TCR 및 TSR)가 다닐 수 있는 라진항은 유라시아 대륙 진출의 주요 거점으로 성장할 가능성이 높다. 게다가 대륙횡단철도와 동해안철도(동해선+금강산청년선+강원선+평라선)가 만나는 곳에 자리하고 있기도 하다. 이러한 이유로 러시아의 블라디미르 푸틴 대통령은 2013년부터 북한의 라진항과 러시아의 핫산을 연결하는 철도 사업을 적극적으로 추진했다. 철도체계 외에도 라선은 북극항로 항구의 전략적 거점으로도 발전할 수 있다. 지구온난화로 2030년경이면 1년 내내 북극항로가 열릴 것으로 예상되는데, 이때 부산항은 물론 북한의 원산과 라선 등 항구도시를 중심으로 경제특구를 개발하고, 철도 도로망과 연계한 복합 물류 거점을 구축하여 한반도의 전략적 효용성을 높일 수 있다.

넷째, 라선은 동북아 평화경제협력체 추진의 핵심 지역이다. 사회주의 경제권이 붕괴되었을 때, 북한이 대응책으로 경제특구를 도입하게 된 계기는 중국이 주도하고 UNDP가 추진했던 두만강유역개발계획(TRADP) 때문이었다. 그런데 놀랍게도 두만강유역개발계획의 초기 비전은 두만강 하류지역에 국경을 맞대고 있는 중국 러시아 북

라선

한 세 나라가 토지를 제공하여 다자간 통합경제특구를 만들고, 한국 몽골 일본 등이 참여하는 다자간 공동개발조직을 조성하는 것이었다. 여기에 300억 달러를 투자하여 인프라 물류 산업 및 관광단지 개발을 통해 냉전시대 해체 후의 모델사업으로 발전시키려는 것이었다. 이 비전의 일부는 오늘날 중국이 주도한 '북중러 두만강 삼각주 국제관광합작구' 사업으로 구체화되었다. 현재 중국은 동북진흥계획과 일대일로 사업에 북한의 참여를 촉구하고 있으며, 러시아는 신동방정책을 발표하고 한반도를 관통하는 인프라가 연결되기를 희망하고 있다. 일본은 육로를 통해 유럽과 직접적인 교역을 하고자 한다. 이처럼 두만강과 동해를 끼고 있는 라선은 '동북아 평화경제협력체'의 수도로 자리매김할 수 있는 조건을 갖추고 있다.

라선을 둘러싼 초국경 협력

현재 북한 당국이 취하고 있는 라선의 발전전략을 이해하기 위해서는, 라선을 둘러싼 국제적인 발전전략 모색의 흐름을 파악하는 것이 중요하다. 오늘날의 라선특구 발전전략은 그러한 역사적 배경에서 나온 결과물이기 때문이나.

- 다자협력

유엔개발계획(UNDP)은 '자연경제구역(NETs: National Economic Territories)에 기초하여 소지역 개발 프로젝트인 '두만강유역개발계획'(TRADP, 1991)의 입안을 추진했다. 두만강 유역 개발정책 아이디어가 처음으로 제기된 때는 1990년 중국 지린성에서 개최된 동북아 경제 · 기술협력 회의에서였다. 이후 UNDP의 주도로 관련국들과 협의를 진행했으며, 1991년 10월 24일 뉴욕본부에서 북중러 접경지역 두만강 유역 삼각주를 국제적인 자유무역지대로 개발할 것을 공식적으로 선언했다. 처음에는 관련국이 공동 출자하여 국제기구로 결성하려 했으나, 참여 부진으로 '정부간 협의체'로 결성되는 것에 그쳤다. 이때 한국 북한 중국 러시아 몽골이 회원국으로, 일본은 옵저버로 참여했다.

두만강유역개발계획은 중국 훈춘 - 북한 라선 - 러시아 포시에트(Posyet)로 연결되는 소삼각 지역을 두만강유역경제지구(TREZ: Tumen River Economic Zone)라는 자유무역지대로 특정하고 개발함으로써, 확대된 주변 두만강유역경제개발구(TREDA, Tumen River Economic Development Area) 전체의 발전 동력으로 삼고자 했다. 주변 지역은 중국 연변과 북한의 청진 그리고 러시아의 블라디보스토크를 포함하는 배후지역(대삼각 경제개발구역)까지를 포괄한다. 하지만 TREZ를 공동으로 개발하는 안건이 표류하였고, 관련국들이 자국 영토 내 지역을 개발하면서, 그 연결성을 강화하는 방향으로 정책 기조가 바뀌었다. 이로써 대삼각 경제개발구역을 지향하는 정책으로 전환이 이루어진다.

UNDP는 1991년부터 2005년까지 3단계 사업을 끝으로 역할을 마무리하게 되었다. 그 다음으로 바통을 이어받은 TRADP 협력위원회는 기존 명칭을 '광역두만강개발계획(GTI: Greater Tumen Initiative)'으로 변경하였고, 프로젝트 기간을 10년 연장하여 'GTI 전략사업 구상: 2005-2015'를 진행하는 데 합의하였다. 해당 프로젝트는 교통 관광 에너지 투자 환경 및 추후에 농업분야를 역점 사업으로 선정하였고, 공동기금도 설립했을 뿐만 아니라, 협의체 대상 범위도 광역 두만강 지역으로 확대하기로 했다.

이후 중국 정부는 2009년에 GTI를 동북 3성 개발계획과 연계하여 중앙정부 사업으로 격상하였고, 러시아는 신극동지역 개발계획(극동개발, 에너지 · 교통 장기전략 2020, 에너지자원 통합공급시스템 구축)과 연계하였다. 그런데 아쉽게도 핵심 당사국인 북한은 당시 제2차 핵실험으로 국제사회의 경제제재를 받게 되었을 뿐만 아니라, GTI의 두만강 유역 라선특구 개발이 저조한 것에 불만을 품게 되어 결국 탈퇴했다. 이후 GTI는 최고 의결기구를 장관급으로 격상하였고, 2016년까지 국제기구로 전환하기로 합의했으며, '2017-2020 전략적 행동계획'을 채택하여 동북아 번영 및 공동목표 달성을 위해 회원국 간 전략적 파트너십 구축과 시너지를 창출하기로 했다. 그러나 현재 국제기구로 전환하는 것에 대한 방향성만 재확인하고 있을 뿐, 실제적인 진전은 없는 실정이다.

- 양자협력

북한의 핵실험 등으로 GTI가 유명무실해지면서, 오늘날 북중러 접경지역 협력은 개별 국가가 자국의 개발 프로젝트를 주도하는 가운데, 필요한 경우 인접국과 제한적 협력을 모색하는 '양자협력' 형태로 전개되고 있다.

먼저 라선경제특구는 UNDP가 추진한 두만강유역개발계획(TRADP) 전략과 맞물려 1991년 12월 '라진-선봉지역 경제자유무역지대'의 설립으로 시작되었다. 그 이후 20년의 시간이 흐르면서 다자협력을 포기하고 북·중 간 양자협력으로 전환하였다. 2009년 중국의 동북 3성 창지투 개발계획이 출해(出海) 통로인 북한의 라진-선봉항과 연결되면서, 중국의 투자로 철도 도로 항구 인프라를 개선했다. 2010년 1월에는 라선특별시로 승격하였고, 『라선경제무역지대법』을 개정했다. 이때 중국의 '차항출해' 및 러시아의 '신동방정책'과 연계하여 라진항을 장기 임차해 주었다. 향후 발전계획은 라진항을 중심으로 선봉항, 웅기항 등을 종합적으로 개발하는 것이다. GTI에 가장 적극적인 모습을 보였던 중국은 2009년에 GTI를 동북 3성 개발계획과 연동하여 중앙정부 사업으로 격상시켰다. 이후 중국(훈춘)국제합작시범구를 설치하였고, 북한 라선과 긴밀한 경제협력을 도모하였다. 그 결과로는 대표적으로 신두만강대교(훈춘-나선) 개통 (2016.10), 2001년과 2010년에 추진된 경계하천 도로 및 대교 수리사업이 있다.

다음으로 북·러 간 경제협력을 간략히 살펴보겠다. 러시아는 신동방정책을 통해 라진-핫산 철도 연결사업(2013년 9월 개통, 약 1억 6천만 달러 투자), 라진항 개보수 사업(약 1억 1천만 달러 투자), 대북 차관 100억 불 탕감 및 북한철도 현대화 지원계획 합의(2014)를 하고 추진했다. 이 외에도 북한이 러시아 측에 중고 여객기와 금광 채굴권의 맞교환을 제안하기도 했다.

- 삼자협력

두만강유역개발계획(TRADP) 또한 북핵 문제로 추진하지 못하게 되자, 2010년 중국이 주도적으로 '두만강 하구 개발사업'을 추진했다. 인접국인 러시아와 북한을 우선 대상자로 하며 공통의 이익을 공유하는, 합의 도출이 용이한 국제관광을 출발점으로 삼는 삼자협력 사업이었다. 여기서 중국이 이 사업을 시작한 목적이 관광사업 그 자체는 아니었다. 자루비누항과 라선항을 통해 동해 출구를 확보하고 국제 물류 시스템을 구축하는 것, 그리고 2012년 '중국두만강지역(훈춘)국제합작시범구'를 지정하는 동시에 시진핑 정부가 추진한 일대일로 사업과 연동시키기 위함이었다. 이러한 과정을 통해 탄생한 두만강 삼각주 국제관광합작구는 기본적으로 북중러가 함께 국경을 초월해 공동구역을 정하고, 공동으로 개발하고 관리하는 방식이다. 모델의 핵심을 정리하면 아래와 같다.

• 북중러 접경지역에 '무국경'의 새로운 공간 탄생. 국경을 따지지 않고
  세 나라가 관광이라는 자원을 공유해 이익을 얻음
• 공간 범위는 중국: 연길-훈춘, 러시아: 블라디보스토크-핫산구,
  북한: 라선특구-라진항이라는 3대 중심도시
• 각국이 10㎢의 토지를 개발건설구역으로 제공하고,
  3국이 공동으로 관광레저오락시설을 건설하여 '1구 3국' 공동관리 모델 탐색
• 구역 진입 후 72시간 무비자, 나올 때 무관세

두만강 삼각주 국제관광합작구의 '1구 3국 공동관리' 실험이 갖는 의미는, 지난 30년 동안 논의만 무성하게 진행되었던 각종 개발계획이 처음으로 국제관광이라는 형태로 출발했다는 점이다. 그런데 내가 더 주목하는 지점은, 중앙정부의 허가 아래 각 지방정부와 민간부문이 주도적으로 국경을 초월해 공동의 구역을 지정하고, 이익을 공유하는 방식으로 소지역협력 발전전략을 수립 및 추진하려 했다는 점이다. 서구처럼 국가수준의 협력과 통합 수준까지 이르기에는 아직 성숙하지 못한 동북아지역의 특수성을 고려

할 때, 소지역협력은 역내 행위자들에게 매우 소중한 학습경험이 될 것이다. 그러나 아쉽게도 본 사업 역시 제대로 추진되지 못하고 있다.

라선경제무역지대 개발계획의 주요 내용과 평가

- 라선특구의 위치와 면적

지금까지 살펴본 내용을 토대로 북한이 라선특구 개발에 어떤 전략을 취해 왔으며, 오늘날 어떤 발전 욕구가 있는지를 알 수 있었다. 아래 <자료 2>는 2019년 라선국제상품박람회의 '중조공동관리위원회' 부스에 게시되어 있던 라선경제무역지대 지도이다. 행정구역상 라선특별시 전체 면적은 890㎢이지만 라선경제무역지대는 470㎢(지도에 노란색, '중조라선경제무역구'로 표기)이며, 그 중 북중 간 1차 개발 대상 지역(빨간색)은 총 30㎢에 해당하는 것으로 표기되어 있다.

자료 2. 북중 라선경제무역지대 총체계획(2011-2020)
라선국제상품박람회 조중공동관리위원회 부스
에 게시되어 있던 개발계획도(2019)

- 라선특구의 주요 개발계획 변화

북한은 1991년 12월 라진선봉지역 자유경제무역지대를 설립하면서, 1993년부터 2010년까지 동북아시아의 국제적인 화물중계지와 수출·가공·관광·금융 기지로 발전시킨다는 목표를 설정했다. 개발계획은 크게 당면단계(1995~2000년)와 전망단계(2001~2010년)로 구분되었다. 당면단계는 도로·항만 등 경제 하부구조의 확충 및 현대화에 주력하여 국제화물 중계 수송기지를 건설하는 것이었다. 전망단계는 21세기의 세계 경제발전에 부응하는 종합적이고도 현대적인 국제 교류의 거점이 되는 것이었다.

이를 위해 대외경제협력추진위원회를 설립하였고, 외자 유치를 위해 외국인투자법, 자유경제 무역지대법 등 57개 외자유치법령을 제정했다. 거기에다가 소득세율 14%, 무사증 출입 혜택도 부여했다. 1997년에는 환율 현실화 조치, 외화사용규제 폐지, 지대 내 자영업 허용, 국제자유시장 개설 등도 추진했다. 그러나 외국인 투자의 저조로 특구 개발은 실패하고 말았고, 그 여파로 1998년에 '자유'라는 표현을 삭제하여 라선경제무역지대로 개칭하는 동시에 정부통제를 강화하여 소강상태에 빠졌다.

그로부터 10년이 흐른 후 2009년 10월, 중국의 원자바오 총리가 방북하였고, 같은 해 11월 중국이 노후한 동북 3성을 발전시키기 위해 창지투 선도구(長吉圖先導區)를 공식 발표하면서, 북한도 태세 전환에 나섰다. 2009년 12월 김정일 국방위원장이 라선시를 방문하여 현지지도 했으며, 무엇보다 2010년에 두 차례나 중국을 방문하여 라선특구 활성화 계획이 더욱 탄력을 받았다. 중국은 동북 3성 창지투(장춘-길림-도문) 개발계획을 출해 통로인 북한의 라진-선봉항과 연계했으며, 철도 도로 항구 인프라를 개선하는 내용을 포함시켰다. 북한은 동북 3성과의 연계발전 전략으로 2010년 1월에 라선특급시를 라선특별시로 승격시켰고, '라선경제무역지대법'을 개정했다. 향후 발전계획은 실현당면단계 5년, 실현전망단계 15년, 총 20년의 장기발전 구상으로 수립되었다. 계획에는 라진항을 중심으로, 인접한 선봉항과 웅기항 등을 종합 개발하는 것이 포함되어 있었다.

라선

북한과 중국이 공동으로 설치한 라선경제무역지대관리위원회는 특구 내 외국 자본 유치를 위해 홍보자료(2018)를 만들었다. 이 자료에 따르면, 라선특구의 발전목표는 [국제물류지역/무역 및 투자지역/금융지역/관광지역/봉사지역]이다. 발전방향은 [국제물류/첨단기술산업/봉사업/현대농업/가공공업/장비제작/경공업]이다. 이러한 발전목표와 발전방향은 이전의 것과 크게 다르지 않지만 라선특구가 중요하게 여기는 일관된 방향성을 읽어낼 수 있다.

보다 구체적인 라선특구 발전계획은 산업구계획을 통해서 파악이 가능하다. 라선특구는 <적지배치, 산업집약, 대상집중>의 원칙에 따라, 경제무역지대의 산업구를 하나의 산업띠, 2개의 핵심구역, 4개의 산업집중구, 8개의 산업원 구조를 형성하고 있다. 2개의 핵심구역은 라진구역과 선봉구역이며, 4개의 산업집중구는 라진항국제물류산업구, 선봉백학공업구, 해안관광지구, 선진농업기술시범구이다. 아래의 <표 1>은 그중에서 라진항국제물류산업구와 선봉백학공업구의 세부 내용을 정리한 것이다.

라진항국제물류산업구	선봉백학산업구
산업구 총면적: 8km² 물류봉사구역: 1.41 km² 종합보세구역: 1.15 km² 선박수리제조구역: 0.59 km² 항구작업구역: 3.89 km² 상업무역중심구역: 0.44 km² 종합봉사구역: 0.51 km²	산업구 총면적: 22km² - 5개의 산업구와 상업무역구, 비파섬 생태관광지구로 계획 장비제작산업구: 2.58 km² 경공업방직산업구: 2.41 km² 강철산업구: 2.24 km² 첨단기술산업구: 1.99 km² 건재산업구: 0.88 km²

표 1.　라진항국세물류산업구 및 선봉백학산업구의 주요 내용
　　　라선경제무역지대관리위원회, 『라선경제무역지대 투자소개』, 2018.

- 라선이 말하는 라선특구의 투자환경

라선특구의 최근 홍보자료(2018)에 따르면, 라선경제무역지대는 기온이 온화하고 오염이 없는 깨끗한 환경을 갖춘 항구지대이며, 해안선의 길이는 약 120km이다. 기후는 아한대에 속하며, 전형적인 해양성 기후를 띤다. 연평균 기온은 7℃, 연평균 강수량은 793.5mm이다.

라선특구의 투자환경을 설명하는 내용에는 교통 인프라에 대해 강조하는 내용이 가장 먼저 나온다. 철도의 경우, 라선-핫산 간 50여 km의 철도가 있어서 시베리아 철도와 연결된다는 점을 강조한다. 라선에서 중국 길림성 도문까지 연결된 160여 km의 라진-도문로선에 대해서도 나와있다. 그리고 2013년에 라진-두만강로선이 광궤-표준궤 혼합선으로 개선되어 북한과 러시아 사이의 철로 폭이 달랐던 문제가 해결되었음을 강조했다. 도로의 경우, 중국 훈춘시 권하세관과 연결된 48km의 라진-원정도로와 러시아와 연결된 45km의 라진-두만강도로가 있다. 특히 라진-원정도로는 2012년에 확장되었는데, 이는 중국 자본으로 진행된 것이다. 항구의 경우, 연간 수백만 톤의 컨테이너를 운반할 수 있는 라진항 선봉항 웅상항이 있으며, 겨울에도 얼지 않는 부동항이라는 점을 강조하고 있다.

내부 교통체계로는 라진-회령 도로(80km), 라진-청진 도로(80km), 선봉-두만강 도로(10km), 라진-경원군 도로(110km)가 있다. 그리고 선봉구역에서 출발하여 중국 대륙을 건너 몽골 허브드까지 이어지는 아시안 하이웨이 32호선(총 연장 3,748km)도 있다. 철도 역시 내부의 각지와 연결되어 있으며, 대표적으로는 평라선(평양-라선)과 함북선(회령시-라선)이 있다.

라선특구 홍보자료(2018)는 인재기초와 잠재력에 대해서도 간략하게 설명하고 있다. 라선시에는 해운분야의 전문가들을 키워내는 중앙급 대학인 라진해운대학과 기업에 필요한 기술자, 기능공들을 전문으로 양성하는 라선기술대학이 있다. 이에 더해 모든

라선
언

기관과 기업소에 과학기술보급실이 꾸려져 있으며, 평양의 과학기술전당으로부터 선진과학 기술성과를 제때에 보급받아 생산과 경영활동에 도입할 수 있는 체계가 세워져 있다고 소개한다. 전반적인 12년제 의무교육의 실시로 모든 주민들의 지식수준이 고급중학교 졸업 이상이며, 중앙급 대학의 원격 대학생 수가 계속 늘어나고 있다. 매해 국가적으로 우수한 중앙급 대학 졸업생들과 기술 인력들을 경제무역지대의 개발과 활성화에 맞게 선발 및 파견하고 있기도 하다. 특히 라선지적제품교류소를 비롯한 4개의 소프트웨어 기술봉사기업들은 20대의 젊고 유능한 개발집단을 꾸려서 지대의 정보산업발전과 소프트웨어 기술봉사무역을 추동하고 있다.

이어서 자연자원에 대해서도 소개한다. 라선경제무역지대와 그 주변지역에는 석탄 알루미늄 수정 니탄 고령석과 같은 광물자원이 매장되어 있다. 또한 성게, 해삼, 낙지, 미역, 게류, 조개류와 고급어족을 비롯한 풍부한 수산자원과 함께 송이버섯, 고사리 같은 풍부한 농토산물 자원을 보유하고 있다. 더불어 이색적인 자연경치와 매혹적인 해수욕장, 우암물개살이터와 알섬바다새보호구를 비롯한 천연기념물, 청학약수터와 같은 우수한 관광자원들이 있다. 두만강과 라진천, 후창천, 선봉천, 관곡천, 웅상천을 비롯한 10여 개의 하천들과 만포, 서번포, 동번포, 룡수호 등 여러 자연호수들이 자리잡고 있기도 하다.

- 라선특구 개발계획 평가

라선특구 사업은 지금까지 크게 세 번 정도 도약을 위해 노력을 기울였다. 첫 번째 시기는 두만강유역개발계획(TRADP)에 맞물렸었던 1991년 라진선봉자유무역지대 설립 시기로, 당시 중국기업의 소규모 투자가 이어졌을뿐 북한이 의도했던 수준의 발전이 이루어지지는 못했다. 그 이후 정체기를 겪다가 두 번째 시기가 도래했다. 북한은 2009년에 UNDP가 주도하는 두만강지역개발계획에서 탈퇴한 후 독자적으로 경제특구 발전전략을 추진하다가, 중국의 동북진흥계획 및 창지투 계획과 맞물려 양자협력을 추진했다. 김정일 국방위원장 시대인 2010년 말에 '조선민주주의인민공화국 정부와 중화인민공화국 정부 사이의 라선경제무역지대와 황금평·위화도 경제지대 공동개발 및 공동관리에 관한 협정'이 체결되었고, 정부 간 협력지도체제인 '조중공동지도위원 회'가 만들어졌으며, 쌍방의 해당 지방정부들로 구성되는 '공동개발관리위원회'가 설립되었다. 그리고 2011년 당시 장성택 당 행정부장은 중국정부와 '공동개발 공동관리' 하는 것으로 협정 방식을 개편하였다. 그러나 2013년에 장성택이 숙청되면서 중국과의 협력을 통한 라선특구 개발은 다시 중단되었다. 마지막으로 세 번째 시기는 라선특구 홍보자료가 만들어진 2018년 이전으로 파악된다. 이 부분은 조금 더 구체적인 연구가 필요한데, 외부 국가 관계의 측면에서 중요한 변화로는 2016년에 통과된 두만강 삼각주 국제관광합작구 종합계획, 러시아의 신동방정책 강화, 한국 문재인 정부의 신북방정책(2017)이 있었다.

그나마 세 번째 시기의 라선특구 개발 때는 2017년까지 중국 자본의 투자로 상업시설, 아파트, 오피스빌딩 등이 건설되었고 수산물가공공장, 구두공장, 시멘트공장 등에 투자가 이루어졌다. 그러나 2017년부터 한층 강화된 대북 경제제재하에서 라선특구는 중국인들이 관광으로 방문하거나 라진항에서 러시아산 석탄을 중계수송하는 역할 정도에 머물러 있다.

이찬우(2019)는 장성택이 2013년에 숙청된 후 조중공동개발이 사실상 폐기된 것으로 보고 있다. 그 이유는 북중 간에 합의했던 '공동개발, 기업위주, 시장운영' 등의 원칙이 북한 당국이 보기에 사회주의 자력갱생 원칙에 어긋나기 때문이다. 김중호(2021) 역시 2000년대까지 라선특구에 대한 외국기업의 투자 계약액 5억 2천만 달러 중에서 실질 투자액은 약 2억 2천만 달러라고 언급하며, 라선특구 개발계획이 실패했다고 평가했다. 그가 제시한 주요 실패 원인을 정리하면, 첫째, 하부구조, 즉 인프라 수준이 열악

라선

했기 때문이다. 도로나 공업용수, 전력 등이 없는 상황에서 외국 투자자들이 사업을 진행할 수 없었다. 둘째, 투자유치 관련 제도나 행정 서비스가 부진했고 투자기업 우대 등의 관련 특구 정책 또한 부실했다. 셋째, 백화점식 특구개발 방식으로 인해 효율성이 떨어졌다. 넷째, 북한 당국이 북한에 투자한 외국 기업들과의 합의내용을 일방적으로 바꾸거나 이행하지 않음으로써 경제협력 사업이 멈추는 사례가 계속 나타났고, 그 결과 북한에 대한 신뢰가 추락했다. 다섯째, 북한의 핵개발 정책 때문에 대북 경제제재가 강화되어 경제협력이 추진될 수 없었다.

코로나19를 겪으면서 라선특별시는 특별한 지위를 보장받지 못하고, 중앙의 통제가 더 강해진 것으로 보인다. 내가 그렇게 보는 이유는 북한이 2019년에 발표한 「시군발전법」에서 시와 군의 자체적인 발전을 격려하면서도 중앙이 전체적으로 총괄하겠다는 의지를 강력히 피력했으며, 2024년 1월 최고인민회의 시정연설에서 김정은 위원장이 발표한 '지방발전 20×10 정책' 역시 같은 맥락으로 이해할 수 있기 때문이다. 인구 20만의 변방도시 라선은 경제특구가 지정된 지 벌써 35년이 되어가지만, 아직 이렇다 할 성과를 보여주지 못하고 있다.

라선의 꿈

'라선의 꿈'이라고 쓰면서 노래 '거위의 꿈'이라고 읽히는 이유는 무엇일까? 아마도 라선과 두만강을 둘러싼 여러 주체들의 오랜 바람이 여전히 꿈으로 남아있기 때문일 것이다. 내가 속한 (사)하나누리는 라선에서 오랜 기간 자립마을 사업을 추진해 왔다. 2009년도부터 어렵사리 진행해왔으니 햇수로 벌써 15년 정도 되었다. 중간에 사업모델 변경도 있었다. 사회적 금융 방식을 결합하여 자립 개념을 강화한 것이다. 북측의 마을 공동체가 자체적으로 사업을 기획하고 추진하면서 하나누리에 '무이자 대출'을 요청하는 방식이다. 대신 북측 파트너에게는 원금 상환이라는 의무가 부여되었다. 그래서 더 자립적 의

지를 자극할 수 있게 되었던 것이다. 하나누리는 2020년 전후로 북측 파트너로부터 두 차례에 걸쳐 정해진 상환금을 받으면서 한국 사회에서 꽤 주목을 받기도 했다. 그러다가 코로나19 이후 원금 상환이 멈췄다. 라선은 하나누리에게도 꿈이 되어 버렸다.

라선을 둘러싼 개발계획이 아직도 본 궤도에 오르지 못한 이유를 복기해 본다. 도대체 뭐가 문제였지? 내가 보기에 두만강유역개발계획(TRADP)을 시작으로 각국 정부가 추진해 온 계획들은 경제개발을 중시하면서 '동북아 평화체제'에 대한 깊은 고민이 부족했다. 그러다 보니 현실에서 각국 간의 역사적 정치적 경제적 갈등으로 인해 각종 계획들이 제대로 추진되지 못했다. 그 결과 두만강 하구가 지닌 지리적 가능성에도 불구하고, 동북아에는 아직 유럽연합(EU), 아세안(ASEAN), 북미자유무역협정(NAFTA)에 견줄 만한 역내 구심점이 형성되지 못했다. 각 나라가 이익을 공유하며 공존할 수 있는 평화체제 없이는 앞으로도 비슷한 양상이 전개될 것이다. 따라서 경제발전과 더불어 동북아 평화체제에 대한 고민이 선행되어야 한다. 그래야만 두만강유역 개발과 라선특구 개발도 본 궤도에 오를 수 있을 것이다.

스위스에 가면 바젤(Basel)이라는 도시가 있다. 스위스의 3위 도시 바젤은 국경을 맞대고 있는 프랑스의 생루이(Saint-Louis) 및 독일의 뢰어라흐(Lörrach Hbf)와 일체형으로 발전해 가고 있다. 그 중심에 라인강이 관통한다. 3개국 도시가 긴밀하게 이어져 발전해 오고 있는 바젤은 기술과 제약산업, 문화예술의 중심도시로, 인구 규모는 지역관리 거버넌스(TEB) 기준 83만명의 경제권역이다. 이 중 스위스인이 60%, 독일인이 30%, 나머지 10%는 프랑스인이다. 중립국 스위스는 EU 회원국이 아님에도 솅겐조약에 가입되어 있다. 김영찬(2023)은 바젤이 라선-훈춘-크라스키노 접경지역과 매우 유사하다고 본다. 스위스의 접경도시 바젤은 철도 바젤공항 도로망 전차노선 등 도시 인프라가 3국 도시로 연결되어 있어, 하루 6만 명의 독일, 프랑스인들이 출퇴근한다. 여기에 더해 3국 지방정부가 연합하여 추진하고 있는 지역관리 거버넌스(TEB)와 사회연

라
선

대경제 네트워크(SEB)가 형성되어 초국경 협력을 지원하고 있다. 남북 휴전선이 두려움의 선으로 각인되어 있는 우리에게 바젤이라는 초국경 도시는 선망의 대상이다. 그래서 꿈을 포기할 수 없다.

나는 변방도시 라선과 두만강 하구에 동북아 평화경제공동체의 수도가 자리하는 꿈을 꾼다. 이곳에 UN 동북아 본부가 들어서고, 평화유지와 사회연대경제(SSE)에 기초한 경제협력을 지휘한다. 동북아 주요국은 동해를 둘러싼 기후위기에도 공동으로 대응한다. 이때 부산에서 시작하는 동해안 도시축은 동북아 평화경제공동체의 척추가 되어 라선까지 튼튼하게 이어준다. 그리고 라선을 거쳐 유럽까지 이어준다. 이제 동북아는 물론 유라시아 대륙에서 비자 없이도 자유로운 초국경 도시 여행이 가능해진다. 그렇다고 이전과 같은 토지투기가 재현되지는 않는다. 토지가치 공유는 지속가능한 발전의 기초라는 관념이 확립되었기 때문이다. 그렇게 마침내 남과 북, 그리고 동북아와 국제 사회의 여러 주체들이 라선에서 만나고 협력하면서 한반도에서 진정한 통일이 이루어진다.

참고문헌

신영복, 『변방을 찾아서』, 돌베개, 2012.

전봉관, "나진의 추억", KDI 경제정보센터, 2009년 6월호.

김영찬 외, 『동북아 초국경 협력, 사회연대경제에 길을 묻다』, 생각비행, 2023.

민경태, 『서울 평양 스마트시티』, 미래의 창, 2018.

삼정KPMG 대북비즈니스지원센터, 『북한 비즈니스 진출 전략』, 두앤북, 2018.

이찬우, 『북한경제와 협동하자』, 시대의창, 2019.

신범식 엮음, 『북중러 접경지대를 둘러싼 소지역주의 전략과 초국경 이동』, 이조, 2021.

북방경제협력위원회 보도자료, "북방경제협력위원회 제1차 회의 개최", 2017.12.7.

조성찬, "사회연대경제를 통한 동북아 두만강 유역 초국경 협력모델 탐색", 『동북아연구』, 37권 2호(2022), pp. 51~86.

전형권, "동북아 소지역협력과 지역 거버넌스의 등장: 두만강유역개발계획(TRADP)을 중심으로", 국제정치논총 2006년, 제46집 4호, 179~202.

김재효, "[바이든 시대] 동북아 평화 정착을 위한 광역두만강개발계획(Greater Tumen Initiative) 활성화 방안", 2021.3.22.

라선경제무역지대관리위원회, 『라선경제무역지대 투자소개』, 2018.

이찬우, "두만강 넘어 대륙과 해양을 향한 라선을 바라보다(上): 두만강지역개발의 꿈", 라이프인, 2020.10.14

조성찬, "평화의 수혜는 지대 추구자에게 돌아가는가", 뉴스앤조이, 2018년 4월 30일.

김중호, "나선경제특구 실패의 교훈", RFA, 2021.12.17.

中华人民共和国商务部, "图们江三角洲旅游合作区规划通过中俄朝三国专家评审", 2016.6.23.

"《珲春市图们江三角洲(中-俄-朝)国际旅游合作区总体规划》 项目进场考察圆满完成", 『巅峰智业』, 2015.8.21.

통일부 북한정보포털, 위키백과.

열두 번째 도시,

부산

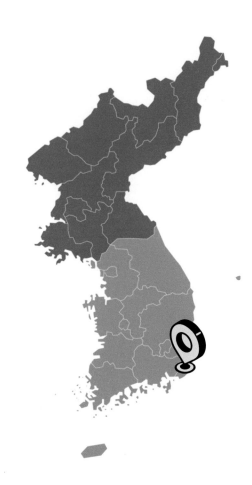

부산   Busan

위치	대한민국 남동단
인구*	3,367,246 명
면적	770.07 km²
기후	온난 습윤 기후
GRDP**	104조 2,968억 3,300만원

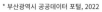

* 부산광역시 공공데이터 포털, 2022
** 부산경제통계포털 <부산소득통계, 2022>

연결의 아이콘 부산,
시간-공간-인간을 연결하다.

권태상
부산연구원

이 책은 동해안에 위치한 12개의 도시를 탐방하는 내용의 책이다. 그래서 자연스럽게 "부산은 남해안에 있는 도시 아닌가? 왜 이 책에 포함되어 있지?"라는 의문을 가질 수 있다. 많은 경우 부산은 남해안에 있다고 생각한다. 전혀 이상한 생각이 아니다. 그런데 공식적 규정을 토대로 좀 더 깊게 알아보면 부산은 동해안 도시가 맞다. 정확하게 이야기하면 남해와 동해에 걸쳐 있다. 해양수산부 산하 국립해양조사원은 부산광역시 남구에 있는 오륙도와 육지를 잇는 가상의 선을 동해와 남해를 나누는 기준으로 설정하고 있다.

이 기준에 따르면 많은 사람들이 휴가 때 방문하는 광안리 해수욕장과 해운대 해수욕장은 동해에 속하고, 태종대 송도해수욕장과 다대포해수욕장은 남해에 속한다. 즉, 부산의 해안선은 남해와 동해를 모두 포함하고 있고 이 둘을 연결하는 위치에 있다고 할 수 있다. 따라서 나는 특별히 부산이라는 도시를 '연결'이라는 한 단어로 정의할 수 있다고 생각한다. 그럼 지금부터 '연결'이라는 키워드를 통해 부산의 과거 현재 미래를 이야기하는 시간을 갖고자 한다.

부산

부산의 과거

- 부산 지명의 유래

지명은 도시에 대한 많은 것들을 보여준다. 지명에 대해 연구하는 사람들은 지명을 해당지역의 토속어가 그대로 녹아 있는 언어학의 보고이자, 삶의 흔적을 그대로 반영한 문화의 반영물이라고 본다. 이처럼 지역에 대한 역사적 사실까지 녹아 있는 무형문화재로서의 지명은 지역의 문화유산이라고 할 수 있다. 부산(釜山)이라는 도시의 지명 역시 부산의 말, 문화, 역사가 반영되어 만들어졌다.[1] 역사적 기록에 따르면 현재의 부산(釜山)은 원래 '부산(富山)'(釜: 솥 부, 富: 부유할 부)[2] 이었고 1470년, 최초로 부산(釜山)이라는 지명이 사용되었다.[3] 이후 釜山과 富山은 번갈아가며 기록에 나타났는데, 15세기 후반에 들어서 釜山으로 정리되었다. 부산(釜山) 지명의 기원에 대해 동국여지승람은 현재 당감동 지역의 산들이 가마솥 다리처럼 감싸고 있는 모습이어서 釜山으로 불리게 되었다고 설명하고 있다.

- 역사 속 부산(임진왜란 이전)

역사 기록에 따르면 삼한·삼국시대 부산 인근지역에는 '독로국'과 '거칠산국'이라는 지역 단위 정치체가 존재했다. 당시 초기 가야의 김해 구야국과 함께 '철 소재'를 활용한 대외교류를 했던 기록이 남아 있다. 이후 신라의 성장에 따라 이와 같은 독자적 정치체는 영향력을 상실하였고, 부산은 변방의 작은 해안마을이 되었다.

부산이라는 지명이 본격적으로 의미를 가지게 된 때는 조선 중기 이후부터이다. 이 시기부터 본격적으로 부산의 지정학적 특성이 나타났던 것이다. 반도의 끄트머리에

---

[1]   이근열, "부산 땅이름의 말밑연구", 「한국민족문화」, 부산대학교 한국민족문화연구소, 2007, p. 299

[2]   1402년(태종 2년) 1월 28일 「태종실록」에 최초 등장

[3]   1470년(성종 1년) 12월 15일 「성종실록」

위치한 도시는 대륙세력이 침략하면 최후방이 되지만 해양세력이 침공하면 최전방이 된다. 실제 임진왜란을 떠올려보면 부산은 일본의 침략에 정면으로 맞선 최전방이자, 평시에는 왜관(倭館)이 설치된 접경지역에서 벌어지는 소위 일본과의 '경제전쟁'에서 도 최전선이었다. 이처럼 해양세력의 패권이 강화되면 부산은 평시나 전시나 모두 최전선이자 접경지역이 되는 특성이 있다. 여기까지, 대륙과 해양이 만나는 관문도시인 부산은 두 지역을 연결하는 역할을 역사적으로 해왔다고 볼 수 있다.

그렇다면 역사적으로 왜(일본)와 부산은 어떻게 연결되었을까? 14세기 후반 한반도 와 인근 지역에 구조적으로 큰 변화가 발생했다. 대륙에서는 1368년 주원장이 명을 건국하였고, 1391년에는 북원(北元)이 멸망했다. 한반도에서는 1392년 조선이 건국 되었고, 일본에서는 남북조시대가 끝나고 내전이 종식되었다. 그 당시 일본에서 장기 간의 내전에 의해 나타난 '왜구(倭寇)'는 조선·명·왜가 공통적으로 해결해야 할 안보 상의 위협이었다. 조선의 태조 이성계는 왜구를 적절하게 관리하여 남쪽 접경지역의 안정을 확보하는 것을 주요한 대외정책의 목표 중 하나로 설정했다.

조선의 제4대왕 세종은 즉위 직후 일본에 사신을 파견하여 관계 수립을 시작하였으며, 동시에 대마도 정벌과 같은 강•온 양면정책을 통해 적극적으로 왜구를 관리하고자 하였다. 이러한 정책의 일환으로 1404년 조선과 일본은 정식으로 국교를 체결했다. 국교 체결 이후, 1426년 조선은 제포(薺浦/현재 창원)·염포(鹽浦/현재 울산)·부산포(釜山浦 /현재 부산) 즉, 삼포(三浦)를 개방하여 일본과의 관계를 관리하였다. 삼포에는 특별히 왜관(倭館)을 설치하여 왜인들의 거주를 제한함으로써 국가기밀의 누설과 풍속의 타락을 방지하는 등 왜인들을 평화적으로 통제하고자 하였다. 하지만 조선당국의 통제정책에 반발한 왜인들이 1510년 삼포왜란을 일으킴에 따라 삼포 개방을 중지하였고, 이후 조금씩 변화를 거쳐 임진왜란까지 부산포만을 단일왜관으로 개방하였다.

결론적으로 부산은 조선의 건국과 동시에, 내전이 종식되어 안정화된 일본과의 관계

개선 필요성이 제기됨에 따라, 양국을 연결하는 통로로 기능하면서 성장하게 되었다. 현재 부산의 하위 행정구역인 동래(東來)는 조선 건국 이후 동래현(東萊縣)에서 동래군(東萊郡)으로 승격되면서 행정중심지가 되었다. 그리고 경상좌수영(慶尙左水營)이 설치되어 군사적 중요성도 강조되었다. 이어서 명종2년(1547년) 부산포가 유일한 개항장으로 지정됨에 따라 동래군은 도호부로 승격되었고, 대일외교와 교역을 담당하는 국경의 요충지가 되었다.[4] 그러나 이 평화는 그리 오래가지 않았다.

연도	왜관의 설치
1407(태종 7)	부산포(현 부산진시장 무일대)와 제포에 왜관 설치
1418(태종 18)	염포(현 울산 북구 염포동) 왜관 설치
1419(세종 1)	이종무의 대마도 정벌로 부산포왜관 1차 폐쇄
1423(세종 5)	부산포, 제포 왜관 다시 설치
1510(중종 5)	삼포 왜란으로 왜관 2차 폐쇄
1512(중종 7)	「임신약조」 체결, 제포 단일왜관으로 일본과 무역재개
1541(중종 36)	제포에서 조선관병과 일본인 사이에 싸움이 일어남->제포의 왜관을 부산포로 옮김
1544(중종 39)	「사량진왜변」으로 교류중단, 왜관 폐쇄
1547(명종 2)	「정미약조」 체결, 부산포왜관만 유지
1592.4(선조 25)	임진왜란 일어남, 부산포왜관 3차 폐쇄
1603(선조 36)	절영도 임시왜관(1603~1607) 설치
1607(선조 40)	두모포(현 부산 동구 수정동 일대)에 왜관(1607~1678) 설치
1609(광해군 1)	「기유약조」 체결로 조일국교 정상화, 항거왜인의 거주와 상행위 허용
1678(숙종 4)	초량(현 용두산공원 일대)으로 왜관 옮김
1683(숙종 9)	약조제찰비 설치

표 1.   왜관의 설치
©송정숙 "개항장으로서의 부산항과 기록",
한국기록관리학회, 2011, p. 275

- 역사 속 부산(임진왜란 이후부터 일제강점기까지)

1592년 임진왜란의 발발로 인해 한반도 전역은 극심한 피해를 입게 되었고, 일본과의 국교는 전면 단절되었다. 특히 일본과 잦은 교류를 했던 부산은 큰 피해를 입었다.

---

4   하우봉, "조선 전기 부산과 대마도의 관계", 「역사와 경계」 74집, 부산경남사학회, 2010.p. 184.

하지만 전후 약 9년 만인 1608년 조선과 일본의 국교는 재개되었는데, 이는 도요토미 히데요시 다음으로 정권을 잡은 도쿠가와 이에야스가 등장함에 따라, 일본의 내부 정치적으로 조선과의 관계개선 필요성이 대두되었기 때문이다. 그리고 임진왜란 이전의 조선과 일본 간 중간자 역할을 통해 경제적 이익을 얻어왔던 쓰시마 섬의 적극적인 역할 또한 국교 재개에 기여하였다. 국교 재개를 위한 양국의 협상과정에서 절영도 왜관이 설치되었다. 절영도는 현재는 영도라고 불리는 부산 원도심에 있는 섬이다. 1601년에 설치되어 1607년까지 운영되었는데, 임진왜란 이후 양국 관계 정상화를 위하여 방문하는 일본 사신들을 대접하려는 목적 아래 '임시적'으로 운영한 공간이다. 그래서 '가왜관(假倭館)' 혹은 '임시왜관'이라 불리기도 했다.

1606년 이후에는 양국의 국교 재개 교섭이 성숙해짐에 따라 정식 왜관을 설치할 필요성이 대두되었다. 기존의 부산포 왜관은 임진왜란 이후 군사기지화된 부산진성에 위치해서 활용이 불가능했기에, 새로운 지역에 정식 왜관을 설치하게 되었다. 그렇게 세워진 두모포 왜관은 1607년 선조 40년에 건립되었는데, 현재 기준으로 부산 동구청 인근에 위치하고 있으며 규모는 약 33,058㎡으로 약 500명의 왜인들이 거주한 것으로 알려져 있다.[5] 두모포 왜관을 운영하던 조선 조정은 왜인들의 장기 거주를 제한하였고, 지역사회와의 철저한 격리를 통해 경제적 협력은 지속하되 안보상 위협은 줄이고자 하였다. 하지만 일본과의 교역량 증가로 인해, 두모포 왜관은 확장 이전되었다.

1678년(숙종 4년) 두모포 왜관을 대체하여 초량 왜관을 건립하였다. 1675년 공사를 시작하여 1678년 완공되었는데, 약 330,000㎡의 면적에 조선이 지출한 공사비는 약 쌀9,000석, 은 6,000냥이었다. 연인원 125만 명의 목수와 인부가 동원되었으며, 일본인 목수도 2,000여 명이 참여한 것으로 알려져 있다. 이렇게 건립된 초량왜관은 1876년 강화도 조약으로 인한 개항까지 조선과 일본 간 교역의 공간으로 기능하며 조선과 일본을 연결하였다.

부산

---

5   장순순, "조선후기 왜관의 성립과 왜관정책", 「인문과학연구」, 강원대학교 인문과학연구소, 2011, p.200

1876년 조·일수호조규(강화도 조약) 체결 이후, 부산항은 개항되면서 무역과 상업활동의 중심지로 떠올랐다. 이때 '관세'라는 무역에 부과되는 세금이 도입됨에 따라 해관(海關: 현재 명칭은 세관)이 설치되었다. 당시 청의 영향력이 강했던 시기였기에 개항장의 해관업무는 외국인 세무사가 담당했고, 이를 관리·감독하는 기관 감리서(監理署)를 설치했다. 일본 입장에서 부산은 다른 조선의 도시보다 상대적으로 거리가 가까워 왕래가 편했고 왜관이 설치되어 있었던 지역이기에 친숙했으며, 조선 입장에서는 수도 한양과 거리가 멀기 때문에 개방의 부담이 덜했다. 따라서 부산은 개항장 중에서 가장 활발한 활동이 전개되었다. 이를 방증하는 많은 기록이 있지만 그중 가장 재미있는 기록으로는 조선인이 커피를 마신 첫 순간을 꼽을 수 있다. 1884년 7월 부산항 감리서 서기관인 민건호((閔建鎬)는 자신의 일기 "해은일록((海隱日錄)"에 자신이 커피를 마셔본 경험을 다음과 같이 말하고 있다.[6]

1884년 7월 27일 기사, 맑음
오후에 보슬비가 왔다. 해관에 나갔다. 오시(午時) 정각에 윤정식 집을 방문했다. 조금 있다가 당소의(唐紹儀)가 해관에 왔다. 갑비차(甲斐茶), 일본 우유, 흰 설탕 큰 종지로 하나와 궐련(궐련(卷煙) 1개를 대접받았다. 미시(未時)에 해관에 들어와서 업무를 보았다.

---

6   정법모 외, 「커피, 바다, 부산」, 2022년 부산연구원 부산학연구센터 연구총서, 2022,
부산연구원 부산학연구센터, pp.31~33

부산광역시는 이 기록을 활용해서 커피와 부산을 연결하는 스토리텔링을 진행했다. 커피라는 기호품을 활용해서 세계와 연결되는 부산의 이미지를 만들고자 하는 취지이다. 또한 조·일수호조규 체결 이후, 초량 왜관의 관리 권한이 일본으로 넘어가게 되었고, 부산에 거주하는 일본인들의 수도 점차 확대되어 갔다. 더불어 일본과의 우편연락선이 취항하기도 했다. 이듬해 1877년 10월에는 부산에서 일본 상품을 소개하는 시장을 열었고, 1883년에는 해저전선을 일본과 연결하여 통신망을 확충하였다. 이러한 일련의 과정을 통해 부산과 일본이 더욱 밀접하게 연결되었고, 결국 여객항로가 열리게 되었을 뿐만 아니라, 부관연락선((釜關連絡船)이 취항하게 된다.

부관연락선이 최초 운행되던 당시, 투입된 선박은 각각 이키마루((壹岐丸/1,680톤), 쓰시마마루((對馬丸/1,679톤)로 300명 정도의 승객을 싣고 부산과 시모노세키 사이를 11시간 30분 만에 편도 운행할 수 있었다. 1907년에는 에게산마루(會下山丸/1,458톤), 1908년에는 사쓰마마루(薩摩丸/1,946톤)를 추가 투입하여 운행하였다. 1908년에는 경부선의 기점이 초량역에서 부산역으로 연장되었고, 부관연락선과 직접 연결되면서 이용객의 편의가 증대되었다.

사진 1.　1908년 부산 중구 부관연락선 터미널
©한국저작권위원회, 2018년 공유저작물DB수집, https://gongu.copyright.or.kr/gongu/wrt/wrt/view.do?wrtSn=13159186&menuNo=200018

이처럼 대형 여객선을 통해 부산과 일본이 더욱 끈끈하게 연결되기 시작하자, 일본인들은 부산항을 개발하여 더 많은 경제활동을 하고자 했다. 부산이 낙동강과 인접해 있기 때문에 내륙의 상품을 부산항으로 운송하기 쉬웠기 때문이다. 즉, 내륙의 쌀과 광물과 같은 물자를 수탈하기에 유리한 조건을 가진 항구로 부산보다 적합한 곳이 없었다. 따라서 일본은 부산항 주변을 적극적으로 매립하여 부산항을 개발하기 시작하였다. 연결도시 부산의 어두운 이면이다.

이어서 1913년에는 3,000톤급 대형 선박인 고마마루(高麗丸/3,029톤)와 시라기마루(新羅丸/3,021톤), 1922년에는 게이후쿠마루(景福丸/3,619톤)와 도쿠쥬마루(德壽丸/3,619톤), 1923년에는 쇼케이마루(昌慶丸/3,619톤)가 취항하면서, 기존의 운항시간에서 3시간 이상을 대폭 줄였다. 그리고 여객과 화물수송을 분리한 후, 각각 왕복 2회와 1회씩 운항하여 수송량을 늘리게 되었다. 더 나아가 1930년대 중반 이후에는 중일전쟁이 발발하여, 일본의 만주 침공과정에서 한반도가 병참기지 역할을 수행하게 되었다. 이 과정에서 부관연락선은 더욱 확대 운영되었다. 1936년 곤고마루(金剛丸/7,081.7톤), 1937년 고안마루(興安丸/7,080톤)가 투입되어 운항시간을 7시간으로 단축하였고, 한번에 1,700명 이상의 여객을 실을 수 있게 되었다.

중일전쟁이 1941년 태평양전쟁으로 확전되었을 때는 조선인 및 물자에 대한 강제 동원과 수탈이 더욱 심화되었다. 이를 위해 부관연락선의 운항 규모는 최대치로 확대되었고, 1942년과 1943 각각 덴잔마루(天山丸/7,906.8톤)와 곤론마루(崑崙丸/7,909톤)가 투입되었다. 그러나 전쟁이 확대됨에 따라 운항의 안전을 보장받지 못했고, 심지어 곤론마루는 1943년 10월 미국 잠수함의 공격으로 침몰하게 되었다. 그 결과 1945년 6월, 부관연락선의 운행이 종료됐다. 전쟁이 확산되면서, 나날이 굳건해지던 일본과 부산의 연결이 마침내 그 수명을 다하게 되었던 순간이다.

이와 같은 부산의 대외적인 성장 시기에 부산 내부적으로는 지역 간 위상의 변화가 나타나게 되었다. 전통적으로 동래는 행정중심지로 기능했고, 부산진과 수영은 군사중심지로서 그 역할을 했었다. 하지만 개항시기를 거치면서 초량 지역에 설치된 왜관을 중심으로 일본과의 상업 및 무역이 확대되었고 일본의 식민지배가 본격화되면서 인근지역이 부산의 새로운 중심지로 성장했다. 일본 식민지배 당국은 당시 부산의 행정구역을 개편하면서 일본인 중심의 도시 '부산부'와 조선인 중심의 농촌 '동래군'으로 분리하였다.[7] 당시 부산부는 일본인 거류지인 부산항 인근 초량 지역을 중심으로 현재의 부산 동구, 중구, 서구와 남구 일부를 포함했다. 동래군은 현재의 부산 사하구, 사상구, 북구, 해운대, 수영구, 기장군 등을 포함했다. 이후 몇 차례의 행정구역 변경을 통해 점차 부산부의 영역을 확장하여 서면, 동래, 해운대를 편입하게 되었다. 이를 통해 전통적으로 부산의 중심지였던 동래가 부산부의 하위 지역으로 그 역할이 변모되었다.

또한 이러한 내부적 변화는 실제 물리적 변화로 이어진다. 부산부에서 공간의 확장이 일어나게 된 것이다. 부산에 거주하며 경제활동을 이어가던 일본인들은 자신들이 활동하는 초량왜관 인근 지역의 물리적 확장과 근대적 시설 건립을 추진했다. 물리적 확장의 대표적인 예시로는 1884년 완공된 부산해관(현재의 부산 세관)의 부지 매립이다. 1902년 일본인에 의해 부산매립회사가 건립되어, 부산항의 본격적인 매립공사를 통해 시가지 및 항만시설 확장공사가 시작되었다. 이 공사는 북빈(북항)매축공사로 1기와 2기로 나뉘는데, 제1기는 1902년 7월부터 1905년 12월까지 진행되었고, 제2기는 1907년 4월부터 1909년 8월까지 진행되었다. 제1기공사를 통해 현재 부산 중구에 소재한 부산우체국, 옛 부산역(무역회관), 부산세관, 옛 부산시청(현재 남포동 롯데백화점) 인근 지역을 확보하였다. 제 2기공사를 통해서는 영선산을 깎아 평지로 만드는 공사를 진행하였고, 이를 통해 현재의 영주동 부원아파트, 중부경찰서, 노동회관이 위치한 지역을 확보하였다.[8]

---

[7]   전성현, "일제강점기 행정구역 확장의 식민성과 지역민의 동향", 「지방사와 지방문화」 19권 1호, 역사문화학회, p. 116

[8]   조성태 • 강동진, "부산항 해안선의 변천과정 분석 – 근대기 이후 시계열적 접근을 중심으로", 「도시설계」, 한국도시설계학회, 2009, P.257

1910년 한일합방 이후에는 부산항 인근지역의 개발과 관련된 권리가 일본총독부의 관할하에 놓였고, 이에 따라 본격적으로 매축공사가 실시되기 시작했다. 1913년부터 부산진 매립공사가 착수되었는데, 다음과 같이 총 2단계로 공사가 진행되었다. 1913년부터 1917년까지 진행된 1단계 공사를 통해 현재의 부산진역과 수정동 일대를 확보했고, 1913년부터 1937년까지 진행된 2단계 공사를 통해 현재의 범일동, 우암부두 앞바다를 메워 좌천동에서부터 현재 미군 55보급창 일대를 확보했다. 이를 통해 부산항이 확장되고 배후 부지에 상업시설이 확보되어, 일본과의 연결이 한결 더 원활해졌다.

현재의 자갈치 시장 인근 지역 또한 어항으로 개발되면서 매축사업이 진행되었다. 이 공사도 1기와 2기로 나뉘는데, 제1기는 1930년부터 1931년까지 방파제 축조와 현재의 남포동 앞 해안에 대한 매립이 이루어졌다. 이어서 제2기는 1934년부터 1940년까지 현재의 부산 서구청에서 충무동 일대의 해안이 매립되었다.

이와 같은 공간의 확장을 통해 부산 내륙 교통망에도 큰 변화가 나타났다. 매립을 통해 남항이 건설됨에 따라 간선도로와 광복동 중앙로 구덕로 송도로를 연결하는 도로들이 세워졌다. 영도와 부산 원도심 지역을 원활하게 잇는 영도대교 가설공사 또한 시작되있다.

- 동래온천의 확장

부산의 동래온천에 대한 최초의 기록은 "삼국유사"에 실려 있다. 기록에 따르면 신라 31대 신문왕 당시 재상 충원공(忠元公)이 동래온정(東萊溫井)에서 목욕을 했다고 한다. "조선왕조실록"에도 성종 때 김종직이 중풍치료를 위해, 단종 때 권남과 세종의 5남 며느리였던 관평대군부인이, 세조 때 양녕대군과 세종의 넷째 아들 임영대군이 동래온천을 이용했다는 기록이 남아있다. 1691년(숙종 17년) 동래부사 김흥복은 새로운 온천을 지어 돌로 두 개의 탕을 만들었고, 기존의 온정 옆에 온정가를 두고 동래온천을 관리하도록 했다. 그런데 이후 탕이 낙후되어 막히게 되자, 1766년(영조 42년)에 동래부사 강필리는 9칸의 건물을 지어 남탕과 여탕을 분리하였고 온천을 지키는 집을 지었으며 대문을 세우는 정비작업을 하였다. 정비사업 이후 건립한 비석과 돌로 만든 물통은 지방문화재로 지정되어 지금까지 전해지고 있다. 초량왜관에 거주하던 왜인들도 조선 왕실의 허가를 받아 종종 동래온천을 이용한 것으로 알려져 있다.

1876년 개항 이후에 동래온천은 새로운 전기를 맞이하게 된다. 부산으로 건너온 일본인들은 동래온천에 대한 운영권을 확보하게 되었고, 본격적인 온천 개발에 나섰다. 일본 온천여행을 갈 때 숙박하게 되는 곳인 여관(旅館:료칸)이 일본인들의 투자로 동래온천에 지어졌다. 나가사키 출신의 아토지 나오키치(八頭司直吉)는 야토지 여관((八頭司旅館)을 개업한 것을 시작으로, 1903년부터 일본인 전용 여관인 광월루 (光月樓)를 운영했다. 조선과 일본 간의 무역으로 큰 돈을 번 사업가 토요타 후쿠타로(豊田福太郎)는 동래온천에 자신의 별장을 건설하였고, 이어 1907년 봉래관(蓬萊館:현재 동래농심호텔)을 건립했다. 이렇게 동래온천은 점점 일본풍으로 변화해갔다. 1922년 무렵에는 만주철도주식회사가 동래온천에 온천시설과 교통시설을 투자하여 관광지로 개발할 계획을 수립하기도 했다. 이후 1926년에는 여관과 요정 등이 26개로 늘어나게 되면서 부산은 근대유흥도시로 탈바꿈하였다.

사진 2. 1930년대 부산 동래구 동래온천장 시가지 모습
©한국저작권위원회, 2018년 공유저작물DB, https://gongu.copyright.or.kr/gongu/wrt/wrt/view.?wrtSn=13159860&menuNo=200018

- 일본의 침략전쟁과 부산

일본과 직접적으로 연결된 도시인 부산은 중일전쟁의 여파를 가장 많이 받은 도시 중 하나이다. 크게 공간적, 사회적, 변화로 나누어 볼 수 있다.

우선 공간적 측면에서, 부산은 중일전쟁 이후 군사도시로 변모했다. 부산은 1894년 청일전쟁 시기 일본군 부산 병참부가 설치된 이후, 대륙으로 진출하기 위한 전초기지 역할을 수행했다. 1937년 중일전쟁 발발 이후에는 일본군의 규모가 100만 명을 넘어섰고, 1941년에는 210만 명에 달했다. 이와 같은 병력을 일본 본토에서 중국으로 수송하는 것은 전쟁의 성패를 가르는 임무였기에, 부산항을 중심으로 항로와 철로를 연결했다. 그리고 병참선을 안정적으로 운영하기 위해 부산항을 기능적으로 강화하고 요새를 건설하여 보호하고자 하였다.

부산항을 지키기 위한 요새로 기능한 곳은 최근(2024년 기준) 신공항을 건설할 곳으로 잘 알려진 강서구 가덕도이다. 러일전쟁 시기부터 가덕도의 지정학적 위치에 주목하여 기지를 건설하였다. 현재까지도 '가덕도 외양포 포진지'라는 이름으로 그 흔적이 남아있다. 또한 부산항을 지키고 전투물자를 원활하게 수송하기 위한 일본군 진지도 함께 건설되었다. 1904년 2월 '한일의정서'의 육군운수부지부와 부산헌병대가 주둔한 기록에서 이를 확인할 수 있다. 특별히 일본군의 군사기지화에 따른 부산의 본격적인 공간적 변화는 1937년 중일 전쟁 이후 진해에 위치하던 요새사령부를 부산으로 이전하면서 나타나기 시작했다. 부산 남구의 장자등과 영도의 포진지, 좌천동의 방공호, 현재는 해운대 센텀시티가 된 수영비행장, 김해비행장, 감만 부두 등이 그 예이다.

다음으로 부산은 중일전쟁 시 강제동원에 의하여 사회적 측면의 변화가 이루어졌다. 1937년 중일전쟁 발발 이후 전장이 동남아시아로 확장됨에 따라 노동력 수요가 폭발적으로 증가했고, 이에 민간인 강제동원정책을 추진하게 되었다. 이때 부산은 일본과 직접 연결되는 무역항이었기 때문에 전쟁이 격화됨에 따라 수송능력을 확대하며 시설을 보강하고자 했다. 그 결과 3, 4부두건설 및 각종 매립공사와 더불어, 부산항과 내륙을 연결하는 철도 및 도로 건설이 이루어졌고, 일본에서 전장으로 수송하는 과정에도 많은 노동력이 상시적으로 동원되었다. 부산을 군사기지로 전환하는 과정에서도 일상적인 동원이 계속되었고, 그뿐만 아니라 부산항은 일본 내 부족한 노동력과 중국 및 동남아시아 전장의 병력 부족을 메우기 위한 강제동원이 출발하는 지점이었다. 이러한 역사적 사실을 바탕으로 부산에 '국립일제강제동원역사관'이 건립되어, 강제동원의 역사를 잊지 않기 위해 노력하고 있다.

사진 3.　국립일제강제동원역사관
　　　　ⓒ일제강제동원역사관

일본의 제2차 세계대전 패전과 함께 일본의 점령지에서 대규모 인구이동이 일어났다. 태평양전쟁에서 일본에 승리한 연합군사령부, 즉 미국은 안정적인 일본 본토 점령을 위해 일본인들의 본토귀환에 많은 관심을 쏟았다. 이들의 신속하고 안전한 귀환이 이뤄져야 일본 본토 점령 정책이 안정적으로 추진될 수 있다고 보았기 때문이다. 따라서 조선인들의 귀환문제는 미국의 우선순위에서 밀려나게 되었고, 한반도를 소련과 분할 점령한 상황 역시 이런 상황에 영향을 미쳤다.

부산

일본 점령군 당국의 공식적인 조선인 귀환정책이 수립되지 않은 상황에서, 일본 정부는 독자적으로 강제동원된 재일 조선인들을 귀환시키기 위한 정책을 수립했다. 1945년 9월 1일 지시에 따르면 귀환할 경우 급격한 노동력 감소로 문제가 될 수 있는 공업분야 노동자들은 일본에 남기를 원했으며, 그에 따라 귀환 순위를 뒤로 미룰 것을 지시했다. 대신, 토목·건설 노동자들을 우선적으로 귀환시키기 시작했다. 강제동원 이전에 일본으로 건너온 재일 조선인들은 귀환시기를 확정하지 않고 대기하도록 지시했다. 이 과정에서 귀환정책에 혼란이 발생했다. 1945년 해방 당시 약 200만 명에 달했던 재일 조선인들에게 해방된 모국으로의 귀환은 그 무엇과도 바꿀 수 없는 간절한 염원이었기에, 손놓고 '대기'할 수 있는 것이 아니었기 때문이다. 그들은 귀환의 기회를 잡기 위해 1945년 9월 중순, 부산과 하카타, 부산과 센자키 간 연락선이 재개되자, 그곳에서 노숙을 하며 귀환의 기회를 잡으려고 했다.

사진 4. 재일억류동포를 태우고 온 일본선적 여객선
ⓒ한국정책방송원,
https://gongu.copyright.or.kr/gongu/wrt/wrt/view.
do?wrtSn=13070945&menuNo=200018

그 결과 부산은 해방 직후 재일 조선인을 중심으로, 동포 귀환의 '창구' 역할을 하게 되었다. 기록의 한계로 인해 정확한 규모를 파악하기에는 어렵지만 가능한 자료로 파악된 귀환동포의 규모는 다음과 같다. 1945년 9월 25일 경에는 이미 부산지역에 약 1만 명의 한인 귀환자가 있었고, 9월 27일부터 10월 3일에 걸쳐서 3만 7천여 명이 추가로 귀환하였다고 알려져 있다.

이어서 1945년 11월 1일 연합국최고사령부가 재일 조선인의 귀환과 관련한 지시를 내림에 따라 강제동원 이전에 일본에 넘어간 재일 조선인들의 귀환과 더불어, 일본 본토 외 지역에 살고 있는 조선인들의 귀환도 함께 추진되었다. 1946년 1월의 신문 보도에 의하면 한인 디아스포라 전체 중 70~80%가 부산항을 통해 모국으로 돌아갔다.

이 과정에서 부산은 대규모 인구가 유입됨에 따라 각종 사회문제에 직면했다. 부산으로 들어온 재외 조선인들은 많은 경우 다시 고향으로 돌아갔지만, 결과적으로 부산에 잔류하는 경우도 많이 있었기 때문이다. 이때 주택 부족, 실업, 전염병과 같은 사회문제가 발생했다. 이는 한반도가 분단됨에 따라 부산이 거의 유일하게 외부와 한반도를 연결하는 도시가 되면서 겪게 된 문제였다.

- 피란수도 부산

1945년 해방이후, 미국과 소련은 38선을 기준으로 남과 북을 각각 분할점령하게 되었다. 신탁통치 논쟁을 거치고 전 세계적으로 냉전체제가 심화됨에 따라, 결국 1948년 남과 북은 각각 정부를 수립했다. 단독정부 수립 이후에는 남과 북 사이의 무력충돌이 빈번해졌고, 내부적 혼란이 지속되었다. 그러다가 결국 1950년 6월 25일, 북한이 남침하며 밀고 내려왔다. 곧 6월 28일 서울이 점령되었고, 대규모 피란민들이 남쪽으로 떠났다. 북한 인민군의 진격에 따라 소위 '낙동강 방어라인'이 형성되었는데, 전선의 남하에 따라 대전, 대구, 부산 순으로 수도가 이전했고, 이때가 바로 1차 피란수도 부산 시절이다.

이후 낙동강을 중심으로 북한 인민군의 남하를 저지하던 중에 유엔군이 참전하였고, 점차 전선은 휴선을 넘어 북쪽으로 올라갔다. 그렇게 서울을 수복하게 됨에 따라 1차 피란수도 부산시기는 사실상 끝이 났다. 하지만 곧 중국인민지원군이 참전하며 전선이 내려가게 되었고, 다시 부산으로 수도를 옮기게 되었다. 부산이 다시 피란수도로서 역할을 하게 된 것이다.

부산

서울이 함락되었던 1차 피란수도 시기에는 주로 서울과 경기도 지역의 피란민들이 부산으로 이동했으며, 2차 피란수도 시기에는 북한 주민들도 전쟁을 피해 부산으로 내려왔다. 이때 부산의 물리적 수용능력을 뛰어넘는 피란민이 유입되었다. 당시 정부는 몰려드는 피란민들이 거주할 공간을 마련하기 위해 극장이나 공장과 같은 건물을 제공하거나 해안가의 빈 땅, 창고 등의 국유지를 확보했다. 이와 같은 수용시설에 들어갈 수 있었던 피란민들은 그나마 식량이나 물자배급을 받았지만, 그렇지 못한 피란민들은 원주민들의 집에 얹혀 살거나, 값싼 월세를 내고 살게 되었다. 혹은 부산 시내 공지, 도로변, 언덕, 산, 심지어 공동묘지에 판자집을 지어 거주하게 되었다. 피란민들은 구걸을 하거나 부두에서 일용직을 전전하거나 노점상으로 생계를 이어갔다.

이때 경산남도 도청은 정부 중앙청이 되었고, 부산 시청이 사회부·심계원(審計院)·고시위원회·문교부로, 부산지방법원이 사법부로, 부산극장이 국회가 되는 등 서울의 행정기능이 모두 부산으로 이전하였다. 중일전쟁, 태평양전쟁의 과정에서 부산이 큰 변화를 겪은 것과 같이 한국전쟁 또한 부산에 큰 변화를 불러일으켰다. 특히 피란수도의 역할을 수행하게 되면서 대규모 피란민들이 유입되었고, 미국과의 연결통로로서의 기능을 하게 되었다. 이후 남북 분단과 냉전의 심화로 인해 대륙과의 연결통로가 끊어지게 되었고, 이에 따라 부산의 연결통로서의 기능이 더욱 중요해졌다.

사진 5. 부산항 1부두에서 귀국하는 미군
©한국저작권위원회,
https://gongu.copyright.or.kr/gongu/wrt/wrt/view.
do?wrtSn=13154004&menuNo=2000

경제발전과 부산

한국전쟁을 거치며, 부산은 대한민국 도시 중 외부와 연결되는 유일한 통로가 되었다. 앞에서 언급했듯, 전쟁 당시 피란수도의 역할을 수행하였고, 전쟁에 필요한 물자를 생산하고 수입하는 공간이 된 것이다. 다른 지역의 공장들이 심각한 타격을 입고 가동이 중지되는 상황에서, 안정적인 원료 공급이 가능하고 전쟁피해를 거의 입지 않았던 부산은 한국의 유일한 공업지대로 성장했다. 설탕 면 밀가루를 가공하는 소위 '3백(白)산업'으로 시작하였는데, 이후 다양한 제조업(비누제조업, 자동차 수리 제조업, 자전거 제조업, 주조업, 고무신 제조업, 견직업 등)이 발전하면서 업체와 노동자의 수가 급증하였다. 전쟁이 끝나고 경제발전을 위해 국가적 차원의 노력을 벌이던 1950년대 말부터는 동국제강, 극동철강, 대한제강 등의 철강제조업도 발달하게 되었다. 그리고 제조업 또한 발전했는데, 전후 복구를 위한 목재 수요가 급증하면서 수입원목을 활용한 합판제조업이 활성화되었고, 이 흐름을 타고 동명목재, 광명목재, 성창목재 등이 성장했다. 이 중 동명목재는 꾸준하게 성장하여 한때 국내 대기업 순위 1위를 차지했었다. 그런데 우리 국민들의 인식에서 부산경제를 대표하는 산업은 아마 신발산업일 것이다. 신발브랜드 월드컵과 프로월드컵을 생산했던 국제그룹은 나이키의 OEM(주문자상표부착)업체에서 시작하여 대한민국을 대표하는 수출기업으로 성장하였다. 여기까지, 부산의 제조업은 한국경제의 초기성장을 주도하였다고도 볼 수 있다.

그러나 부산 경제의 성장은 정부 정책의 변화에 의해 서서히 멈춰 서게 되었다. 1970년대 중화학공업을 본격적으로 추진하는 과정에서 정부는 울산 창원 포항과 같은 지역에 적극적인 투자를 진행하였다. 국가 주도하에 경제개발정책을 입안하여 추진하는 상황에서 별다른 정책수단이 없던 부산은 경공업 중심의 산업구조를 유지할 뿐, 변화를 따라가지 못하였다. 또한 정부는 대도시에 집중된 인구 및 경제력을 억제하려는 나름의 균형발전정책에서 서울과 부산을 성장관리 도시로 지정하였다. 이를 통해 부산에 신규

부산

공장을 건설하려는 기업에 대해 지방세 부동산 취득세 등불이익을 부과하였고, 업종규제 및 투자 제한을 실시하였다. 이러한 조치는 1990년대까지 이어졌는데 이에 따라 부산의 제조업은 큰 제약을 겪게 되었고, 신규 산업 유치에 어려움을 겪었다.

이런 어려운 상황에서도 '연결하는 도시' 부산은 부산항을 통한 물류·운송업 분야에서 굳건한 세계적 경쟁력을 보유하고 있다. 1980년대 후반 전세계적 탈냉전체제와 세계화의 진전 속에서, '세계의 공장' 중국의 가파른 경제 성장에 따라, 부산항은 중국에서 생산한 제품과 원료를 전 세계와 연결하는 거점항만으로서 주요 역할을 했다. 그 결과 부산항은 화물을 받아서 대형선박으로 옮겨 싣는 환적화물 수송량이 세계 3위에 이르게 되었다.

나가며

지금까지 '연결하는 도시 부산'에 대해 이야기해 보았다. 역사적으로 볼 때 연결하는 도시 부산은 외부와 연결되는 과정에서 변화의 소용돌이를 지나기도, 어려움을 겪기도 하였다. 외부와 연결된다는 것은 새로운 기회가 주어지는 것이지만, 동시에 위기를 불러오기 때문이다. 지난 2023년 부산은 국내외 언론의 주목을 한몸에 받았다. 부산 EXPO를 개최하기 위해 많은 노력을 쏟아부었고, 기존의 방식이 아니라 새롭게 외부와 연결하려는 시도를 해보았던 것이다. 결론적으로는 실패하였다. 하지만 그럼에도 불구하고 부산은 지정학적 특성상 외부와 끊임없이 '연결'을 시도하고 있다. 그 일환으로 최근 부산은 '글로벌허브도시특별법' 제정을 추진하고 있다. 새로운 형식으로 외부와 연결되기 위해 그 제도적 기반을 마련하기 위한 발돋움이다. 이와 같은 노력의 성과가 결실을 맺는다면 부산, 더 나아가 대한민국에 새로운 기회가 열릴 수 있을 것이라 기대한다.

참고문헌

김경남. "1930~1940년대 전시체제계 부산 시가지계획의 군사적 성격". 「한일관계사연구」. 한일관계사학회, 2009.

김승. "일제강점기 해항도시 부산의 온천개발과 지역사회의 동향". 「지방사와 지방문화」. 역사문화학회. 2011.

백승충, "문헌을 통해 본 고대 부산의 대외교류". 「향도부산」 부산시사편찬위원회, 2020. 이근열. "부산 땅이름의 말밑연구". 「한국민족문화」. 부산대학교 한국민족문화연구소. 2007. 하우봉. "조선 전기 부산과 대마도의 관계". 「역사와 경계」 74집. 부산경남사학회. 2010. 송정숙. "개항장으로서의 부산항과 기록". 한국기록관리학회. 2011.

장순순. "조선후기 왜관의 성립과 왜관정책". 「인문과학연구」. 강원대학교 인문과학연구소. 2011.

정법모 외. 「커피, 바다, 부산」. 2022년 부산연구원 부산학연구센터 연구총서. 2022. 부산연구원 부산학연구센터.

한국저작권위원회, 2018년 공유저작물DB수집,

전성현. "일제강점기 행정구역 확장의 식민성과 지역민의 동향". 「지방사와 지방문화」 19권 1호. 역사문화학회.

조성태 • 강동진. "부산항 해안선의 변천과정 분석 – 근대기 이후 시계열적 접근을 중심으로". 「도시설계」. 한국도시설계학회. 2009.

최민경. "한인디아스포라의 귀환과 해방공간 부산". 「동북아문화연구」. 동북아시아문화학회. 2021

일제강제동원역사관 홈페이지

한국정책방송원

에필로그

한동해

'역사의 변곡점에서
한동해의 평화와 통일을 생각하다'
정진호 교수 특강 QR

한동해의 꿈, 울독에서 유라시아를 바라보다

정진호

유라시아 원이스트씨 포럼 회장,
포스텍 친환경소재대학원 교수

한동해(One East Sea)의 비전

한동해는 하나의 동해를 의미합니다.

그 바다에 속한 여러 도시들이 서로 협력하는 초연결 시대를 열고자 합니다.

그 목적을 이루려면 우리의 비전을 더 확장해야 합니다. 우리 애국가 첫 소절의 '동해'를 지키려면 그 동해를 한반도의 동해로 인식해서는 안 됩니다. 동해는 한반도의 동해가 아니라 유라시아 대륙 전체의 동해입니다. 한반도를 둘러싸고 있는 바다 전체가 유라시아의 동해인 것입니다. 그 바다를, 21세기를 움직이는 문명의 바다, 21세기의 지중해로 만들어 가야 합니다.

이와 같은 큰 비전을 품고 만든 단체가 공익법인 '유라시아 원이스트씨 포럼(Eurasia One-East-Sea Forum, 약칭 한동해 포럼)'입니다. 본 포럼은 하나의 동해를 공유하고 있는 남과 북, 그리고 러시아, 중국, 일본과 함께 교류 협력하면서 해양생태환경 및 상생 경제협력을 위한 다양한 연구 및 협력사업을 개발하는 것을 목표로 결성되었습니다. 그 안에는 교통 물류를 연결한 산업도 있고, 관광도 있고, 문화 교류와 체육활동도 포함될 수 있습니다. 따라서 본 포럼은 동해안을 품고 시간과 공간과 인간을 연결하는 미래지향적 연구를 하고자 합니다. 특히 울릉도 독도를 포함한 동해안의 해양 지역성의 중요성을 강조하는 연구 과제를 제안하고자 합니다. 그러나 궁극적인 장기 비전은 한동해에서 남과 북이 만날 뿐만 아니라 러시아, 일본, 중국과 상생하며 서태평양에 관심이 많은 미국, 그리고 인도네시아, 베트남, 인도와 같은 동남아시아 국가들 및 중동과 유럽의 여러 나라들까지 몰려드는 문명의 중심지로 만들어가겠다는 포부를 담고 있습니다. 그 안에 평화와 번영이 있기 때문입니다. 이처럼 한동해를 국제교류협력을 위한 평화경제의 바다로 만드는 것이 목표입니다.

한동해의 지정학적 의미: 왜 동해안이 중요한가? 왜 하나의 동해를 만들어야 하는가?

- 지정학적 중요성과 역사성

우리나라는 반도 국가로서, 지정학적으로 대륙세력과 해양세력이 맞부딪히는 곳입니다. 특히 역사적으로 극동의 교두보를 얻기 위해 남하하려는 러시아와, 대륙으로 진출을 꾀하는 일본 제국이 맞부딪히는 지점이 동해였습니다. 중국 역시 태평양과 북극해로의 진출을 위해 호시탐탐 동해로 연결된 항구를 원하고 있고요. 그로 인해 우리 근현대사에서 동해의 울릉도와 독도는 항상 제국의 먹잇감이 되곤 했었죠. 1904년 러일전쟁에서 동해의 해상 권력을 장악하기 위해 일본이 제일 먼저 강점한 곳이 울릉도와 독도였음을 잊어서는 안 됩니다.

그런데, 발상을 전환하면 모든 것이 다르게 보입니다. 우리나라의 지정학은 대륙과 해양 세력의 각축장으로 늘 피해를 보는 전쟁터가 아니라, 대륙과 해양을 이어주는 교두보 역할의 요충지가 될 수 있습니다. 우리나라가 반도로 3면이 막혀 있다고 늘 배워왔지만, 실제로는 3면을 통해 바다로 열려 있는 나라로, 무한한 잠재성이 꿈틀거리는 곳인 것입니다. 사고의 패러다임을 바꾸어야 합니다.

- 해상권력의 중요성

기원전 페르시아 제국에서 중국 한나라로 오가던 육상 실크로드를 16세기 스페인-네덜

란드-영국의 제국주의 해상 권력이 압도한 이후 세계 경제의 중심축은 해군력을 누가 장악하는가에 의해 결정되었습니다. 그 권력은 1차세계대전 이후 초토화된 유럽에서 미국 해군(US Navy)으로 넘어왔고, 미국은 세계 경찰의 역할을 담당하며 막강한 군사력으로 세계를 지배했습니다. 핵 항모와 핵잠으로 상징되는 핵 무력 패권이 20세기 후반 냉전구도의 중심축이 된 것이지요. 그 같은 세계역사가 대서양을 건너 태평양을 지나 이제 미중 패권경쟁 구도 속에서 동해안에 그 초점을 맞춘 시대가 되었습니다. 역사는 끝없이 서진하고 있다는 아놀드 토인비의 말처럼 말입니다. 21세기의 동해는 '시대를 움직이는 변곡점'이 될 것입니다.

- 하나의 동해가 갖는 상생경제 구조의 중요성
이 같은 국제 정세 속에서 우리는 어떻게 동해를 지켜나갈 것인가? 이에 대한 해답은 4대 열강이 거부할 수 없는 한동해 경제구조를 세워서 정치를 압도할 때 가능해집니다. 국경이 없는 하나의 동해를 사이에 두고, 남과 북이 함께 만나고 해외동포들이 합세하여 새로운 상생의 경제 패러다임을 세워가는 것이 정말 중요합니다. 북-중-러-일 4개국까지 동참하는 하나의 동해 경제권을 만들어가야 하는 것이지요. 이것이 정권과 무관하게 우리 민족과 후대가 살 길임을 인식하는 것이 핵심입니다.

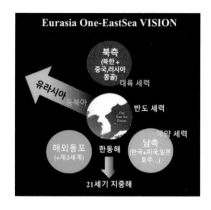

자료 1.   유라시아 원이스트씨 포럼의 비전
©유라시아 원이스트씨 포럼

- 남북 평화경제가 비핵화의 첩경

남북이 자발적으로 연합하면 4대 열강은 당황할 수밖에 없습니다. 부산에서 라선까지, 포항과 단천과 청진을 연결하고, 울산과 함흥, 울릉과 원산을 잇는 남북우호도시 연합을 통해 평화경제를 구축하는 것이 중요합니다. 러시아-우크라이나 전쟁으로 북한을 제재하던 국제사회의 연합이 무력화되면서 비핵화의 길이 멀어지고 있습니다. UN을 앞세워 단일 패권국가로 행세하던 미국주도의 세계질서가 큰 도전에 직면해 있는 것입니다. 북핵을 뉴노멀의 상수로 두어야 할 시점에서, 남북교류와 평화경제를 통해서만 북핵문제의 위협을 선제적으로 풀어갈 수 있을 것입니다. 그리할 때, 남북한이 연합하여 영세중립국을 선언하고 함께 국방을 책임지는 그런 날도 꿈처럼 다가오지 않겠습니까?

- 세계 경제를 일으키는 기폭제

동해의 상생 경제는 동아시아의 평화와 안보뿐만 아니라, 코로나 19로 인해 침체된 세계경제를 일으키고 주변 모든 나라에도 경제적 이익을 창출하는 효과로 작용할 수 있습니다. 지난 코로나 팬데믹과 러-우 전쟁 및 하마스-이스라엘 전쟁으로 인해 세계경제가 엄청난 타격을 입었고, 당분간 기나긴 터널을 통과하듯 경제침체로 나타날 가능성이 매우 높아졌습니다. 그래서 이 시기가 역설적으로 남북한이 서로 만나 유통하는 평화경제를 만들어갈 수 있는 기회요인이 될 수 있다는 것을 깨달아야 합니다. 경제는 흐름입니다. 때를 놓치기 전에 다시 길을 열어 이 흐름을 붙들어야 합니다. 결국 70년 그 흐름을 막아왔던 이념의 장벽을 허물고 통로를 열어야 동아시아의 경제가 살고 유라시아와 세계 경제를 살릴 수 있을 것입니다. 누가 어떻게 그 관문을 열 수 있을까요?

여기서 역사를 잠시 되짚어 볼 필요가 있습니다.

한동해의 역사

- 해상강국, 어떻게 바다를 버렸는가?

> 헬라어 Pontos: 바다
>
> 라틴어 Pontos: 다리

한반도를 둘러싼 바다는 해양세력에게는 유라시아 대륙으로 건너가기 위한 다리 역할을 하지만, 대륙세력에게는 태평양으로 나아가기 위한 다리 역할을 합니다. 바다라는 의미의 헬라어 폰토스(Pontos)가 라틴어에서는 다리(Bridge)의 의미를 갖듯 말입니다. 그 지정학적 위치 때문에 한반도는 항상 전쟁에 휩싸이고는 했습니다. 일본은 그 다리를 건너 대륙으로 진출하고자 임진왜란을 일으켰고, 근대에는 만주사변, 대동아전쟁을 일으켰습니다. 중국과 몽골, 러시아는 한반도를 통해 태평양으로 진출하기를 원하여 끊임없이 남진 동진을 거듭하며 한반도를 침략했습니다. 이처럼 바다의 중요성은 아무리 강조해도 지나치지 않습니다. 바다를 정복한 나라가 세계를 제패해 왔다는 역사가 이를 증명합니다. 작은 반도국가 이태리가 지중해를 지배하면서 대 로마제국으로 올라선 것이나, 스페인의 무적함대와 대영제국의 철선, 그리고 근대 해상권력을 장악한 미국이 그 단적인 예입니다.

자료 2. 장보고의 해양 물류 강국, 교류의 바다

자료 3. 해상강국, 발해와 통일신라 시대, 신라방
©한국교육학술정보원

자료 4 　바다를 버린 조선: 해금정책, 공도 정책(1471)
　　　　(조선 선조 어진 전립본) ⓒ위키백과 и (명량포스터) ⓒCJ E&M (모형) ⓒ한국관광공사 포토코리아-김지호
　　　　(이순신 장군 주요 해전) ⓒ경남도청 홈페이지 갈무리

우리나라는 대대로 그 바다의 중요성을 일찍이 깨달았던 해상국가였습니다. 발해와 통일
신라 시대에는 신라방이 있어서 동해 남해 서해를 종횡무진하며 일본과 당나라와 해상무
역을 하였고요. 그것이 발전하여 장보고의 청해진은 한동해 지역의 해상물류 유통망을 장
악하여 해상권력으로 등장하였습니다. 그 전통은 고려시대의 벽란도로 이어졌고, 개성상
인은 대송무역으로 이름을 떨쳤습니다. 이미 그 시절 상단이 중동의 아라비아 반도와 아프
리카까지 움직였다고 하니, 이미 '유라시아의 한동해'를 우리는 경험하고 있었던 것입니다.
그러나 조선으로 넘어가면서 성리학적 이원론에 사로잡힌 조정은 사농공상의 반상 계
급을 공고히 하며 공인들과 상인들을 무시하였고, 그 결과 바다를 버리고 말았습니다.
명나라를 사대주의로 섬기던 조선은 해안의 상단을 불태웠고, 바다로 나가는 것을 금하
던 명나라의 어리석은 해금정책을 따라하였습니다.[1] 울릉도에 있던 백성들을 붙잡아 육
지로 끌고 오는 공도정책을 펼치며 섬들마저 버리기 시작했고요. 그러자 바다를 건너 왜

---

[1] 　원래 명나라는 환관 정화의 대원정을 통해 인도 아라비아 아프리카까지 진출하던 해상강국이었다. 그러나 북방
의 원나라를 의식한 명이 더이상 바다로 나가는 것을 금지하기 시작하면서 세계역사의 주도권은 동양에서 스페인의
콜럼버스와 무적함대로 넘어가게 되었다.

구들이 출몰하기 시작하였고, 결국 일본은 다리를 건너 한반도를 유린하였습니다. 전쟁이 나자 명나라로 도망가려던 어리석은 임금 선조의 핍박 속에서 이순신이 어렵게 바다를 지켜냈던 것입니다.

- 조선시대 성리학과 양명학

자료 5. 수구와 개화의 충돌 –
병인양요와 제너럴 셔먼호 사건

조선시대를 주름잡은 성리학(주자학)은 이기이원론을 바탕으로 양반과 상민을 나누어 사농공상의 계급제도 속에서 지배계층의 지배논리를 강화하였죠. 사대부의 사상논쟁이 치열하였으나, 결국은 형이상학을 중시하고 기술과 노동을 천시하는 이원론의 범주에서 벗어나지 못했습니다. 그러다가 조선 중기 이후 성리학에 대항하는 양명학이 들어와 지행합일과 실용주의를 가르치며 실학사상에 영향을 주었고 정제두, 정약용, 허균, 박제가, 박지원 등의 실학자들이 배출되었습니다.

정약용의 형 정약전은 거문도에서 귀양살이 중에 바다의 어종을 연구하며 『자산어보』라는 해양생물학의 보고를 남기기도 했지요. 양명학의 실학사상은 일본으로 건너가 꽃을 피웠고, 일본의 실용주의적 학문이 일찍 개화되는 데 큰 영향을 미칩니다. [2]

1866년, 연암 박지원의 손자 박규수가 평안감사로 있을 때, 미국의 무장 상선 제너럴 셔먼

---

[2]   이때 조선의 단천에서 시작된 연은분리법이 제대로 평가받지 못하는 사이에 일본으로 건너가 일본에서 꽃을 피우며 생산된 막대한 양의 은이 당시 일본에 상륙한 포르투갈과의 교류 속에서 다시 유럽을 거쳐 명나라로 유입되는 은화 중심의 세계 무역경제 흐름이 형성되었다.

호가 개항을 요구하며 조선을 공격하였습니다. 그러나 당시 대원군의 척화정책으로 인해 조선군은 이들을 공격하여 무수한 사상자를 내고 결국 격침시켰습니다. 그만큼 조선의 개화도 늦어졌습니다. 박규수는 개화파의 거두로 김옥균, 서재필, 박영효 등의 제자를 키워냈고, 그들이 갑신정변으로 개화를 시도하였으나 실패하고 말았죠. 북한은 제너럴 셔먼호의 격침 사건을 아직도 기리면서 바다를 굳게 걸어 잠그고 현대판 척화비를 세웠습니다.

근대에 와서 서양 제국주의 국가들이 한반도의 바다: 한동해를 넘보기 시작할 무렵, 즉 서세점동의 시대에 동양 3국이 맞닥뜨린 모습은 제각기 달랐습니다. 중국은 아편전쟁에서 패하여 홍콩을 빼앗기는 수모를 당하였고, 조선은 대원군의 쇄국정책으로 바다의 문을 걸어 잠갔으나, 일본은 사쿠마 쇼잔이 해방론(海防論)을 주장하며 바다로 나갈 것을 외쳤습니다. 그의 뒤를 이어 요시다 쇼인이 정한론(征韓論)을 설파하여 조선침략의 기초를 닦았으며, 대동아 공영을 꿈꾸며 조선으로 들어온 그의 제자 이토 히로부미에 의해 마침내 조선은 일본의 식민지가 되고 말았습니다.

자료 6. 서세동점(西勢東漸)의 시대 –
동양 3국의 운명을 가르다
(요시다 쇼인) ⓒ최효선 북디자이너

일본이 제정 러시아를 무찔렀던 러일전쟁은 영국과 미국이라는 두 제국이 남하하려는 러시아에 대항하기 위해 일본을 앞세워 치른 대리전이었습니다. 미국의 유대인 금융재벌 제이콥 쉬프[3]가 막대한 전쟁자금을 일본에게 대주었고, 영국은 러시아 발트함대의 항

---

[3]　유태인 제이콥 쉬프(1847~1920)는 자신의 동족 유태인을 핍박하는 제정 러시아를 무너뜨리기 위해 러일전쟁에서 일본에게 전쟁자금을 대준 공로로 전후에 메이지 일왕으로부터 욱일대수장을 수여받는다. 그는 1차대전 발발직전 록펠러, 모건, 베이커 등의 유대 자본가들과 함께 장차 미국의 금융을 좌우지할 연방준비은행을 설립한 7인 중 하나였으며, 1차대전 말미에는 레닌과 트로츠키에게도 막대한 자금을 대주어 볼쉐비키 혁명으로 제정러시아를 무너뜨린 배후인물이다.

로를 방해함으로써 결국 일본 함대가 한반도 인근 바다에서 러시아를 무찌르는 데 결정적 역할을 하였던 것입니다. 그 결과 미국은 필리핀을, 일본은 조선을 식민지로 삼았습니다. 미국과 나토(NATO)가 우크라이나를 내세워 러시아와 맞닥뜨리는 러-우 전쟁은 현대판 러일전쟁으로 볼 수 있습니다.

- 미국의 경제와 정치의 양 날개, BWS + SFS

금 1온스 = $35

1) 미국 딸러 = 기축통화
   금본위제도 = 고정환율
2) IMF, IBRD, WB 창설
3) 자유무역 /미국 시장개방
4) 브레튼우즈 체제의 수혜자들
   : EU 중동산유국, 동북아
     한중일, 등 산업화에 기여
5) 해상운송/ 미해군력 장악

자료 7.   브레튼 우즈 체제 1.0 (1944~)

1, 2차 세계대전을 치르며 영국을 앞지르고 세계의 패권주자로 올라선 미국은 브레튼 우즈 체제(BWS)를 세우며 금본위제도로 미국 달러를 기축통화로 한 후, 유럽과 중동과 동아시아 3국의 재건을 도왔습니다. 그러나 중동 산유국에서 호르무츠 해협을 거쳐 인도양과 말라카 해협과 대만해협을 통과하는 모든 선박들을 통제하며 미군이 해상권력을 장악함으로써, 미국이 20세기의 패권국임을 재확인하였습니다. 아울러 한국전쟁이 한창 발발하고 있던 1951년에 미국 샌프란시스코에서 2차세계대전의 연합국 48개국을 모두 불러들였죠. 이때 미국은 일본의 전범처리를 무배상 원칙으로 할 것을 강요하였는데, 이는 독일과 이태리와는 전혀 다른 방식으로 처리함으로써 역사의 오점을 남긴 것입니다. 한국은 그 회의에 참석할 수도 없었고요. 그 결과 한국 및 아시아에서의 일본의 침략 및 식민지배에 대한 면죄부를 주고 전범들을 풀어주었고, 그 대신 미국은 미군의 오키나와 주둔부대와 731부대의 생체실험 결과를 넘겨받았습니다. 38선을 그은 인물 중 한 명인 딘 러

스크[4]는 일본의 사주를 받아 한국의 독도를 반환 도서에서 제외함으로써, 일본이 독도를 국제 분쟁화하는 시발점을 제공하였습니다. 이는 미국이 일본과 한국을 묶어 군사동맹으로 동아시아에서 중국과 소련을 견제하는 교두보로 삼기 위함이었습니다. 이와 같이 샌프란시스코 시스템이 구축되면서, 20세기 미국의 경제(돈)와 정치(총)의 두 축이 된 BWS와 SFS가 완성되었고, 이는 미소 냉전시기의 양대 축으로 작용하게 됩니다.

- 페트로 달러 시스템의 종지

1972년 중동 석유파동 시, 베트남 전쟁과 우주개발로 인해 경제적 어려움에 처했던 미국은 더 이상 금본위제도를 유지할 수 없게 되자, 닉슨 쇼크로 변동환율제로의 전환을 선언하였습니다. 그러나 여전히 모든 석유는 오직 미 달러로만 결제하도록 하는 페트로 달러 협약을 사우디 아라비아와 체결하였죠. 이것이 미 달러가 기축통화의 자리를, 미국이 해상권력을 유지하도록 하는 원동력이 되었습니다. 그 이후 미국의 페트로 달러 시스템에 도전하려던 이라크의 사담 후세인이나 리비아의 가다피가 끔찍한 최후를 맞이하는 것을 보며, 어느 누구도 그 권위에 도전할 생각을 하지 못했었죠. 그러다가 2015년 중국이 처음으로 가스 수입에 위엔화를 지불하면서, 러시아 및 유럽의 여러 나라가 조금씩 동참하는 모습을 보여왔습니다. 미국이 셰일가스 혁명으로 사우디를 제치고 제1 산유국이 되면서 두 나라 사이에 금이 가기 시작했고요. 마침내 2024년 6월 9일 사우디가 페트로 달러 협정의 종지를 선언하면서, 세계는 50년 만에 새로운 금융패권시대로 접어들기 시작했습니다.

---

[4] 딘 러스크(1909~1994)는 미국의 군인이며 정치인으로 2차대전 종전시 일본의 항복문서 초안 중 한반도에 대한 부분을 담당 38선을 그었던 인물 중 한 사람으로 알려져 있으며, 한국전쟁 중 개최된 샌프란시스코 강화조약에서는 일본이 한국에게 반환하기로 한 영토 및 도서의 초안에 들어있었던 독도를 제외시키는데 영향을 미친 친일적 인물이다. 케네디 및 존슨 대통령 시절에 국무장관을 역임하였으며 베트남 전쟁의 주요 정책 책임자였다.

- 중국의 핵개발과 미중수교

히로시마와 나가사키에 원폭을 투하함으로써 전 세계를 경악으로 몰아갔던 미국은 1949년 8월 소련의 핵실험 성공에 놀란 나머지, 미국 국무성 내에 그리고 과학자와 문화 예술계까지 블랙리스트를 만들어 소련 간첩을 잡아들이는 반공 이데올로기를 강화하였고, 전국에 매카시 광풍이 몰아닥쳤습니다. 그 여파로 맨하튼 프로젝트의 성공으로 핵 개발의 아버지가 되었던 오펜하이머가 청문회에 끌려가고, 중국의 천재 과학자 첸쉐션[5] 이 간첩혐의로 연금되는 중요한 사건이 발생했습니다.

자료 8. 첸쉐션 포로교환: 중국 핵개발 (양탄일성)의 아버지가 되다

1953년 7월 27일, 한국전쟁의 휴전협정 시 중공은 미군 포로와의 교환 조건으로 첸쉐션을 요구하였고, 첸쉐션은 마오쩌뚱의 비호 아래 1964년 원자폭탄, 1967년 수소폭탄, 1970년 인공위성(대륙간 탄도미사일) 개발에 성공하여 '양탄일성의 아버지'가 되었습니다. 그로 인해 미국은 중국을 NPT와 유엔에 가입시켰고 핑퐁외교를 시작하였으며, 중국은 기나긴 줄다리기 끝에 1979년 카터와 등소평에 의해 미중수교에 성공하게 됩니다. 그것은 중국의 개혁개방과 함께 비약적인 경제발전의 기초가 되었고, 소련이 무너진 이후 중국은 점차 일본을 제치고 결국 G2의 자리로 올라서게 되었습니다. 이처럼 과거 냉

---

[5]   첸쉐션은 장개석의 장학금을 받고 미국유학길에 떠났던 우파 과학자로서 MIT에서 학위를 받고 칼텍에서 교수로 가르치면서 JPL에서 미사일을 개발하던 천재 과학자였으나, 매카시 광풍으로 간첩으로 몰린 후 중국으로 끌려가자 전형적인 반미 인사로 돌변하였고, 결국 양탄일성의 아버지가 되어 중국이 미중 수교에 성공하는데 결정적 역할을 하게 된다. 역대 중국 주석은 설날 같은 명절에 꼭 첸쉐션 원로에게 찾아가서 세배를 드렸다는 말이 있을 정도로 오늘날의 중국을 만드는데 큰 공을 세웠다.

전시대의 시작에는 소련의 핵 개발이, 오늘날 미중 패권전쟁의 뿌리에는 중국의 핵 개발이 자리잡고 있습니다.

한동해, 미중패권전쟁의 최전선이 되다

- 중국의 부상과 미중 패권전쟁의 시작

2008년 베이징 올림픽을 기하여 천안문 광장에 손문의 사진을 걸어놓고 중국몽-세계몽을 천명한 중국은, 2012년 시진핑이 중국공산당 총서기에 임명되면서부터 본격적으로 미국의 패권에 도전하기 시작하였습니다. 2013년 카자흐스탄에서 일대일로를 천명하며 육상 실크로드의 부활을, 인도네시아의 자카르타에서 해상 실크로드의 복권을 외친 중국은 중앙아시아와 인도양으로 향하여 유럽과 아프리카로 뻗어나가며, 미국의 해양 패권과 충돌하기 시작했습니다.

자료 9. 일대일로(一帶一路), 신중국 국가안전법 발효(12차 전인대, 2015.7.1) (일대일로 자료) ⓒ연합뉴스, 2018년 11월 22일, https://m.yna.co.kr/view/20181122120200009

2015년 7월 15일 중국은 금융, 경제, 식량, 에너지, 인터넷 및 종교 분야를 톈왕 시스템(보안 감시 시스템)의 그물망으로 통제하겠다는 신국가안전법을 발효하면서, 그 범위가 전지구적인 대륙과 해양을 넘어 극지방과 심해와 우주를 향해 뻗어갈 것임을 천명하였습니다. 이어서 그해 9월 3일 승전 70주년 기념 군사 퍼레이드에서 대륙간 탄도 미사일을 싣고 행진하는 탱크의 자율주행을 선보임으로써 중국의 바이두 시스템이 미국 GPS의 정밀도를 앞지르고 있음을 세계에 공개했습니다. 그것을 깨닫고 충격을 받은 미국은 그 즉시 반격에 나서기 시작했습니다. 미국은 한국의 사드배치를 통해 중국을 견제하였고, 한일 군사협정을 통해 한미일 군사동맹을 강화하기 시작하였습니다. 그리고 개성공단 폐쇄로 남북 관계를 경색시켰고, 일본의 아베가 제안한 인도태평양 방위전략 QUAD(미국-호주-일본-인도) 및 백호주의 군사동맹 AUKUS(미국-영국-호주)를 가동하는 등 신냉전 구도를 구축하여 중국을 압박하였습니다.

자료 10. 미중패권전쟁의 최전선

- 미중러일 패권경쟁 속의 국방

미국의 인도태평양 전략으로 바닷길이 봉쇄된 중국은 일대일로 전략을 가속화하며 다시 육상 비단길을 통해 유라시아를 통합하려는 시도와 함께, 우주굴기를 통해 돌파구를 모색해왔습니다. 양자통신 위성 묵자호를 최초로 쏘아올리고, 달 뒷면에 착륙하는 등 우주 로

켓 발사 횟수가 미국을 넘어서게 되었습니다. 2024년, 창어 6호가 다시 달의 뒷면 남극 지점에서 시료 채취에 성공함으로써 중국은 달 탐사에서 미국을 앞지르며 우주굴기로 기선을 제압하려는 전략을 취하고 있습니다. 또한 궁극적으로 일대일로의 동쪽 끝단인 창지투 전략을 새롭게 전개하여 라진-청진항을 통해 태평양으로의 진출을 모색하게 될 것입니다.

한편, 동방정책으로 눈길을 돌려 다시 남하하려는 러시아는 우크라이나 전쟁으로 인해 입지가 좁아진 상태에서 중국 및 북한과 더욱 결속을 다지며 동해안 진출을 모색할 것입니다. 우경화로 치닫는 일본 역시 미국과 연합하여 QUAD 체제를 통해 전쟁법을 통과시켰고, 한미일 군사동맹을 압박 및 가속화하고 있기 때문에, F-35를 이착륙시키는 미국의 핵 항모와 함께 동해에 재등장하기 시작하였습니다. 일본 자위대가 다시 한국 땅에 상륙하는 일이 현실로 다가온 것입니다. 우리가 동해를 주목하고 경계해야 할 이유 중 하나는 역사를 잊는 민족에게 그 비극이 반복되기 때문이기도 합니다.

21세기의 새로운 강자로 부상한 중국에 의해 다자간 국제 관계의 역학구조 속에서 신냉전 체제가 다시 가속화되었습니다. 이에 의해 G1(미국 중심의 선진 자유진영 그룹)과 G2(중국 중심의 신흥 개도국 그룹)의 새로운 전선이 형성되었습니다 (자료 11. 참조). 캠프 데이빗에서 한미일 정상이 만나 회담을 하였고, 이를 통해 미국은 일본과 한국을 앞세워서 중국을 압박하기 위한 신(新) SFS(샌프란시스코 시스템) 구도를 재정비하였습니다. 그 사이에서 캐스팅보트의 역할을 감당하는 새로운 세력이 부상하고 있는데, 바로 무슬림 국가 연맹입니다. 그를 지칭하여 G3라고 칭하였습니다. 21세기 초반 현 시점은 이 세 갈래의 세력 사이에서 급변하는 힘의 이동 및 균형이 진행 중에 있습니다. 그러나 중반으로 옮겨갈수록 새로운 패자가 등장할 것입니다. 19세기의 패권 국가였던 영국의 뒤를 이어 20세기를 주름잡았던 미국이 새로운 강자로 등장했듯이, 21세기는 새 주인을 맞이할 채비를 하며 물밑 작업이 벌어지고 있는 것입니다.

우크라이나 전쟁을 통해 중동의 사우디가 중국 쪽으로 선회하고, 아프리카와 남미가

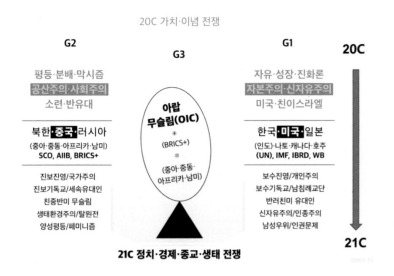

G1(미국 중심의 국가 동맹): QUAD/ AUKUS/ Camp David Spirit/ NATO+

G2(중국 중심의 국가 동맹): 일대일로/SCO/BRICS+아프리카/남미

G3(아랍 및 모슬렘 국가 동맹): 6개국 걸프동맹GCC, 22개 아랍연맹, 57개국 모슬렘연맹 OIC

자료 11. 21세기 신냉전 시대의 블록화 재편성: (G2+G3) × G1

일대일로 에 깊이 편입되면서, 일대일로의 동쪽 끝단인 창지투 두만강 유역과 QUAD /
AUKUS의 경계에 미중패권전쟁의 동부전선이 형성되었습니다. 서부전선에서 발발한
러-우 전쟁에 이어 이스라엘-하마스 전쟁이 발발하자, 동부전선의 가장 위험 지역인 한
반도와 대만 해협으로도 전쟁이 옮겨 붙을 가능성이 높아지고 있는 것입니다.

- 한동해 평화경제는 선택이 아니라 필수
러-우 전쟁에 이어 발발한 하마스-이스라엘 전쟁은 중동 각국으로 번져갈 뿐만 아니라,
동아시아에도 그 영향을 미치고 있습니다. 이스라엘과 사우디아라비아 사이의 평화협
상을 중재하려던 미국에 반격을 가하려는 이란과 그 배후세력인 중국-러시아-북한의

복합지원에 의해 이스라엘-팔레스타인(하마스) 전쟁이 발발하였고, 곧이어 후티 반군에 의한 서방 선박 공격 및 수에즈 운하 봉쇄 시도가 발생하였습니다. 그 결과 지난 세기 냉전시대의 희생양이 되어 3년간 지속된 한국전쟁 당시, 전 세계 경제의 불황을 막기 위해 재고 무기를 쏟아붓는 융단폭격을 당했던 남북한이, 이제는 거꾸로 다른 나라의 끔찍한 전쟁터에 직간접적으로 무기수출을 하며 경제적 이득을 취하는 역사의 아이러니를 연출하고 있습니다. 오랜 전시상황에서 전쟁의 고통을 겪었던 남북한이 신무기 개발에 몰두함으로써 다른 나라의 전쟁에서 무기를 팔아 이익을 취하는 것 역시 가슴 아픈 일입니다.

이와 같은 일련의 사태를 통해 중동 지역의 평화를 위한 노력들이 얼마나 쉽사리 무너질 수 있는지를 드러냈을 뿐 아니라, 중동 문제가 미중 패권전쟁 및 한반도 문제와 직결되어 있음을 알려주는 또 한번의 시금석이 되었습니다. 그것은 동시에 한반도에 전쟁을 일으켜서 또 다른 이득을 취하려는, 보이지 않는 세력들이 존재할 수 있음을 보여줍니다. 이에 우리는 더더욱 하나의 동해를 부상시키며 평화를 위한 장치를 마련해야 합니다. 그런데 지금 탈북인 단체의 대북전단지 살포에서 시작된 북한의 오물풍선 대응이 확대되어, 결국 쌍방이 9.19 군사협정 파기선언을 하기에 이르렀고, 북러군사동맹 강화로 한반도 전쟁 발발 시에 러시아의 즉시 군사개입이 가능해졌습니다. 한미일 연합군사훈련뿐만 아니라 북중러 연합군사훈련이 한동해의 영공과 해상에서 실시될 수 있음을 암시하는 것입니다. 바야흐로 한반도가 다시 전운에 휩싸이고 있습니다. 따라서 어떻게 하든지 다시 한동해를 평화의 바다로 만들고자 하는 노력이 더욱 중요해졌습니다.

- 동북아 골든허브 GTB를 바라보라

중국의 일대일로의 마지막 종착역은 한동해입니다. 창지투(장춘-길림-도문을 잇는 일대일로 전략)의 종점은 라진과 청진을 통해 태평양으로 나가는 차항출해(항구를 빌려 바다

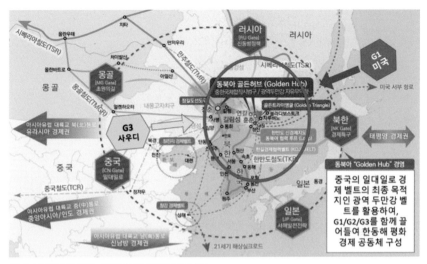

자료 12. 시대의 변곡점에 세워지는 동북아 골든 허브, GTB (광역 두만강 벨트)
ⓒ김래상, 중한산업원 대표

로 나감) 전략입니다. 그에 앞서 서부대개발을 통해 유럽으로 진출하는 육상 실크로드를 복원시켰고, 해상 실크로드를 통한 인도양 아라비아 홍해를 손에 넣기 위해 중동 아프리카를 공략하고 있습니다. 결국 마지막은 동부전선의 최전방에서 미국과 중국의 충돌로 일어날 것입니다. 이 지역의 지정학적·지경학적 중요성은 일찍부터 알려져 있어 UNDP 개발을 통한 국제협력을 시도하였으나, 중국과 러시아 및 북한의 이해관계가 서로 엇갈려서 진척을 이루지 못했습니다. 그러나 우크라이나-러시아 전쟁의 여파로 중-러 관계가 시베리아 개발권을 사이에 두고 가까워졌고, 북-러 조약을 통해 북-중-러가 이제 역대 가장 높은 수준의 군사동맹으로 가까워지고 있습니다. 그에 앞서 미국 한국 일본은 캠프 데이비드에서 열린 정상 회담에서 샌프란시스코 시스템이 복원되어, 미-일-한 군사동맹으로 신냉전의 문을 열어 3국 군사훈련을 이미 실시하고 있는 상황입니다. 이 군사적 긴장을 어떻게 풀어낼 수 있을까요? 새로운 광역두만강 벨트 골든허브에 G2와 G3가 만나고, G1이 동참하는 큰 그림을 그려야 합니다. 동해안 모든 도시가 하나로 연결되고, 중국 러시아 일본의 해안도시가 참여하는 한동해 평화경제 공동체를 만들어 가야 합니다. 그때 비로소 동해에, 울독에 평화가 깃들 것입니다.

- 동해안, 국토 균형발전 차원의 중요성

참여정부 시절의 10.4 선언과 문재인 정부의 4.27 판문점 정상회담 내용을 들여다보면, 원칙적으로 남과 북은 민족경제의 균형발전과 공동번영을 위한 사업 내용들을 적극 추진하기로 합의하였습니다. 그러나 경제협력에 관한 내용을 다룬 5조의 내용을 보면, 주로 서울과 평양을 잇는 서해권 사업에 치중되어 있으며, 동해안은 관심 밖으로 밀려나 있음을 알 수 있습니다. 4.27 회담에서 유일하게 추가된 것이 동해선 철도와 도로 건설을 추진한다는 내용이었으나, 그마저도 최근 남북정세 악화로 인해 폐기수순을 밟고 있는 지경입니다.

동해안이 지닌 남-북-중-러 및 일본과의 접경지역이라는 '지정학적 중요성'과 더불어, 관광 및 광물 자원의 보고라는 특성, 그리고 시베리아 철도를 통해 유라시아로 뻗어갈 뿐만 아니라, 장차 북극항로를 열어갈 교통물류의 중심이 될 수 있는 '미래 잠재력'을 생각해볼 때, 역대 합의문은 여전히 편향적이고 국토 균형발전의 차원에서 많은 결함이 있다고 볼 수 있습니다. 조선 500년 역사를 보더라도 항상 서해안 지역에 비해 소홀히 다루어지고 차별대우를 받아왔던 동해안 지역을, 본 포럼은 남북 간 우호도시 협력사업을 통해 서로 연결하며 상호협력과 공동번영의 길로 나아가도록, 역사적 사슬을 끊고 새로운 번영의 시대를 준비하고자 하는 것입니다. 동해의 중요성을 간과할 때 결국 남북 간의 교류협력이 현실성을 잃게 된다는 사실을 부각시킬 필요가 있습니다.

- 남북 지자체 교류협력의 가능성

<남북교류협력에 관한 법률>이 일부 개정되어 2021년 3월 9일부로 지방자치단체가 독자적으로 남북협력사업을 추진할 수 있게 되었습니다. 이에 따라 중앙정부의 배타적·독

점적 영역으로 여겨졌던 남북교류와 통일에 대한 논의가 지방자치단체, 민간단체, 민간기업, 개인에 이르기까지 다양한 층위로 확대되는 계기가 마련된 것입니다. 정부차원에서 추진하는 남북교류협력은 남북 간, 북미, 북중, 한일, 북일 등과의 관계 국면의 전개에 따라서 정치적인 영향을 받기 때문에 매우 불안정하고 불확실성이 높습니다. 이에 비하여 지자체 및 민간단체와 민간기업을 통한 남북교류협력은 비정치적 영역에서 민족의 동질성 회복, 민족의 균형적인 발전, 민족 전체의 복리향상을 도모하는 것이 기본목표입니다. 따라서 수용가능하고 실현가능한 남북교류협력 사업을 발굴하여 추진하면, 일관성을 갖고 안정적으로 목표를 달성할 수 있을 것입니다. 그러나, 그에 앞서 남북 정부 간의 신뢰 회복과 새로운 대화 창구가 마련되는 것이 가장 시급한 문제입니다.

- SDG/ESG 열풍에 의한 바다를 통한 해양생태환경 문제해결의 장
2017년 북한 정부가 UN SDG-2030 계획에 가입함에 따라, 남북한이 공동으로 동해안 SDG14 추진을 위한 "동해안 해양생태계 공동협의기구"의 구성을 제안할 수 있게 되었습니다. 때를 기다려서 지방자치단체 및 중앙정부가 선제적으로 이를 위한 정책제안을 마련할 필요가 있습니다. 해양환경 보호, 해양생태자원의 다양성 확보, 해양자원의 개발 및 해양쓰레기 문제 공동대응, 영해의 수질관리 공동규정 마련 등 다양한 문제를 연구함으로써, 유엔이 추구하는 SDG 문제를 함께 풀어나가는 모습을 대내외적으로 보여주는 것이 중요한 의미가 있습니다. 동시에 동해안 생태환경의 연구개발을 접점으로 남북한이 SDG 프로그램을 공동 수행하는 것을 통하여, 장차 북한을 국제사회에서 정상국가로 끌어올리며, 더 나아가 동해안을 평화수역으로 만들어 가는 데 기여할 수 있을 것입니다. 이에 따라, 민간단체와 기업의 독자적 연구와 제안을 통해 남북교류협력 분야뿐만 아니라, 비정치적 영역에서의 해양교류와 생태환경 연구를 통해 실현가능성(지역특화), 지속성, 연계성, 수용가능성을 높일 수 있는 유연한 정책 제안이 더욱 필요할 것입니다.

평화를 위한 남북경협 - 남북한 철강 공동체로 열어가는 한동해 평화시대

지구 온난화가 초래한 전 세계적인 기후 위기는 탄소 중립 시대의 도래를 가져왔습니다. 이산화탄소 배출의 주 원인으로 지적되는 화석연료 사용의 규제는 철강업계에도 큰 변화를 요구하고 있습니다. 2년간의 유예기간을 거쳐 2026년 1월 1일 시작될 예정인 유럽연합의 탄소국경조정제도(CBAM)는 바야흐로 탄소국경세가 사상 초유로 적용되는 역사의 신기원으로 기록될 것이며, 전 세계 산업과 무역에 미칠 그 여파는 가히 짐작하기 힘들 정도로 막대할 것으로 예상됩니다. EU가 탄소비용을 매기기로 결정한 6개 품목(철강,·알루미늄,·시멘트, 전력,·비료,·수소) 중에서도 가장 앞자리를 차지하고 있는 것이 철강입니다. 특히 국내 이산화탄소 배출 기업의 선두를 점하고 있는 POSCO는 더욱 심각한 문제의식에 직면하고 있습니다.

POSCO는 2050년도까지 완전한 탄소중립 달성을 목표로 2035년까지 이산화탄소 배출량을 30% 감소시키며, 2040년에는 50%까지 낮출 계획을 세우고 있습니다. 코크스를 태워서 일산화탄소 대신 수소를 사용하여 환원하는 기술을 적극 도입할 예정이며, 그 중심에 하이렉스(HyREX) 공법이 있습니다.

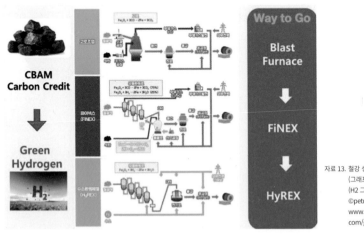

자료 13. 철강 생산법
(그래프) ©POSCO
(H2 그래픽)
©petrmalinak, https://
www.shutterstock.
com/g/petrmalinak

한편, 우리가 추구하는 최종 목표 중 하나는 동아시아와 한동해 지역에서 평화시민으로 살아가는 시대를 열고자 함입니다. 그 구체적인 제안 중 하나가 남북한 철강공동체 방안입니다. 놀랍게도 포항에는 청진리가 있고, 청진에는 포항동이 있습니다. 무산에 매장된 13억 톤 자철강을 청진으로 보내고, 포항제철이 개발한 친환경 수소환원 제철법 하이렉스 공법의 제철공장이 청진에 세워지고, 그곳에서 뽑아낸 선철을 제강 주조하여 포항으로 보낸 후에, 후처리하여 고부가가치 철강재를 만드는 그런 날이 올 수 있다면, 그 자체가 한반도에 속한 모든 사람들이 전쟁의 두려움이 없는 평화시민으로 살아가는 시작점이 될 것입니다.

"끓어라 용광로여 조국근대화…" 로 시작하는, 박목월 시인이 작사한 POSCO 사가(社歌)에는 "겨레의 슬기와 지혜를 모아, 통일과 중흥의 원동력 되자" 라는 가사가 마치 예언자의 글귀처럼 빛나고 있습니다. 그 예언이 현실이 되어 나타나는 날을 꿈꾸어 봅니다. 청진시에 POSCO가 개발한 하이렉스 수소환원 제철 공장이 들어서고, 그로 인해 남북한 철강공동체가 민족의 장래와 안위를 위해 평화의 징검다리가 되는 그날이 속히 다가오기를 바라는 것입니다.

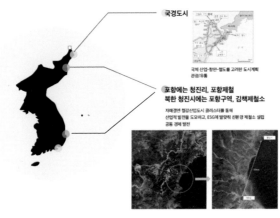

국경도시

국제 산업·항만·철도를 고려한 도시계획
관광/유통

포항에는 청진리, 포항제철
북한 청진시에는 포항구역, 김책제철소

자계경연 철강산업도시 클러스터를 통해
산업적 빛잔을 도모하고, ESG에 발맞춰 친환경 제철소 설립
공동 경제 발전

자료 14. 포항과 청진의 자매결연
철강산업도시 클러스터
(국경도시) ⓒ통일부
(포항에는 청진리 지도)
ⓒ구글어스

포스코 사가(社歌)

(박목월 작시, 김동진 작곡)

......

끓어라 용광로여 조국근대화,

줄기차게 밀어가는 장엄한 심장

겨레의 슬기와 의지를 모아,

통일과 중흥의 원동력 되자.

자료 15. 신의 한 수:
남북한 철강 공동체
(이미지)ⓒ매일경제,
2012년 1월 18일,
https://www.mk.co.kr/
news/society/5088779

시대의 변곡점에서 한동해 시대를 바라보다

우리는 분단국가에 살고 있습니다. 남과 북의 분단은 남북한 사회 전반에 뿌리내린 불신과 분열과 분노와 불안과 공포와 광기라는 병리현상을 낳고 있고요. 국가와 사회 각처에서 양극화의 골이 깊어갈수록 대화는 단절되어가고, 정치적 대치국면과 빈부와 세대 및 남녀를 갈라놓는 사회적 갈등요인이 세포분열하듯 퍼져가고 있습니다. 그 결과 세계 최고치를 경신하는 자살률과 저출산율, 산재사고 사망률, 노인 빈곤율 등 각종 부정적인 사회 지표는 날이 갈수록 심각해지고, 절망과 좌절이 야기한 가족 살해와 묻지마 증오범죄로부터 시작하여 좌우 진영의 논리에 의한 상대의 악마화가 사회 전반에 만연하여 있으며, 무책임한 정치권에 의해 사회 안전망이 실종됨으로써 각종 대형 재난사고가 꼬리에 꼬리를 물고 발생하고 있습니다. 그러나 가장 큰 위험은 미중 패권전쟁의 한복판에서 극단적인 남북 대치 가운데, 핵 항모, 핵폭격기, 핵잠수함을 총동원한 군사훈련이 지속됨에 따라, 우발적 국지전 및 핵전쟁 발발의 가능성이 증폭되고 있다는 것입니다. 평화의 길을 열고자 시작한 4.27/9.19남북 합의문의 약속을 깨는 군사훈련과 풍선 날리기로 상호 신뢰를 저버린 결과, 남북은 다시 적대적 관계로 치닫고 통일의 길은 더욱 멀어진 듯 보입니다. 남 보기 우스꽝스럽고 창피한 이런 행동들이 어쩌면 우발적인 충돌과 전쟁

재발의 비극을 낳을 수도 있음을 경각해야 합니다. 어떻게 하여야 이 위험한 질주를 멈추고 평화와 상생의 관계를 되찾을 수 있을까요?

궁극적으로 통일경제와 동아시아 평화경제 공동체를 향한 구체적 방법론을 찾아내야만 합니다. 그 속에 우리 후대가 살아갈 남북한의 안위와 미래가 달려 있기 때문입니다. 이미 언급한 것처럼 한동해의 평화는 선택사항이 아니라 필수과제인 점을 깊이 인식해야 합니다. 무엇보다 발상의 전환이 필요한 시기입니다. 복잡한 다자간 국제 정세의 이해 속에서 한동해 시대를 열고 동해안 도시들을 연결하는 남북경협 프로젝트로 북한 개발이라는 미래적 상품 가치를 정확히 파악하는 것이 선행되어야 합니다. 냉전시대의 희생양으로서 분단을 강요당했던 지난 70년 동안, 한국사회와 서구(또는 미국) 중심적 시각에서 바라본 북한은 악의 축이요 도무지 상종할 수 없는 불량국가라는 낙인과 부정적 이미지로 점철되고 각인되어 왔습니다. 철 지난 이데올로기의 어두운 망원렌즈로 확대하여 들여다본 북한은 소위 북맹이라 불릴 만한 착시 현상을 불러일으켰습니다. 그런데 김일성 주석 사망 이후 체제적으로 경제적으로 무너져 곧 망할 것이라고 예측 및 주장을 받아온 북한이 어째서 아직도 건재하며 오히려 국제사회에서 핵강국이라는 두려운 이미지로 거듭나고 있는지, 그 대답조차 내놓지 못하고 있습니다. 따라서 안보상의 한미동맹의 중요성을 인정할지라도, 미국 주도의 또는 한미일 삼각동맹의 시각으로만 바라보는 냉전시대의 왜곡된 렌즈에서 벗어날 필요가 있습니다. 이제 새로운 시대로 나아가기 위해서는 분단의 어두운 선글라스를 과감히 벗어 던지고, 북한의 현실을 직시하고 그 자체의 잠재 가치를 냉정하게 재평가해야 합니다. 그를 위해서는 우선 남북한 분단 상황을 둘러싸고 있는 이해관계자들을, 역사적으로 어떤 실익을 추구하였으며 지금도 그 이익을 나누고 있는 그들이 누구인지, 그 역할을 돌아볼 필요가 있습니다. 동시에 남북이 화해 평화의 시대를 열고 상생공영 및 평화경제를 추구할 때 나타날 미래적 가치에 대하여, 함께 참여할 수 있는 잠재적 이해관계자들까지 확장하여 살펴볼 필요가 있는 것입니다.

이를 위한 노력과 연구의 첫걸음으로 본 포럼에서 시작한 것이 경상북도의 지원으로 전문
가들이 참여한 "남북경제협력 포럼"이었고, 그 연장선상에서 POSCO를 통해 "경상북도의
지속가능한 발전을 위한 남북경제협력 정책 연구" 및 "ESG 주제에 의한 해양생태환경 및
남북교류협력 세미나"를 열었습니다. 그리고 2023년도에는 태재 재단을 통해 "북한 국제
화 개발, 4차원 미래설계 방략 연구"를 실시하였습니다. 이 모든 노력들이 장차 북한이 한
동해 평화경제의 구체적 파트너로 돌아올 경우를 대비하여 준비하는 작업들입니다.

그를 위한 기초 작업으로서 남북을 잇는 동해안 도시들을 연구하기 위해, 이번 <동해안
12도시탐방 울독세미나>를 개최한 것입니다. 이 책이 평화의 바다로 배를 띄우는 출항
의 깃발을 올릴 수 있기를 기대합니다.

한동해의 미래 비전 <동해 도시 간 초연결 초협력 시대를 열어가다>

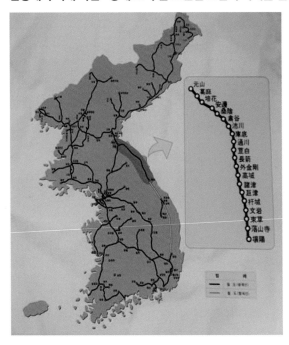

자료 16. 한동해 도시들을 잇는 철도길
©속초시립박물관

"암살"이라는 영화의 마지막 장면에서 밀정으로 동지들을 일제 경찰에 팔아넘겼던 염석진은 어떻게 그럴 수가 있었냐고 부르짖는 여자 주인공에게 이렇게 말합니다. '광복이 그렇게 빨리 갑자기 올 줄 몰랐다'고. 어쩌면 통일시대와 유라시아 한동해 시대도 갑자기 도래할 수 있습니다. 독립운동가들의 부단한 노력에 의해 갑작스레 해방을 맞이했듯이, 비록 지금은 암울한 시대처럼 느껴질지라도, 희망의 불씨를 꺼뜨리지 않는 선각자들에 의해 남북의 동해안 도시들이 다시 연결될 그날이 반드시 도래할 것입니다.

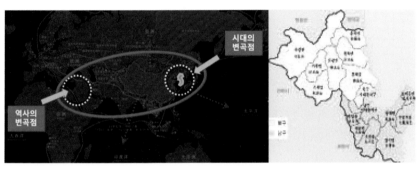

자료 17. 역사의 변곡점과 시대의 변곡점
©김래상, 중한산업원 대표

자료 18. 포항시 지도
©장길산, 2012년 1월 22일

이제 이번 도시탐방 시리즈에서 다루어진 12개의 거점 도시뿐만 아니라, 동해안의 여타 소중한 거점 도시들을 앞으로도 깊이 있게 연구해 나갈 예정입니다. 그리고 남과 북의 끊어진 철길을 다시 연결하고, 그 도시들이 글로컬 시대에 걸맞은 해양도시 문화와 산업 및 관광 거점이 되도록 본 포럼은 적극 도울 것입니다. 그 속에서 우리가 생각할 수 있는 모든 역사적 트라우마를 극복하고, G1x(G2+G3)의 정치적 지리적 변수들을 총 망라할 뿐만 아니라, 빛의 속도로 움직이는 시대에 과학기술의 빠른 천이현상과 함께 대도시 중심 산업사회에서 중소도시 중심의 미래사회로 넘어가게 될 '그린 스마트 시대'를 준비해야 합니다. 아울러 모든 도시들이 우주 통신망으로 연결되고, 지구촌 시대에서 우주촌 시대로 옮겨가고 있는, 그로 인해 평면적 세계관에서 입체적 세계관으로 바뀌고 있는 미래 시대를 경영할 수 있도록 세계관의 터와 그릇을 준비해야 합니다.

21세기의 역사는 시대의 변곡점인 동아시아의 한동해 지역과, 역사의 변곡점인 중동아시아의 이스라엘-사우디를 중심으로 한 벨트에 연동되어 움직여 나갈 것입니다. 울독에서 유라시아까지, 그 시대를 예측하는 광대한 작업을 본 포럼이 함께 그려갈 것입니다.

흥해라 동해야!

포항이 근대사 속에서 부각되기 전, 호미곶 앞 영일만의 가장 큰 바닷가 마을은 흥해(興海)였습니다.

흥할 흥(興), 바다 해(海)···

그 이름처럼 우리 동해바다가 크게 흥하여, '울독에서 유라시아까지' 달려가는 그날이 속히 도래하기를 바랍니다. 울독 아리랑의 흥겨운 춤사위가, 동해안을 따라 올라가고 독립운동의 근거지 연해주에서 시베리아 평원과 이르쿠츠크 바이칼 호의 기상을 품고 달려가 유라시아까지 이르는 그 장대한 꿈이 펼쳐지는 날, 온 겨레가 함께 아리랑을 합창하는 그 모습을 그려봅니다.

2024년 8월 15일, 포항공대 친환경소재대학원 연구실에서
제자들과 함께 한동해(One East Sea)의 꿈을 꾸는 정진호 교수 씀

필진 소개

시놉시스 | 프롤로그 | 에필로그

정진호
유라시아 원이스트씨 포럼 회장,
포스텍 친환경소재대학원 교수

포스텍 친환경소재대학원 교수, 유라시아 원이스트씨 포럼(한동해 포럼) 회장. 서울대 금속공학과 졸업, MIT Post-Doc 시절 NASA 프로젝트 수행, RIST 연구원을 거쳐 연변과기대 교수 및 평양과기대 설립부총장, 한동대 객원교수, 토론토 대학 방문교수를 역임했다. 수소환원제철법 연구를 통해 친환경 신제철법으로 포항과 청진을 잇는 남북한 철강공동체를 만들어 한동해의 평화경제 시대를 꿈꾸고 있다. 대표 저서로는 역사소설 『여명과 혁명, 그리고 운명(구례선과 리동휘 그리고 손정도)』, 『루카스 이야기』, 『떡의 전쟁』, 『띵동, 박부장입니다』, 『예수는 평신도였다』, 『21세기 공학과 기독교 인문학이 만날 때』 등이 있다.

첫 번째 도시, 독도 | 세 번째 도시, 포항

김남일
경상북도문화관광공사 사장,
경상북도 전(前) 독도수호대책본부장

고려대학교 국어교육학과를 졸업했고, 서울대학교 행정대학원 석사를 거쳐, 2013년 경북대학교에서 행정학 박사학위를 받았다. 1989년 재학 중 제33회 행정고시에 합격, 공직자의 길로 들어섰다. 공보처 장관 비서관, 국무총리실 행정쇄신위원회를 거쳐, 1995년 경상북도로 옮겨, 새경북기획단장, 환경해양산림국장, 문화관광체육국장, 독도수호대책본부장, 코리아 실크로드 프로젝트 추진본부장, 환동해지역본부장, 경주부시장, 포항부시장 등을 역임하고 현재는 경북문화관광공사 사장으로 재직하고 있다. 정부에서도 홍조근정훈장을 비롯한 장보고대상 본상, 울릉군민대상 특별상 등을 수여하여 공적을 치하했다. 울릉도 명예군민(2008), 제주도 명예도민(2022)이기도 하고, 주요 저서로는 『독도, 대양을 꿈꾸다』, 『마을, 예술을 이야기하다』, 『독도 7시 26분』, 『미역인문학』 등이 있다.

두 번째 도시, 울릉도 | 열 번째 도시, 울산

김윤배
한국해양과학기술원 울릉도독도해양연구기지 대장,
한국섬진흥원 이사

한국해양대학교 해양공학과를 졸업하고 부산대학교 해양과학과에서 석사과정
을 거쳐, 서울대학교 지구환경과학부에서 동해의 해류 연구로 박사학위를 받았
다. 한국해양과학기술원 책임기술원으로 2014년부터 울릉도에 위치한 한국해
양과학기술원 동해연구소 울릉도·독도해양연구기지에 상주하면서 울릉도·독도
바다의 해양 환경 변화를 연구하고 있다. 공저로 『하늘에서 본 울릉도와 독도
의 해양영토』, 『동해, 바다의 미래를 묻다』가 있다.

네 번째 도시, 청진

김병욱
NK개발연구소 소장

<북한개발연구는 떠나온 고향에 드리는 최고의 선물이다>라는 슬로건하에 활
동 중인 NK개발연구소 소장이며, 경남대학교 극동문제연구소 초빙연구위원이
다. 주요 논문으로는 「푸코의 몸권력과 북한주민 신체왜소」, 「외부사조 유
입과 북한군 의식변화 실체」, 「북한 혜산시 부동산 가격실태와 가격결정의 함
의」 등이 있으며 주요 저서로 「현대전과 북한의 지역방위」, 「탈북박사부부
가 본 북한: 딜레마와 몸부림」, 「남북한의 삶, 만남, 평화이야기」 등이 있다.

다섯 번째 도시, 단천

진희권
부산대 통일한국연구원

부산대학교 통일한국연구원 연구원. '북한 수산업 정책 연구'로 인제대학교에
서 통일학 박사학위를 받았다. 북한 해양수산 분야 동향과 남북협력 방안을 모
색하는 데 주력하고 있으며, 북한의 연안도시에도 관심을 두고 연구하고 있다.

여섯 번째 도시, 강릉

박현제
강릉원주대학교 남북바다자원교류원 원장

강릉원주대학교 남북바다자원교류원 원장으로 2023년부터 통일부 통일선도 대학 사업을 수행하고 있다. 또한, 강릉원주대학교 해양생태환경학과 교수로서 대학원생때부터 해양생물의 생태와 해양환경을 연구하고 있다. 관련 연구로 연안 갯벌 저서생물의 먹이망과 한반도 연안역에 서식하는 어류의 섭식생태 연구 등을 주로 진행해왔고, 50여 개의 논문을 SCI 저널에 발표하였다.

일곱 번째 도시, 원산

이찬우
일본경제연구센터 특임연구원

1961년에 태어나 서울대학교 국사학과를 졸업하고 1980년 서울대학교 인문대학 입학 후 86년 동 대학 국사학과를 졸업하였다. 1999년까지 대우경제연구소 해외지역연구센터 동북아시아팀 연구위원으로 근무했으며, 김대중정부 제9기 민주평화통일자문회의 상임위원을 역임하였다. 1999년 이후 일본으로 건너가 니가타시 동북아시아경제연구소(ERINA) 객원연구원, 도쿄국제대학 대학원 경제학연구과 강사, 중국천진외국어대학 객원교수, 테이쿄대학 현대비지니스학과 교수를 2024년 3월까지 역임하였다. 현재 도쿄의 일본경제연구센터(JCER) 특임연구원으로 재직 중이며, 주요 연구분야는 한반도를 중심으로 한 동아시아 지역의 정치/경제/개발협력 조사 및 동북아지역 협력체계 모델 연구이다.

여덟 번째 도시, 영덕

김인현
고려대 법학전문대학원 명예교수

경북 영덕 출생으로 한국해양대 항해학과를 나와 고려대 법대 법학사 법학석사 법학박사 학위를 따고, 일본 산코라인선장을 역임했으며, 고려대 법학전문대학원 교수, 한국해양수산연구원(KMI) 자문위원장, 환동해남북경제협력포럼 대표로 활동하며, 전 해양수산부 정책자문위원장을 지냈다.

아홉 번째 도시, 함흥

이재원
포항지역학연구회 대표,
포스텍 융합문명연구원 겸직교수

의사, 포스텍 융합문명연구원 겸직교수, 포항지역학연구회 회장, 방송인, 칼럼 리스트 등으로 활동 중이며, 포항의 가치를 찾아내어 책으로 발간하고 강연과 방송을 통해 시민들에게 알리는 일을 하고 있다. 주요 저서로는 『포항을 알면 미래가 보인다』, 『용흥동 이야기』, 『포항의 숲과 나무』, 『사진으로 읽는 포항도심, 중앙동·두호동 이야기』, 『포항의 문화유산』이 있으며 공저로는 『포항6·25』, 『청하읍성』, 『우창동 이야기』, 『포항인문학산책』, 『포 항인문학산책 2』 등이 있다.

열한 번째 도시, 라언

조성찬
하나누리 동북아연구원

하나누리 동북아연구원 원장. 우수학술도서상을 받은 저서로 『중국의 토지개 혁 경험』(공저), 『토지정의, 대한민국을 살린다』(공저), 『헨리 조지와 지대개 혁』(공저), 『북한 토지개혁을 위한 공공토지임대론』(단독)이 있다. 이 외에도 『상생도시』(단독), 『특구』(공저), 『도시로 읽는 현대중국 2』(공저), 『사회 적 경제, 남북을 잇다』(공저), 『초국경 협력과 사회연대경제』(공저), 『홍콩의 토지와 지배계급』(번역서) 등이 있다. 2017년에 김기원 학술상을 수상했다.

열두 번째 도시, 부안

권태상
부산연구원

현재 부산연구원 문화•복지연구실 책임연구위원이면서 부산연구원 부산학연구 센터장이다. 주요 연구분야는 남북협력, 북한 마을 연구이고 최근에는 부산의 도 시사도 연구하고 있다. 주요 연구보고서로는 『부산의 역사문화콘텐츠를 활용한 평화•통일 교육 활성화 방안 연구』, 『부산의 특화분야별 지식•인적 남북교류 프 로그램 개발연구』, 『보수동 책방골목 활성화 방안 연구』 등이 있다.

감사의 글

쇳물과 인문학이 공존하는 바다, 동해를 마음에 품다

2024년 대한민국 독서대전에 저희 울독 출판사가 펴낸 『울독 아리랑: 동해안 12도시 이야기』가 출품되어 얼마나 감사한지 모릅니다. 이 기회를 통해 울릉도와 독도를 비롯한 동해안의 아름다운 해안 도시 12곳을 소개하며 독자들을 향해 춤추듯 헤엄치듯 다가갈 수 있다는 것 또한 큰 기쁨입니다. 특별히 이번 독서대전은 포항에서 열렸기 때문에 더 큰 의미가 있습니다.

1973년 6월 9일은 대한민국 근대화와 산업화의 역사에서 잊을 수 없는 날입니다. 포항제철소 제1고로에서 처음으로 쇳물이 쏟아지던 그날, 전쟁 후 가난과 멸시의 대상이었던 대한민국은 세계 역사 속에서 기지개를 켜며 깨어났습니다. 조상들의 핏값을 헛되이 할 수 없다는 박태준 회장의 우향우 정신으로 일심단결 사즉생의 각오가 포항의 기적을 이루어 낸 것입니다. 중동의 석유파동과 건설 붐을 기회로 강재 수요가 맞아 떨어지면서 해외 파견 근로자들이 오일머니를 벌어들였고, 그 이면에 포항제철의 고로가 있었습니다. 그리고 조선산업을 선두로 한 중공업과 석유화학 공장들이 포항, 울산, 창원의 바닷가에 세워졌습니다. 원료와 제품의 수출입이 용이한 항만을 끼고 임해 공업이 발전하는 지난 50년 동안 '한강의 기적'이라 불린 산업화의 불꽃이 포항에서 쉬지 않고 타올랐습니다. 그러나 이제 고로의 날숨과도 같았던 이산화탄소가 지구에 기후 재앙을 가져오면서, 산업혁명 이후 지난 300년의 황금기를 구가하던 공룡이 지구상에서 멸종될 위기에 처한 것입니다.

이제 동해바다가 새로운 전환기를 맞고 있습니다. 이 위기를 어떻게 극복하느냐에 따라 대한민국의 운명이 달라질 것입니다. 저탄소 시대를 어떻게 준비하고 맞이하느냐가 21

세기 후반부에 어느 나라가 다시 세계 역사의 중심에 설 수 있는지를 결정할 것입니다. 쇳물과 인문학을 함께 머금은 동해바다를 어떻게 아름다운 관광과 산업과 문화의 바다로 만들어갈 것인지, 새로운 숙제가 던져진 것입니다. 그 중심에 포항과 청진을 잇는 '남북한 철강공동체의 꿈'이 있습니다. 그리고 POSCO와 포스텍이 함께 개발하고 있는 하이렉스 기술이 있습니다. 그 신기술을 이용하여 북한과 미국, 중국, 그리고 중동 각국에 이르기까지 우리가 다시 치고 일어서서 나아가야 합니다. 이제 나라의 운명을 뒤바꿀 중요한 시점에 서서, 포항이 다시 제2의 우향우 정신을 외칠 때가 다가오고 있습니다. 그런 의미에서 2025년은 새로운 100년의 후반부 역사를 시작하는 원년이 될 것입니다.

그 중요한 시기에 저희 유라시아 원이스트씨 포럼이 경상북도와 POSCO, 그리고 포스텍의 도움을 받아 새 역사를 일구기 위한 작은 몸짓을 시작했습니다. 포럼을 공동 개최하여 동해를 품은 전문가들을 모아 세미나를 열고, 자료를 모아 이 책을 출간하였습니다. 아무도 듣지 않을 것 같은 광야에 서서 외치는 자의 소리가 작은 울림으로 퍼져갈 때, 그 소리를 듣고 하나 둘 몰려드는 사람들에 의해 또 다시 새 역사가 시작될 것입니다. 남과 북을 이어 유라시아까지 뻗어가는 그 길은 이제 우리가 다시 열어가야 합니다. 낡은 패러다임을 버리고 시대의 변화를 읽어내며 21세기를 주도할 '융섭'의 그 소근거리는 소리를 들어야 합니다.

그 외침에 귀 기울여 주시고 반응해 주신 집필진 모든 분들께 감사드립니다. 항상 격려의 말씀을 아끼지 않으시는 이철우 도지사님을 비롯한 경상북도의 관계자님들, POSCO의 장인화 회장님과 김학동 전 부회장님을 비롯하여 함께 도우셨던 임직원님들, 귀한 포럼 장소를 열어주시고 격려해 주신 김성근 총장님을 비롯한 포스텍의 여러 관계자님들께 감사 인사를 올립니다. 아름다운 독도의 수채화를 그려주시고 추천사를 써 주신 김기

372

석 총장님, 울릉도와 독도를 사랑하셔서 때마다 여러 차례 기조연설을 해 주셨던 송영길 대표님을 비롯한 모든 포럼 회원님들께 큰 사랑의 빚이 있습니다.

이 소중한 책이 새 역사의 모퉁이에서 받침돌이 되는 작은 역할을 하기를 소망합니다. 더욱이 이 책이 독서대전에 참가할 수 있도록 도움을 아끼지 않으신 경상북도문화관광 공사 김남일 사장님과 송영희 포항시 평생학습원장님께 감사 인사를 드립니다. 그리고 유라시아 시대를 열어갈 미래의 희망이요, 주역이 될 이소명, 이정호, 김건, 김하빈 네 청년 연구원들께 특별히 고마움을 전합니다. 특히 밤잠을 설쳐가며 편집과 디자인에 몰두했던 김하빈, 이정호 두 사람의 헌신과 달음박질이 있었기에 이 책이 발간될 수 있었습니다.

모든 사람들이 중심부를 향해 몰려갈 때, 묵묵히 지방의 작은 도시에서 자리를 지키며 산업현장과 교육현장, 연구 및 행정현장에서 자기 역할을 감당하신 모든 분들께 감사를 드립니다. 나사렛이라는 갈릴리 지방의 작은 도시에서 세계 역사를 뒤바꾼 인물, 청년 예수가 나타났듯이 새 역사는 항상 지방의 작은 변두리에서 일어납니다. 그 청년들을 포항은 기다립니다.

정진호

포스텍 친환경소재 대학원 교수, 유라시아 원이스트씨 포럼 회장

유라시아 원이스트씨 포럼(약칭, 한동해 포럼) 후원하기

1. 후원계좌: 국민은행

계좌번호: 821701-01-616477

예금주: 유라시아원이스트씨포럼

*정기후원 신청자는 신청서 제출 후 은행이나 인터넷 뱅킹으로 자동이체를 신청해 주셔야 정기후원이 진행됩니다.

(본 포럼은 기획재정부 지정 공익법인으로서 기부금 영수증을 발급합니다.)

2. 해외에서 송금 시 정보

1) SWIFT CODE: CZNBKRSEXXX

2) Bank Address: #26, GUKJEGEUMYUNG-RO 8-GIL, YEOUNGDEUNGPO-GU, Seoul, Korea(*ZIP : 07331)

3) Bank Name: KOOKMIN BANK

4) Account Number: 821701-01-616477

5) Account Holder: EURASIA ONE-EAST SEA FORUM

한동해 포럼
홈페이지 QR

한동해 포럼
후원 QR

*한동해 포럼에 가입하길 원하시는 분께서는 아래 이메일로 연락 부탁드립니다.

문의: oneeastsea.forum@gmail.com

울독아리랑
동해안 12도시 이야기

펴낸 날	**초판 1쇄 2024년 9월 12일**
지은이	**정진호 김윤배 김남일 외 8인**
펴낸이	**정진호 이소명**
편집인	**김하빈 정경희**
디자인	**이정호 김 건**

펴낸 곳	**도서출판 울독**
등록	**2020.8.28. 제231-95-01410호**
주소	**경상북도 포항시 남구 포스코대로 138, 301호**
전화	**070-8808-1355**
이메일	**uldok.books@gmail.com**
홈페이지	**1eastseaforum.com**
페이스북	**facebook.com/Uldok**
인스타그램	**@uldok.books**
계좌번호	**국민은행 821701-01-621350**